职业院校饭店服务与管理专业系列教材

# 酒店产品营销

主　编　刘晓明
副主编　宫　斐　王　嘉　盖艳秋
参　编　谭　欣　孟艳冰　齐　丹



中国财富出版社

**图书在版编目（CIP）数据**

酒店产品营销／刘晓明主编．—北京：中国财富出版社，2013.5（2023.7 重印）
（职业院校饭店服务与管理专业系列教材）
ISBN 978－7－5047－4637－5

Ⅰ.①酒…　Ⅱ.①刘…　Ⅲ.①饭店—市场营销—职业教育—教材　Ⅳ.①F719.2

中国版本图书馆 CIP 数据核字（2013）第 060452 号

**策划编辑**　李　丽　　**责任印制**　尚立业
**责任编辑**　邢有涛　郭怡君　　**责任校对**　杨小静

**出版发行**　中国财富出版社（中国物资出版社）
**社　　址**　北京市丰台区南四环西路 188 号 5 区 20 楼　　**邮政编码**　100070
**电　　话**　010－52227588 转 2098（发行部）　　010－52227588 转 321（总编室）
　　　　　010－52227566（24 小时读者服务）　　010－52227588 转 305（质检部）
**网　　址**　http：//www.cfpress.com.cn
**经　　销**　新华书店
**印　　刷**　北京九州迅驰传媒文化有限公司
**书　　号**　ISBN 978－7－5047－4637－5/F·1930
**开　　本**　787mm×1092mm　1/16　　**版　　次**　2013 年 5 月第 1 版
**印　　张**　17.5　　**印　　次**　2023 年 7 月第 4 次印刷
**字　　数**　352 千字　　**定　　价**　45.00 元

# 出版说明

职业教育与普通教育的不同在于，普通教育强调较强的系统理论基础，培养的是学术型、工程型人才；而职业教育强调较强的实践技术和专业技能，培养的是技术型、技能型人才。因此，职业教育既有高等教育在教育领域的某些共性，更有职业教育的个性，即特色。这种特色首先表现为独特的办学理念和办学思路：以就业为导向、与社会经济发展紧密结合，以社会需要为出发点和落脚点，以行业企业为主导的校企合作、产学研结合等。

实现职业教育的目标、体现职业教育的价值离不开优秀的教材！

事实却是，市场上的教材不是本科教材的简单删减，就是培训教材的粗略扩充，导致职业教育教材中的部分内容是已被淘汰的知识，新知识、新技术、新内容、新工艺、新材料不能及时反映到教材中来，教材与紧密联系生产一线的职业教育专业设置不符，给学生就业带来弊端。

为了解决上述问题，我们策划并组织编写了这套“职业院校饭店服务与管理专业系列教材”，期望能够满足广大老师和学生的需求。本套教材从策划伊始到问世，都伴随着策划人详尽的调研和编写老师严谨的耕耘。这些使得本套教材具有以下特点：

1. 通俗易读，深浅有度。理论知识广而不深，基本技能贯穿教材的始终。图文并茂，以例释理的方法得到广泛的应用，十分符合职业院校学生的学习特点。

2. 注重“双学型”特点的体现。职业教育对“双师”和“双证”的要求，必然呼唤教材具备“双学”的特点：一方面，教材能够协助教师对学生进行在校的理论和实践教育；另一方面，还能够帮助学生取得相关职业技能证书，向劳动部门颁发的职能鉴定标准看齐，为就业做好准备。为了做到这点，本套教材与这些技能考试相结合，以考试的试题为课堂训练或者拓展模块，实现两者的有机结合。

3. “套餐式”教材，电子教案请专业人士制作。现代化的手段可以帮助丰富和发展传统的教材，PPT 可以使学生的注意力更加集中，书本的附加内容可以使书本内容形象生动，适量的配套练习、详细的参考答案可以培养学生自学自测的能力……特别是，本套教材的这些“套餐式”杜绝流于形式，那些不能用、不适用的课件做了还不如不做。

4. 模块式的编写思路。以大模块嵌套小模块的方式来编写。实践证明，这种模块式的教材更能吸引学生产生学习兴趣。

“职业院校饭店服务与管理专业系列教材”符合职业教育的教学理念和发展趋势，能够成为广大教师和学生教与学的优秀教材，同时也可以作为饭店管理人员、相关从业人员的自学读物。

# 前　言

任何企业，只有营销才能实现利润，其他都是成本，酒店企业同样不例外。营销对于酒店运营的重要性由此可见一斑。

酒店营销的成就归根结底取决于营销人才的综合素质与专业修养，而酒店营销教材的建设与开发对于酒店营销人才的培养又是举足轻重。

综观国内酒店营销教材，门类众多，体例多样，但到底什么样的教材最能培养出酒店营销部门最需要的人才，什么样的体例才是酒店企业最认可的架构，本书编写组曾多次深入调研和讨论。一致认为，本书所提的“岗位驱动”的编写模式是对以往酒店营销教材编写体例的大胆突破，较为切合酒店营销人才培养的实际。

《酒店产品营销》的主要编写者来自全国各相关院校的专业老师。他们身处旅游教学第一线，不但拥有丰富的教学、教材编写经验，而且还有从事旅游行业的实践经验；他们既掌握高职教育规律、熟悉高职学生特点，同时也能够及时了解旅游行业动态和最新的旅游信息。

本教材的编写具有以下特点：

1. 以岗定编，职责清晰。本教材改革的中心点即为围绕酒店营销部各岗位进行编写，对各岗位的职责、工作流程；关键问题都进行了描述，简明易懂，特别适合高职学生。

2. 知识拓展，储备后劲。本书每章内容包含两大节点，即“必须掌握节点”和“知识拓展节点”。学习前者，能帮助学生快速掌握酒店营销部每个相应岗位的职责与流程；学习后者，让学生不仅仅满足于快餐式的学习，相反，能帮助学生长远考虑，储备后劲。

3. 热身案例，创造气氛。本教材每章开篇前都先导入一个与本章密切相关的案例，并抛出问题，引发思考。力图激发学生的学习兴趣，达到热身的目的。

4. 突出技能，强调适用。本教材针对高职高专人才培养目标，始终贯彻“紧扣行业、服务行业”的编写思路，突出技能性和适用性；在教材的表现形式上，尽量通过直观形象的形式，帮助学生更快地理解和掌握教材知识。

5. 内容全面，重在实用。本教材以酒店市场营销中的典型业务为任务载体，让学生在完成具体业务操作的过程中，学习必要的知识，掌握酒店营销的基本技能。力争实现理论课程实践化、实践内容项目化，注重实践、贴近实际。教材设七个章节，包括认识酒店营销部、旅行社销售、商务销售、会议和宴会销售、礼品销售、预订工作和公关与宣传。

本教材由深圳职业技术学院刘晓明任主编，广西经贸职业技术学院官斐、重庆工商职业学院王嘉、河北旅游职业学院盖艳秋等任副主编，柳州职业技术学院谭欣、太原城市职业技术学院孟艳冰、丽江师专齐丹等老师参与了本书的编写工作，具体分工如下：刘晓明编写第一、第七章；盖艳秋编写第二章；官斐编写第三章；王嘉编写第四章；孟艳冰和齐丹编写第五章；谭欣编写第六章，全书由刘晓明统稿和整理。

在教材编写过程中，得到了中国财富出版社的支持和指导，并参考和借鉴了大量旅游企业的经典案例、诸多旅游界人士和专家学者们的相关著作和研究成果，我们在书后列出了参考文献，在此表示衷心的感谢！

由于时间仓促，水平有限，书中疏漏之处在所难免，恳请读者和专家批评指正。

编　者<br>2013 年 4 月

# 目　录


第一章　认识酒店营销部 …… 1

第一节　酒店营销部的工作任务 …… 2
第二节　酒店营销部的岗位设置与职责 …… 3
第三节　酒店营销部服务标准与服务规范 …… 5
第四节　酒店营销的发展与演变 …… 7

第二章　旅行社销售 …… 32

第一节　旅行社的基本常识 …… 33
第二节　旅行社销售处的工作任务 …… 37
第三节　旅行社销售处的岗位设置与职责 …… 38
第四节　旅行社销售处工作的程序与服务规范 …… 42
第五节　旅行社销售策划方案的制订 …… 48
第六节　与旅行社客户的沟通技巧 …… 51
第七节　旅行社客户的档案建立与回访 …… 61
第八节　酒店市场竞争策略 …… 64

第三章　商务销售 …… 76

第一节　商务销售处的工作任务 …… 77
第二节　商务销售处的岗位设置与职责 …… 80
第三节　商务销售工作的程序与关键 …… 85
第四节　商务销售操作规范 …… 90
第五节　长包房的销售程序、规范和技巧 …… 94
第六节　客户关系的维护技巧与方法 …… 96
第七节　市场细分及目标市场定位 …… 105
第八节　市场营销组合战略 …… 119

第四章　会议和宴会销售 …………………………………………………… 126

第一节　会议与宴会销售处的工作任务 …………………………………… 127
第二节　会议与宴会销售处的岗位设置与职责 …………………………… 128
第三节　会议与宴会销售处工作的程序与关键 …………………………… 131
第四节　酒店会议与宴会销售方案制订 …………………………………… 137
第五节　宴会营销的策划 …………………………………………………… 142

第五章　礼品销售 …………………………………………………………… 162

第一节　酒店礼品销售处的工作任务 ……………………………………… 163
第二节　礼品销售处的岗位设置与职责 …………………………………… 165
第三节　礼品销售处工作的程序与关键 …………………………………… 167
第四节　酒店礼品销售的作用与分类 ……………………………………… 168
第五节　礼品销售方案的制订与礼品设计要求 …………………………… 173
第六节　酒店礼品的采购方法与渠道 ……………………………………… 178
第七节　酒店全员销售节日礼品的奖励办法 ……………………………… 186

第六章　预订工作 …………………………………………………………… 201

第一节　预订处的工作任务 ………………………………………………… 203
第二节　预订处的岗位设置与职责 ………………………………………… 203
第三节　预订工作的程序与关键 …………………………………………… 206
第四节　预订咨询报价策略与技巧 ………………………………………… 210
第五节　电话预订基本规范 ………………………………………………… 212
第六节　预订异常处理方案 ………………………………………………… 215
第七节　团队沟通技巧 ……………………………………………………… 217

第七章　公关与宣传 ………………………………………………………… 230

第一节　公关与宣传处的工作任务 ………………………………………… 231
第二节　公关与宣传处的岗位设置与职责 ………………………………… 233
第三节　市场调研的工作程序与关键 ……………………………………… 237
第四节　大型活动的组织程序与关键 ……………………………………… 238
第五节　赞助活动的操作程序与关键 ……………………………………… 239
第六节　新闻发布会组织程序与关键 ……………………………………… 241
第七节　酒店广告宣传与公关工作 ………………………………………… 242

参考文献 ……………………………………………………………………… 270

# 第一章　认识酒店营销部

## 学习要求

**必须掌握节点**

- 酒店营销部的工作任务
- 酒店营销部的岗位设置与职责
- 酒店营销部服务标准与服务规范

**知识拓展节点**

- 酒店营销的发展与演变

## 热身案例

### 假日酒店的启发

假日饭店的创建过程几乎尽人皆知。20世纪50年代初，威尔逊先生全家利用夏天的假期出游，可是他们住宿的路边旅馆往往既小又贵，设备落后，服务糟糕。威尔逊先生从自己的不快经历中得到了启发：随着生活水平的提高，尤其是随着联邦政府大规模修建州际公路计划的提出，美国旅游市场中存在着一种尚未得到满足的需求，即度假旅游者希望能够住进客房干净、感觉舒适的旅馆，价格合理。

威尔逊先生开始投资兴建假日饭店。饭店有制冰机和空调设备，每个房间有浴室，价位则相当合理。假日饭店迅速赢得客人的青睐。更重要的是，威尔逊先生首创在饭店业中引入经营特许权转让制度，从而使假日饭店迅速在全美建立起来。到1960年，美国几乎找不到一个不挂“假日”招牌的城市，也见不到一条高速公路旁没有假日饭店。20世纪60年代末，美国共有一千多家假日饭店，平均客房利用率为80%。

可是，20世纪70年代以后，假日联号饭店集团一度陷入了困境。它以一般价格向一般旅游者提供标准产品（客房、餐饮），从这一意义上讲，假日饭店的目标市场是中档旅客。但是，在70年代，不同档次的旅游者已经开始对饭店和汽车旅馆提出不同的要求：一部分人追求豪华，他们愿意支付高价，但要求饭店设施齐全，服务优良；另一部分人则不同，他们外出旅游，一不追求在豪华饭店住宿，二不追求服务多么优良，只要干净、方便，“设施与服务过得去便行”——就像今天中国许多旅游者一样。

假日饭店集团在一段时间内没有注意到市场需求的这种重要变化。当市场不再统一，顾客需求不再雷同的时候，“假日”为旅游者提供的产品仍和以前一样，客房不分上下，服务不分优劣，价格不分高低。而正在这时，凯悦饭店集团推出了豪华饭店，从“假日”手中夺走了高档需求旅客；Motel 6 和 Days Inns（戴斯客栈）则迎合低档需求旅客需要，推出仅满足基本需求的价格低廉的客房和餐饮，从“假日”手中抢走了低档需求客人。在这两类饭店之间，另有许多联号饭店专门接待商务旅游者、家庭旅游者或希望自己在客房内烧菜做饭的旅游者。假日饭店的地位受到全面冲击，客房出租率下降，饭店营业收入减少。随着竞争激化，一部分亏损的假日饭店不得不关门大吉。

20世纪80年代，假日饭店集团开始采取对策。原有的许多饭店重新装修，增添设施，提高档次，以适应高档旅游者的需要。与此同时，为满足不同层次旅游者的不同需求，公司大规模投资兴建新饭店，包括为高档次需求旅游者提供服务的皇冠假日（Crowne Plazas）、以低档次需求旅游者为目标市场的汉普顿旅馆（Hampton Inns）以及全套房“大使饭店”（Embassy Suits）。从此，“假日”又走上了红红火火的发展之路。

（钱炜．创造性思维与旅游业［M］．北京：旅游教育出版社，1998）

**思考题**

假日饭店的发展道路给了我们什么启示？

**◆必须掌握节点**

## 第一节　酒店营销部的工作任务

酒店营销部是酒店其中一个重要的部门，它以扩大客源，增加酒店收益，树立酒店形象为中心开展工作，既是酒店对外营销和宣传的窗口，也是酒店外联和广告宣传的中枢。其功能是协助总经理制订企业营销计划，分解落实营销指标，保证营销计划的正确贯彻执行，保持酒店产品对市场需求的长期适应性，以实现酒店产品的创新和增值。在营销过程中，根据不同的客源情况运用多种营销方式和手段、争取更多的客户、树立公众形象、收集酒店内外相关信息，并协助部门经理做好每月营销部市场综合分析报告，提出相应措施，供领导参考。具体来讲，其主要任务如下：

### 一、销售酒店产品

（1）制订酒店旅游业务的销售计划，保持与各大旅行社的良好关系，开展销售工作，完成酒店旅行社业务销售指标。

（2）制订酒店商务业务的销售计划，拓展、维护企业事业单位和协会组织等商务客户，开展销售工作，完成酒店商务业务销售指标。

（3）制订酒店会议业务的销售计划，长期与企业单位、政府机关保持联系，开展销售工作，完成酒店会议业务销售指标。

（4）制订酒店宴会业务的销售计划，通过各种途径宣传酒店宴会服务业务，开展销售工作，完成酒店宴会业务销售指标。

### 二、处理预订信息

（1）接受客户的预订、改订、取消预订等要求，沟通协调有关部门，及时传达各类预订信息，保证服务质量。

（2）统计整理各类销售、预订信息，及时归档。

### 三、开展公关、广告活动

（1）利用社交机会维护公共关系，建立并保持与重要客户的良好关系。

（2）组织开展各类公关活动，通过公关活动取得公共公众的信任与支持，扩大酒店的知名度、美誉度。

（3）为酒店的产品、优惠政策及公益事业做广告宣传，树立酒店良好的品牌形象。

## 第二节　酒店营销部的岗位设置与职责

### 一、酒店营销部门的岗位设置图

一般来讲，酒店营销部的岗位可按图 1－1 进行设置。

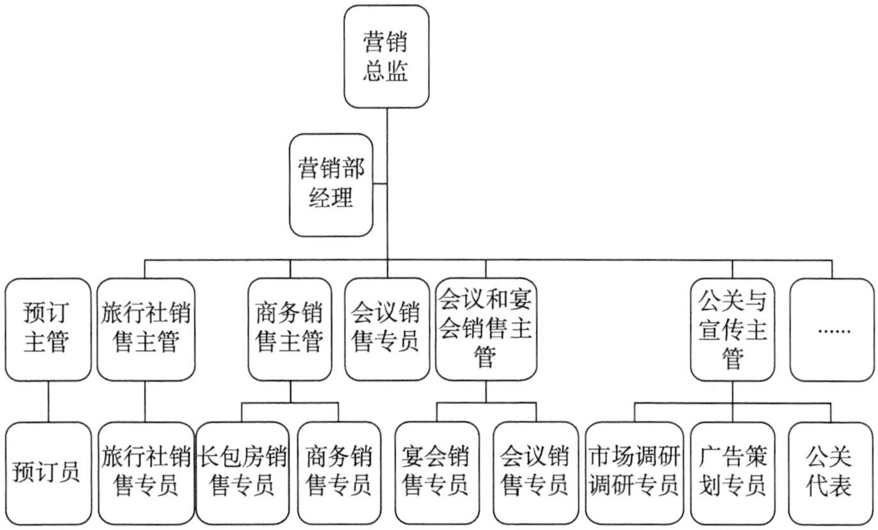


**图 1-1　酒店营销部岗位设置图**

## 二、酒店营销部的岗位职责

### （一）营销总监的岗位职责

酒店营销总监属于酒店管理阶层，其上级为酒店总经理，下级为营销部经理。全面负责酒店营销部的销售、公关工作，保证酒店营销战略目标的达成。其主要岗位职责如下：

**1. 制度建设及费用管理**

制订营销部的管理制度、工作程序并监督贯彻实施。严格按开支范围和标准控制酒店营销部的开支，包括市场调研费用、销售经费、公关活动经费等，监督各项经费的使用情况。

**2. 制订营销战略与计划**

根据酒店总体经营战略，制订酒店市场战略与销售策略。根据酒店市场与销售策略，指导公关主管编制公关、广告等各项市场计划。根据酒店市场战略与销售策略，组织各销售主管编制酒店各分项销售计划。

**3. 组织开展市场营销活动**

组织并监督销售人员开展销售工作，确保销售目标的达成。督促各类公关活动按计划开展，达成酒店公关的战略目标。指导拟订酒店的广告策划案，并对酒店的广告宣传工作给予指导和监督。

4. 营销队伍建设

根据酒店营销工作需要，参与营销经理及副经理的选拔与考核。合理构建酒店的销售队伍，核准各销售主管的任免提议。定期组织开展营销部各级管理人员的能力培训工作，提升下属人员的工作技能。

### （二）营销经理的岗位职责

酒店营销经理属于酒店管理中层，其上级为营销总监，下级为各销售主管和专员。负责酒店营销销售、公关活动的具体展开，保证营销部工作计划的全面完成。其主要岗位职责如下：

1. 营销策略的制订与落实

分解销售任务，向其下的销售主管布置销售任务，并指导执行。协同其他部门，根据市场和酒店的实际情况，制订合适的价格策略和产品组合方案。

2. 组织实施营销、公关活动

指导各销售组人员开展销售工作，并予以检查，确保销售目标按期实现。按公关活动计划组织开展各项公关活动，确保达到酒店预期目标。监督并指导酒店广告计划的执行，保证酒店广告的到位、高效。

3. 客户管理

组织、监督下属按时完成客户的走访和关系维护，及时处理客户意见。组织建立客户档案系统，及时督促相关人员及时整理并做好客户档案归档、调阅与保管工作。

4. 下属管理

组织开展各销售主管的培训工作，不断提高各主管的销售技能与管理能力。监督、指导各销售主管的日常工作，对他们的工作绩效进行考评。

## 第三节 酒店营销部服务标准与服务规范

### 一、营销管理的质量标准

（1）在进行销售时，要做好充分的准备工作，仪表仪容得体，并要携带酒店宣传资料和个人名片。

（2）在拜访客户时，要礼貌热情，详细询问客户对酒店服务改进的意见，并认真记录。

（3）客户的服务改进建议以及其他信息要定期反馈给酒店的相关部门，投诉处理要在一个工作日内给予答复。

## 二、预订工作的质量标准

（1）接受客户电话、书信、电报、传真、上门等各种形式的预订，营销服务人员要服务规范，程序完善。

（2）营销服务人员要严格掌握客房周转情况、客房设备的完好程度以及近期客流量等，合理接受预订，保证预订人数不超过酒店的服务能力。

（3）做好预订资料和客史档案的收集存档工作，做好各接待工作和折扣优惠工作。

（4）及时根据客房出租率预报调整促销策略，确定近期促销重点。

## 三、宣传广告管理质量标准

（1）在制订宣传广告前，要尽可能收集到所有竞争酒店以及其他酒店的广告资料。

（2）酒店的宣传广告要框架构思独特，文字说明简洁。

（3）广告宣传制作完成后，要广泛征集相关人员的意见，并要根据合理可行的意见进行修改。

（4）广告宣传正式启用前，要提交领导审核，以保证广告宣传的制作质量。

## 四、贵宾（VIP）接待质量标准

（1）在接待贵宾时，营销服务人员要注意仪容仪表、礼节礼貌，接待要热情周到。

（2）要根据各级贵宾的身份，提供相应的接待规格和内容。

（3）全程陪同贵宾，及时反馈情况。

## 五、营销合同管理质量标准

（1）各种营销合同标准样本统一、规范。

（2）营销合同双方名称、法定地址、法人代表、有效期、双方权利义务职责、结算方式、附列条款等内容要列举清楚，避免使有可能产生歧义的词汇。

（3）营销合同双方代表签署合同后，盖章方能生效。

（4）营销合同要及时归档，统一保管。

## 六、客房档案管理质量标准

（1）建立客户档案时，要详细填写客户的消费数据信息。

（2）客户档案要有专人保管，并要定期清理。

（3）要有专人进行档案跟踪，这样便于酒店有关部门开展促销工作。

## 七、办公室管理质量标准

（1）在营销服务办公室，要做到有岗、有人、有服务。

（2）上岗人员按酒店规定着装，做到仪容仪表整洁、大方。

（3）保持办公室环境卫生，办公物品摆放有序。

（4）保持办公室设施设备运转正常，清洁完好。

（5）遵守酒店纪律和各项规章制度。

（6）做好交接工作，交接工作日志要填写详细、清楚。

（7）营销管理人员加强现场管理和督促，加强工作考核。

◆知识拓展节点

# 第四节　酒店营销的发展与演变

## 一、酒店的概念、产生及发展

### （一）酒店的概念

所谓酒店，是指能够向旅行者或当地居民提供住宿，餐饮和服务的商业性建筑设施与机构。目前在我国，酒店有很多称谓，如饭店、宾馆、旅馆、旅社和客栈等。但是国际上统称谓“Hotel”。不管其称谓如何，作为酒店而言，其一般都具备以下基本特征：

它是由一个或许多建筑物组成的接待设施；

它必须提供住宿设施，也往往可以提供餐饮和其他服务的附属设施；

它服务的对象是公众，而且主要是外出旅行者，也包括少数当地居民；

它提供的是商业性的服务，使用者必须要支付一定的费用。

## （二）酒店的产生与发展

### 1. 古代客栈（Inn）时期

酒店的历史可追溯到久远的时代。在西方，客栈时期一般指12—18世纪，随着商业活动频繁，旅行和贸易的兴起逐渐发展起来。客栈的客人大多是旅行的传教士、信使和商人。由于当时交通方式多为步行或乘马车，因此客栈多位于路边，并且设施简陋，仅提供基本食宿。在中国，据历史记载，我国最古老的一种官方住宿设施是驿站。在古代，只有简陋的通信工具，统治者政令的下达，各级政府间公文的传递，以及各地区之间的书信往来等，都要靠专人递送。历代政府为了有效地实施统治，必须保持信息畅通，因此一直沿袭了这种驿传制度，与这种制度相适应的为信使提供的住宿设施应运而生，这便是闻名于世的中国古代驿站。我国古代的驿站制度曾先后被邻近国家所效仿，并受到外国旅行家的赞扬。中世纪世界著名旅行家，摩洛哥人伊本·拔图塔在他的游记中写道：中国的驿站制度好极了，只要携带证明，沿路都有住宿之处，且有士卒保护，既方便又安全。从商代中期到清光绪二十二年止，驿站竟长存三千余年，这就是中国最古老的旅馆。

### 2. 饭店（Hotel）时期

到19世纪中期，在欧洲出现了许多以“Hotel”命名的食宿接待设施。其中1829年在波士顿落成的特里蒙特酒店，被称为世界上第一家现代化酒店。其装饰豪华，富丽堂皇，为新兴酒店业确立了标准。从而也推动了世界各地现代化酒店的蓬勃发展，该时期被称为大饭店时期。酒店主要客人是贵族，旅行者，上层阶级和公务旅行者。由于当时交通工具主要是火车，轮船。因而酒店多位于铁路和港口附近，其特点是规模大，设施豪华，服务规范。而真正将欧洲“大饭店时期”推向高潮的代表人物是贵族饭店的创始人——塞萨·丽思（Cesar Ritz）。丽思于1850年2月出生在瑞士南部的一个小村庄，年轻时他曾在巴黎最有名的沃尔辛（voision）餐厅做侍者。在那里，他接待了许多王侯、贵族、富豪和艺人，并了解到他们各自嗜好、习惯、虚荣心等。丽思的经历使他立志去创造旨为上层社会服务的贵族饭店。1898年6月，巴黎最豪华的酒店——丽思旅馆建成。这一旅馆遵循“卫生、高效而优雅”的原则，当时是巴黎乃至欧洲最现代化的旅馆。丽思的格言之一：“客人永远不会错的”（The guest is never wrong）；格言之二：“好人无价”（A good man is be good price）。至今已成为酒店服务之行业宗旨。

### 3. 商业饭店时期

19 世纪末到 20 世纪初，随着社会工业化程度日趋成熟，经济和交通变化很大，商务旅行者急剧增多。因而对价格低廉，方便舒适的食宿设施需求量越来越大。当时，酒店的客人主要是旅行者，交通工具主要是飞机和汽车，所以酒店大多位于城市中心和公路旁边，其特点是安全、舒适、方便、洁净。但是，附属服务项目比较单一。而真正拉开商业饭店序幕的是在美国，而不是在它的诞生地欧洲。揭幕者是被称为“现代饭店之王”斯塔特勒先生。其后的希尔顿先生、亨德森先生与威尔逊先生都创造了至今仍能供我们借鉴的成功管理酒店的经验与格言。

美国旅馆家埃尔斯沃思·密尔顿·斯塔特勒（ Ellsworth Milton Statler ）先生是把豪华贵族型饭店时代真正推进到现代产业阶段的商业型饭店时代的鼻祖。1908 年，举世闻名的布法罗斯塔特勒饭店开业，拥有客房 300 间，其营销口号是“带浴室的房间只要 1 美元半”（a room and a bath for a dollar and a half）。尽管价格低廉，但开业第一年就赢利 3 万美元。当时他的经营方法从许多意义上讲是创新的，斯塔特勒先生成功经验之二是强调饭店选址。如 1916 年建造的宾夕法尼亚旅馆位于新客站附近，拥有 2200 间客房。战后美国经济萧条，旅馆业遭受重创，许多旅馆纷纷破产。但是该住房一直维持在 90% 以上。

康拉德·N. 希尔顿（Conrad N. Hilton）于 1946 年创立了希尔顿旅馆公司。并于 1945 年以 1. 11 亿美元将斯塔特勒集团拥有的 10400 间客户全部收购。据说，这是至今世界酒店史上最大的一笔酒店买卖交易。希尔顿的成功在于他强调旅馆运营成本，要求各旅馆编制预算，并要求集体或大批量采购，以降低成本；同时，注重人才培养，对优秀管理人员选派到密歇根州立大学，康奈尔大学进行培训学习。为方便客人预订，希尔顿旅馆预订系统率先实现了计算机联网化（Internet）。

欧内斯特·亨德森（Ernest Henderson）于 1937 年创建的喜来登旅馆公司。其公司旅馆遍布全球 75 个国家，是世界上最大的旅馆公司之一。在旅馆经营管理技术上，没有许多创新，但他制订的喜来登十诫（The Sheraton Ten Commandment）对于喜来登旅馆公司进行有效管理都意义深远：一诫：不要滥用权势和要求特殊待遇；二诫：不要收取讨好你的人礼物，收到礼物者，上交员工福利部门；三诫：喜来登旅馆的装饰，强调专家管理，不允许经理干涉；四诫：不可违背已经确认的客房预订；五诫：管理者在没有完全清楚确切目的之前，不要向下属下达命令；六诫：不善于授权的人，不能管理好大旅馆；七诫：做成交易，双方都要收益；八诫：放凉的茶不能上餐桌，强度服务质量；九诫：不能凭感觉进行决策，要靠事实、计算与知识；十诫：当下属犯错时，不要火冒三丈。亨德森先生著名格言是：“在旅馆经营方面，客人比经理更高明”。对于客人投诉或表扬信件的处理，他都非常认真，他认为顾客之建议是旅馆制定政策和改进业务的依据。

凯蒙·威尔逊（Kemmons Wilson）于1952年建立了第一家假日旅馆。在此后30多年时间里，并将假日公司发展成为世界上最大的旅馆集团。其成功经验有四点。①出售特许经营权（Franchise），即假日旅馆公司与另一家企业或个人签订合同，同意该企业或个人允许使用假日旅馆公司的名字和管理标准来经营管理自己的旅馆。为获得这一特许经营的权利，获得者需先付一笔费用，然后再按照营业收入交纳一定比例的专利费。②不断完善电脑预订与信息处理系统（Holidex）。③标准化管理与严格的检查控制系统（Standard Management and Control System）。假日公司要求全球每一家假日旅馆的服务标准是统一的为此制订了《假日旅馆标准手册》，手册甚至对香皂的重量和火柴的规格都有具体要求。为保证手册中的各项规定能够较好实施，假日公司还有严格的检查控制制度。④千方百计降低成本（Reduce Cost）。

我国在几千年的封建王朝统治下，由于受到政治、经济、文化、军事等因素的影响，旅店和旅店业的发展也受到压制，没有获得发展。自1840年鸦片战争以后，西式酒店随着外国资本的入侵也开始大量涌入中国。这些西式酒店规模宏大，装饰华丽，设施设备都比较先进，其经营风格，服务对象都与中国的传统旅店不同。与中国当时传统饭店相比，这些西式饭店内部设有客房、餐厅、酒吧、舞厅、球房、理发室、会客室、小卖部、电梯等设施。客房内有电灯、电话、暖气，卫生间有冷热水等。西式酒店的经理人员都来自英、美、法、德等国，有不少在本国受过旅馆专业的高等教育。西式饭店向客人提供饮食均是西餐，大致有法国菜、德国菜、英美菜、俄国菜等。酒店的餐厅除了向本店宾客供应饮食外，还对外供应各式西餐、承办西式筵席。西式酒店的服务日趋讲究文明礼貌、规范化、标准化。西式酒店是西方列强侵入中国的产物，为其政治、经济、文化侵略服务。但在另一方面，西式酒店的出现客观上对中国近代酒店业起了首开风气的效应，对于中国近代酒店业的发展起了一定的促进作用。到1939年，在北京、上海、广州、武汉等23个城市中，已有外国资本建造和经营的西式酒店近80家。随着大量西式酒店的出现，也刺激了中国民族资本，银行、铁路等资本家开始投资酒店业，并仿效西式酒店的经营管理模式。这就是中国近代史上出现的新式酒店。处于发展时期的欧美大饭店和商业旅馆的经营方式，也于同一时期，即19世纪中叶至20世纪初被引进中国。

**4. 现代新型饭店时期**

第二次世界大战以后，由于观光旅游者越来越多，旅游市场发生了重大变化，需求日益多样化。在这种背景下，单纯提供住宿和餐饮服务的酒店业已经不能适应市场的需要，促使酒店向多样化、多功能化方向发展。这个时期被称为现代新型饭店时期。这一时期发展起来的酒店多位于城市中心、旅游胜地、公路边或机场附近。当时酒店的特点主要是酒店类型多样化，服务项目综合化，功能齐全化，酒店业市场规模越来越大，酒店集团化也日益明显。我国现代酒店业的发展历史不长，但自开始实行改革开放政策以来，无论是行业规模、设施质量、经营观念还是管理水平，都取得了较快的发展。我国现代酒店业在发展过程中吸取了其他行业和国外酒店的先进理论的经验，逐步走上了科学管理的道路，使酒店经济效益有了很大的改善。同时一批引进外资建造或聘请外方管理的涉外酒店相继开张营业。无论是借用外资建造的酒店，还是合作经营的酒店，在硬件和软件方面对我国其他酒店都起了很好的示范作用，现代化的酒店经营管理经验和高标准的酒店服务，为我国酒店业的发展起到了一定的推动作用，带动了我国酒店业向新的台阶迈进。

## 二、酒店的类型及其产品的特点

### （一）酒店的类型

随着旅游者或旅行者需求的多样化，现代酒店在功能上也不断扩展。由于功能的扩展及各种功能在酒店中所处的地位不同，现代酒店出现了多种多样的类型，从市场销售的角度看，可分为商务酒店、度假酒店、公寓酒店、会议酒店、汽车旅馆、赌场酒店等。这些酒店又往往根据服务档次和服务质量的不同被评为不同的级别。我国根据国际惯例采用星级制来显示酒店的不同级别，如一星、二星、三星、四星、五星，白金五星。星越多级别越高。

#### 1. 商务型酒店

主要是为商务旅游者提供住宿、饮食和商务活动及有关设施的酒店。商务型酒店多位于交通发达的地区和城市中心地带。此类酒店设施齐全，服务项目较多，档次也较高，为了满足商务客人的需要，酒店都配备完善的商务设施及通信系统，如各种规模的会议室、商务酒廊、阅览室、洽谈室、休息区、商务中心、电脑网络服务等。此外还配备有康乐中心、健身房和游泳池等设施，以满足商务客人的休闲需要。

#### 2. 度假型酒店

此类酒店多位于海滨、山地景区和温泉附近，交通比较便利。主要为度假旅游者提供住宿、餐饮、娱乐服务和各种交际活动空间的酒店。度假型酒店除了提供一般性酒店所应有的服务设施外，还具备娱乐设施，以满足客人休息、娱乐和健身方面的需要。该类酒店客源季节性比较明显。

3. 公寓型酒店

主要是为了接待常住的商务客人、度假客人及其家庭成员。这类酒店要求客人预先和酒店签订常住协议或合同，双方注明常住期限、房价、付款方式和酒店提供的优惠服务项目。有的常住型酒店提供正常的住宿和餐饮服务，有的仅提供住宿而不提供餐饮服务。但是客房配有厨具，可供客人自己烹调美食。

4. 会议型酒店

其主要客人是各种会议团体，如公司年终总结会议、公司庆典会议、商品交易会、贸易展览会、科学讲座等。会议酒店一般设在城市的会展中心附近，也有设在交通便利的游览胜地的。此类酒店拥有较大的公共场所及会议设施，如大小规格的会议室、展览厅和多功能厅等。会议酒店除了具备相应的住宿和餐饮设施外，还必须配备会议设施，如投影仪、录放像设备、扩音设备、先进的通信、视听设备等，档次较高的会议酒店还配有同声翻译系统。

5. 汽车旅馆

一般设在公路旁，为自备汽车旅游的客人提供住宿和餐饮服务。该类旅馆在欧美发达国家比较常见，20 世纪 50 年代后期，汽车旅馆有了较大的发展，并且形成了一定的服务标准。它和一般酒店不同的是其建有较大规模的停车场，且价格便宜，一般采用自动化服务，设有商店和食堂。20 世纪 70 年代后，汽车旅馆不仅提供住宿和餐饮，还提供洗衣服务、会议室、歌舞厅等其他酒店所拥有的综合性服务设施。目前，我国的汽车旅馆处于刚刚起步阶段，但是市场前景广阔。

6. 赌场酒店

专门供赌客入住的酒店，也接待游览观光的客人，其特点是拥有各种各样赌博场所和设施。我国大陆目前尚无此类酒店。

## （二）酒店产品的特点

在市场经济条件下，我国的酒店业日渐趋于成熟。作为企业，它具有企业共有的基本特征，但也有与其他企业不同的业务特点，主要体现为：酒店的业务活动既不像工业企业以产品为中心的产供销也不像商业企业以商品为中心的购销调存，而是以客人为中心的客源组织与对客接待服务，即酒店业务活动的服务性。除此之外，从营销的角度考虑，酒店产品还具有以下几个特点：

1. 无形性

酒店产品的无形性是指酒店产品的主体成分主要表现为服务过程，而这个过程不以产出为结果。服务是由人提供的，它是一个劳动的过程。这个劳动过程与工业品生产企业的劳动过程不同，后者最终会创造出有形的，物化的产品，而服务这个劳动过程创造的是直接的心理和生理感受，却没有形成什么有形的结果。这便是服务的特征。

服务结果的无形性不意味着服务过程与内容的无形性。相反，在酒店的服务过程当中，时刻离不开物质化的内容。比如，构成酒店的环境氛围因素有灯光、色彩、音乐、冷热等，正是这些有形的东西，构成了酒店人员服务的物质基础。所以，酒店产品的有形与无形，是个辩证的概念。无形性给酒店市场营销带来了巨大的挑战。在产品生产、质量控制、促销宣传等方面，无不要求营销人员要充分考虑酒店产品的无形性。

**2. 产品价值的不可储藏性**

酒店产品的经济价值是与时间密切相关的。换句话说，酒店产品的经济价值是时间函数。它的含义是，酒店产品如果不能及时销售出去，当时的价值便永久地丧失了，无法弥补。比如饭店的客房，如果今天不能够卖出去，它今天的价值就损失了。明天不管以多高的价格卖出去，都是明天该客房产生的价值。这一点显然与一般消费品有很大不同。例如一个水杯，今天它没有被卖掉，店主人可以等到明天卖，甚至更长的时间。有的投机商可以把商品“囤积居奇”，但如果饭店采取这种策略的话，那么它离关门也就不远了。

饭店产品的不可储藏性使饭店的促销工作尤其面临着挑战，同时也给饭店的定价策略提出了必须思考的问题。

**3. 波动性**

即酒店业务活动不稳定性。因为酒店业务活动受到许多种因素的制约，从客观因素来讲，最基本的就有三大因素：一是社会政治因素，即国家的政策、社会秩序，外交关系、战争等。二是经济因素，即社会经济的发达程度、国民经济的发展水平和人们的消费能力等。三是本地区旅游资源的吸引力及季节性的影响。上述三大因素一旦发生变化，将直接影响酒店的业务经营，所以酒店业务经营活动必然具有较大的波动性。

**4. 文化性**

即酒店业务活动中的文化氛围和内涵。随着社会经济的不断发展，人们的生活水平日益提高，人们对酒店的需求由简单的生理需求逐渐发展到高层次的文化享受和心理上的满足。所以，酒店之间的竞争也由低层次的价格竞争逐步走向高层次的质量和企业文化竞争。这就要求酒店业务活动必须具有明显的文化特征。酒店的这种文化特性主要体现在有形物质文化和无形的精神文化两个方面。有形的物质文化主要表现在具有文化艺术氛围的建筑造型、功能设计、装饰风格、环境烘托等和艺术画廊、音乐厅、表演展览厅等文化娱乐设施，以及具有民族文化和西洋文化的美食等物质产品。无形的精神文化主要表现在服务活动的思想意识中，以及经营活动中的经营文化和管理文化。所以，现代化的酒店的管理者就必须具有较高的文化艺术修养。

## 三、未来酒店业的发展趋势

在20世纪，旅游业已从一个不被人注意的行业发展成为世界最大的产业。作为旅游业三大支柱之一的酒店业，借着旅游业的飞速发展之势也出现了繁荣发展之景色，完成了从贵族酒店向商业酒店和大众酒店的重大转变。我国自1978年改革开放以来，中国旅游业取得了突飞猛进的发展，2011年中国已成为世界第三大旅游接待国，中国酒店业也成了20年中发展最快、最先接近国际水准的行业。随着旅游需求的迅速蓬勃发展，只有对酒店业的发展趋势及其所面临的问题进行不断地探索和研究，才能在不断发展的形势面前保持清醒的头脑，有效的做好酒店营销策划工作。未来酒店业将有下列五大趋势：

### （一）顾客多元化

#### 1. 顾客构成多元化

随着生活水平的提高和老龄化社会的来临，休闲旅游者队伍中会有更多的银发族。随着科学的发展，人们求知欲望的增长会有更多的青少年通过旅游去认识世界和学习知识，如当今高校寒暑假出现的“游学”。随着社会的进步、经济的发展，具有较强支付能力的“丁克”家庭的出现，也将使旅游队伍壮大，酒店业的客源构成将更多元化。

#### 2. 顾客地域多元化

随着世界经济的发展，国际环境相对缓和，文化不断繁荣，各国、各民族间的交往进一步增加。酒店业将要接待来自更多国家和地区的客人。我国的酒店业不但要接待欧美、日本等传统客人，还会接待更多东南亚客人，以及印度客人、中东客人、非洲客人等新兴客源市场的新客人。不但要接待海外客人，还要接待更多的国内客人。为了作好市场销售工作，这就要求我们必须研究好各个地区、各个种族、各个民族旅游者的风俗和习惯。

#### 3. 顾客需求多元化

随着旅游者旅游经历的增加，酒店宾客的需求会有更多的交叉性、多样性和主动性。酒店宾客将不满足把酒店仅作为住宿和就餐的地方，会主动向酒店提出更多的需求，如商务客户不仅要求酒店提供高质量的食宿服务，还要求把客房变为他的办公场所，甚至希望酒店服务人员成为他业务工作的助手。会议客户不仅要求酒店提供设备齐全、服务周到的会议室，他还希望服务员成为他在当地游览的导游。休闲度假旅游者不仅要在酒店休息、娱乐，他还希望在酒店健身、学习。而国内宾客与外国宾客则更有许多不同的需求。

### （二）服务个性化

近一百年来世界酒店业通过大力推行标准化服务、规范化管理来提高服务质量和经营管理水平。但是仅按标准化服务是不够的，宾客到酒店来追求的是高质量的服务，一般具有很强烈的自尊感，同时往往也具有各自独特的需要。可是酒店提供的却是千篇一律的客房陈设，千篇一律的礼貌用语、千篇一律的菜单、千篇一律的娱乐活动……客人对这全世界都千篇一律的标准化感到厌烦。这说明酒店的标准化服务与顾客的要求还有距离，有距离就要有发展。未来的酒店将更有浓郁的人性味和独特的文化内涵，更突出民族风格和地方特色，能向顾客提供优质的与众不同的、带有某种生动的传统特色的服务。欧美一些发达国家的酒店正开始从标准化服务转向以满足客人需求为中心的个性化服务和实现每一个宾客高度满意的大众定制式服务。无论是个性化服务还是大众定制式服务，其核心就是实现顾客的独特需要，最大限度地让顾客满意。

我国酒店研究的资深专家王大悟教授把个性化服务归纳为八大方面：灵活服务、癖好服务、意外服务、电脑首选服务、心理服务、委托服务、庶务服务、礼宾服务或金钥匙服务。并提出为使这八方面的内容能够切实针对不同的顾客的需求，应当着重抓好三点：一是到家服务（Home Service）；二是延伸服务（Extended Service）；三是情感服务（Emotional Service）。

未来酒店业将从标准化服务向个性化服务发展，但并不是说酒店业将要放弃标准化。标准化是个性化的基础、标准化不好就不可能有个性化。标准化是满足大量的、基本的、经常的、必不可少的顾客需求所必需的。如果连顾客的常规需求都有不能满足，就不可能有个性化的服务。标准化是酒店优质服务必不可少的基础，但标准化服务不是优质服务的最高境界；真正的优质报告是标准化服务基础上的个性化服务，这才是完全意义上的优质服务。

### （三）技术信息化

过去20年以现代信息技术为代表的高新技术的持续发展对酒店业产生了深远影

响。未来酒店业的繁荣发展和竞争力的提高，将更大程度地依赖于高新技术的应用，高新技术将在酒店业的管理、服务、销售等方面发挥更大的作用。

20 世纪末，由国际互联网组成的“信息高速公路”给人类的经济、社会、教育、旅游等各方面带来了前所未有的巨大冲击，也使酒店业的传统销售方式产生革命性变革。“信息高速公路”使酒店产品的销售扩大到一个电子化市场中，信息在世界范围内可以十分容易和普遍地被获取和使用，从而增加了买卖双方的接触。“信息高速公路”将成为诱导酒店需求与供给、协调酒店业运行的一个最重要的决定因素，多媒体视点播系统、远程可视电话会议系统、智能房卡、红外感应等高新技术将在酒店业得到普遍的应用。

此外，“虚拟现实、生物测定、白色噪声”等先进技术将赋予酒店客房传统的舒适、安全等标准以全新的含义。持续的科技进步和酒店业日益普遍使用的“常住客计划”使 21 世纪的酒店客房更趋向于由客人设计而不是酒店来设计。如美国休斯敦大学希尔顿酒店和餐饮管理学院设计的“21 世纪的酒店客房”向人们展示了未来客房的魅力和酒店对先进信息技术的依赖性。它根据“常住客信息库”已经记录的每一位客人的喜好，新的客房设计程序将与该信息库配合运作，设计出适合每一位客人不同需要的特色客房，它将有下列功能：

(1) 光线唤醒（Lighting Wake-up）。由于许多人习惯根据光线而不是闹铃声来调整起床时间，新的唤醒系统将会在客人设定的唤醒时间前半个小时逐渐增强房间的灯光，直到唤醒时刻时灯光像白天一样。

(2) 无匙门锁系统（Keyless Lock System）。以指纹或视网膜鉴定客人身份。

(3) 虚拟现实的窗户（Virtual Reality Window）。提供由客人自己选择的窗外风景。

(4) 自动感应系统（Auto Induction System）。光线、声音和温度都可以根据每个客人的喜好来自动调节。

(5) 白色噪声（White Voice）。客人可选择能使自己感到最舒服的背景声音。

(6) 客房健身设备（In-room Body Building Facility）。以供喜爱单独锻炼的客人使用。

(7) 客房内虚拟娱乐中心（In-room Virtual Entertainment Center）。客人可在房间内参加高尔夫球、篮球等任何自己喜爱的娱乐活动。

(8) 电子控制的床垫（Electric Controlled Mattress）。可使不同的客人都得到最舒服的床上感觉。

(9) 触摸式设施（Touch Facility）。如用手触摸即可调节的灯光，触摸式的把手，触摸式的沐浴设备等。

总之，高新技术在酒店中将发挥更大的作用，使酒店业更加适应旅游者的需要和科技的发展是未来酒店业探讨的重要课题。

### （四）酒店绿色化

目前，国际市场上各种绿色产品风靡世界，种种现象表明，走可持续发展道路已成不可逆转的国际潮流，酒店业作为第三产业的重要组成部分，在全球性绿色浪潮推动下，酒店经营中环保意识逐渐成为广大从业人员和消费者的共识。创建“绿色酒店”，走可持续发展之路成为20世纪酒店业发展的必然选择。以环境保护和节约资源为核心的“绿色管理”也成为全球酒店业共同关心的大事。

### （五）管理集团化

20世纪中期，世界上先后出现了许多酒店管理集团，如马里奥特、希尔顿、喜来登、假日等。200家最大的酒店管理集团基本上说是垄断了世界酒店业市场，也可以说是它们主导着世界酒店业市场。在激烈的酒店竞争环境里，由于酒店管理集团享有规模经济，所以其比独立经营的酒店具有明显的市场优势。

## 四、现代酒店市场营销的特点

### （一）综合性

现代酒店营销综合性的特点有两层含义：一是组合营销：即宾客对酒店的要求除住宿、饮食等的基本生活需要外，还包括美食、购物、娱乐、信息交流、商务活动等高层次的业务需要和精神需要。酒店经营活动的综合性决定了其营销活动的复杂性。二是全员营销：即现代酒店营销与酒店各部门的每位员工都密切相关。也就是说，在酒店几百上千的员工中，只要有一位员工的服务使客人不满意，那么不但这位客人不会成为该酒店的回头客，而且这位宾客的负面宣传，将会使更多潜在的客人投向其他酒店，使该酒店营销的大量工作付之东流。

因此现代酒店营销综合性特点要求酒店营销人员懂得酒店全体员工对营销工作理解、支持的重要性，主动争取其他部门对营销工作的帮助与支持。

### （二）无形性

（1）从本质上讲，服务是酒店的主要产品。酒店的产品总是伴随着服务向客人出售的，无论是酒店餐厅出售的菜肴，还是酒店客房出售的住宿，或是酒店康乐中心提供的娱乐和健身，都离不开服务。多种服务构成酒店产品的主要部分并支配着其品质，还强烈影响着宾客购买决策。服务作为一种行为，是无法被人们触摸或者称斤两、靠技术指标来衡量的。旅游者只有到达酒店并享用了酒店服务时，才能感受到酒店产品的价值，酒店产品的价值才能得以实现。对酒店产品质量的评价，好坏取决于旅游者个人主观感受的满意与否。所以说，无形性是酒店产品的一个显著特点。

（2）一般产品被消费者购买后，其所有权便发生了转移，消费者可以随意将其带走。但是旅游者购买酒店产品，只是在一定的时间和空间内购得客房、餐厅或其他酒店设施的使用权，而无法占有它们。他们能带走的只是一种经历或者感受，而不是实体产品。消费者购买酒店产品的行为，本身具有无形性的特点。

这一特点也就要求酒店营销人员在营销过程中更加重视酒店位置、设施、装潢，员工等有形能力的宣传，吸引更多的旅游者。

### （三）时效性

酒店产品作为一种服务产品与一般物质产品的一个明显不同，便是它不能储存。对生产电视机的企业来说，今天生产的1000台电视机可以在一个月以后卖，今年卖不了明年还可以卖，而酒店的大部分产品及其所有服务，只是在宾客使用它们时才能被实际的提供和生产。例如宾客到餐厅就餐或到客房住宿时，酒店才会加工菜肴和提供客房服务。然而餐厅和客房的服务设施和服务能力，如果不使用就会很快地丧失其当时的使用价值。酒店的客房、餐厅、娱乐设施等产品一天没有人买，其一天的价值也就白白丧失了，而且永远无法补偿。当新一天来临时，它将表现为新的价值。

酒店产品的不可存储性决定了营销工作有很强的时效性。酒店只有在符合需求的时间内提供符合需求的产品，才能获得效益，否则只能产生极大的浪费。这就要求现代酒店营销工作中，周密地协调好酒店的生产能力，协调好促销与需求的关系，以解决酒店产品无法储存的问题。

### （四）易波动性

和一般的产品相比较，酒店产品的生产与销售受到许多因素的影响和制约，由于酒店产品的不可储存性，使得酒店产品价值的实现易于受到影响，从而使酒店营销工作具有易波动性的特点。

## 五、酒店市场营销的发展和演变

随着生产力的发展，经济增长，旅游业日益发展壮大起来，从而带动酒店业也日益走向成熟。酒店市场营销活动也在不同时期经历着变革，从不完善逐步走向完善。

### (一) 酒店市场营销的发展概况

国际酒店业实际是从20世纪60年代才应用营销学原理的。当时酒店业的竞争日趋激烈，迫使酒店业的经营管理人员开始注重市场营销活动，重视研究市场营销理论，并采用其他行业的研究成果，对酒店的组织机构进行一系列的调整。这时一些酒店成立了销售部，但是销售部门的活动仍然以销售、推销为主，采用的销售手段主要是广告、宣传和推进性营销。整个20世纪70年代，销售就是推销的观点在酒店的经营思想中占据统治地位。

20世纪80年代初，社会经济发展很快，不少国家和地区大力发展旅游业，酒店业的数量也在迅速增加，消费者选择的余地也在增加。这时酒店业的经营者认识到除了推销以外，还必须提高产品的质量，才能保持竞争力。如果仅仅靠餐厅提供最佳的菜肴，酒店提供最清洁的客房，是不可能在激烈的市场竞争中压倒对手的。从而迫使酒店经营者开始研究消费者的需求，分析消费者的兴趣、爱好和意见，以消费者的需求为出发点来进行营销活动。由此，酒店经营在思考问题的方法上也开始改变，由首先考虑“我的酒店”转变考虑“我们的顾客”。酒店的销售部也改称为市场营销部。这就是酒店市场营销学立足点质的转变。

进入20世纪90年代后，能否满足消费者的特殊需求和爱好，依然是决定酒店经营成败的关键。消费者对酒店产品和服务的选择的余地扩大了，使得酒店业的竞争进一步加剧。酒店的经营者开始注重研究“市场重新定位”或“渗透已确立的细分市场”，以便在竞争中获胜。

### (二) 酒店市场营销的新趋势

进入21世纪，世界经济全球化和新经济的兴起，正改变着我们周围的营销环境。现代酒店业也面临一个前所未有的经营环境，并呈现出了一些新的特点和发展趋势。酒店市场营销的部分对象具有鲜明的时代特征。在美国，人们把成长于数字媒体环境下的这一带年轻人称为网络时代，简称N时代。在英国，人们把伴随着TV、PC、INTERNET成长起来的信息时代的新人类称为“@时代”。在我国也出现过“新新人类”

的报道。这些人的价值观念、行为准则、消费行为都具有一些新的特点。也在很大程度上反映了一定的时代特征，对酒店市场营销活动产生着一定的影响。其中，荣誉宾客奖励营销、网络营销和绿色营销是酒店市场营销的新焦点。

**1. 奖励营销**

国外酒店在争夺被称为稳定的睡眠者即经常旅行的商务客方面是十分激烈的。竞争方法之一就是建立荣誉宾客奖励俱乐部。在国外，荣誉宾客奖励俱乐部有不同的称呼。如喜来登旅馆叫喜来登国际俱乐部，马里奥特旅馆叫马里奥特荣誉宾客奖励俱乐部，华美达旅馆叫华美达商业卡 1986 年 6 月创建的喜来登国际俱乐部是全球第一家俱乐部。它是从模仿航空公司的奖励计划开始的。其基本含义是：为了提高经常旅行的商务客人到自己旅馆来居住的次数和消费额，将这些经常来的宾客称为荣誉宾客，对他们在旅馆里的各种消费给予奖励积分，当奖励积分到一定程度就给予下列各项奖励：实物奖励、提高客房等级、免费用餐和免费住宿。有的连锁旅馆集团还与航空公司、出租车公司合作，提供更多的奖励积分机会和奖励形式，如免费租用车辆、免费乘坐飞机等。

据统计，2000 年航空公司荣誉宾客奖励俱乐部的会员已经超过 1 亿人，外国连锁集团的这类会员的数量也十分可观。如万豪（Marriott）为 680 万人，假日旅馆（Holiday Inn）为 700 万人，凯悦旅馆（Hyatt）为 300 万人，希尔顿旅馆（Hilton）为 250 万人，华美达客栈（Ramada Inn）为 200 万人，喜来登旅馆（Sheraton）为 120 万人，威斯汀旅馆（Westin）为 100 万人，最佳西方旅馆（Best Western）为 600 万人，斯托法旅馆（Stouffer）为 350 万人。

荣誉宾客奖励俱乐部之所以重要，是因为这些“稳定的睡眠者”往往是收入高、资历深的经理，有能力接受较高的房价。他们参加俱乐部的人数占经常旅行者的 28%，并且随着国际经济贸易活动的扩大，这类人还有明显的增长潜力。

**2. 绿色营销**

绿色营销是社会责任导向的市场经营观的一种反映。酒店业开展绿色营销主要体现在以下两个方面：

（1）在酒店的开发与经营上，如今“绿色酒店”已经成为一种时尚。绿色酒店把生态环境保护纳入酒店的决策要素之中，重视研究酒店的生态环境对策；注重采用新技术、新工艺。减少有害废弃物的排放；对废旧物品进行回收处理和再利用；变普通商品为绿色产品，实现酒店产品绿色化；积极参与社区内的环境整洁，推动对员工和公众的环保宣传，树立绿色酒店的良好形象。20 世纪 90 年代中期以来，我国酒店业紧随国际酒店业的绿色趋势，取得了长足的进步。1999 年 4 月 28 日，在杭州之江度假村，浙江省十四家酒店通过新闻发布会共同发出了“创建绿色酒店”的《倡议书》，在我国掀起了一轮酒店“创绿”活动高潮。

（2）在酒店服务方面，如今绿色服务也正日益受到人们的认可与称赞：在餐饮服务方面，餐厅应推广绿色有机食品，不选择国家禁止的珍稀野生动物及益鸟、益兽等不开发特色餐饮。同时餐厅服务员还应考虑客人的利益，向点菜客人推荐特色菜肴时，要做到经济实惠、营养配置合理、资源不浪费；在客房服务方面，酒店可以积极开发绿色客房，设置不吸烟客房等。

绿色营销追求经济效益、社会效益和环境效益的统一，既能满足当代人的需要，又不损害后代人的发展。因此，绿色营销作为实现旅游业可持续发展的有效途径，无疑将成为现代酒店业进行营销活动和市场开拓的必然选择。

**3. 网络营销**

网络营销是以互联网为传播手段，通过对酒店市场的循环营销传播，达到满足消费者完成需求的过程。利用网络预订客房，改变传统的预订方式，逐渐成为酒店争取客源的重要渠道。目前全球客房预订主要有三种网络系统：①专业预订组织系统，即指专门从事全球客房预订的专业公司，例如：UTELL、SRS、SUMMIT 等公司，都是国际著名的订房专业公司。该公司网络覆盖面广，同时借助全球预订分销系统扩大市场份额，客源层次高，市场定位准确。目前，全球有 15 万家旅行社，5000 多家会员酒店的支持，是全球最大的客房预订专业组织。②中央预订系统，即中央预订系统。随着网络经济的发展，中央预订系统已成为国际上很多著名酒店和集团在其成员酒店内运行的专业预订组织。③专有预订组织，即酒店企业在互联网上自设网址和主页，进行自主营销。据美国旅游业协会的一项调查，通过 Internet 预订客房的旅游人数从 1997 年的 1160 万人次剧增到了 1998 年的 3350 万人次。中国国际旅行社注资参与建设的华夏旅游网，一年团体酒店预订额高达两亿元人民币。1999 年注册 200 万元人民币的携程旅游网，于 2003 年 12 月在美国纳斯达克（NASDAQ）挂牌上市，公司总的市值高达 5.5 亿美元。可以看出，酒店也与电子商业的融合有着巨大的市场潜力。

作为一种全新的网络营销方式，在价格方面，网上酒店产品的价格对于互联网的用户而言完全是公开的，将会受到同行业产品价格的约束，也制约了酒店企业通过价格高额垄断利润的可能，这样也容易使酒店产品的价格赢得消费者的信任。在渠道方面，互联网本身是一种非常快捷的销售渠道。在促销方面，网络的全天候和即时性，给消费者提供了极大方便和超值服务。

## 六、酒店市场营销创新

### （一）酒店营销理念创新

营销理念是营销决策和营销策划的基础，随着市场营销环境的变化，市场营销的理论和实践也在迅速更新和发展，世界上许多著名市场营销专家不断提出新的营销理念，推动全球的经济发展。

**1. 大市场营销**

大市场营销是著名市场营销专家菲利普·科特勒教授提出的一种新的营销理念和战略思想。大市场营销是指企业为了成功地进入特定市场或者在特定市场经营，而应用各种经济的、心理的、政治的和公共关系的等技能，赢得若干参与者的合作。

传统的市场营销是建立在开放市场的基础上。20 世纪中期以来，社会、政治因素对经济的干预加强，贸易保护主义抬头，市场壁垒增加，市场封闭性倾向重新出现，因此在传统的市场营销组合中加上“权力（power)”和“公共关系（publication)”这两个因素，形成了大市场营销理念。利用权力和公共关系开展市场营销活动，对清除市场障碍，变封闭性市场为开放性市场有着不可低估的作用。

大市场营销理念中的权力包括法定权力、专家权力、信仰权力、参照权力和奖惩权力等，这些权力都可能为营销活动创造机会。大市场营销理念中的公共关系，就是要通过各种有效的公关手段，加强与顾客的交流，创造忠诚顾客。

**2. 开拓营销**

在供不应求的市场里，企业只要提供足够的产品和服务就能赢得顾客，占领市场。当市场由卖方市场转变为买方市场时，要赢得更多的顾客，就不能只与别人争夺现有市场，而应努力去开拓新的市场。

在社会和技术变革日新月异的今天，新的产品、新的服务、新的设施不断涌现，如果宾馆酒店一味强调以当前的顾客需求为导向，不能开拓新的市场，实质上是损害了顾客和社会的同时也损害了自己的长远利益。开拓营销要求善于把最新的技术进展和应用前景，以及最新消费趋势的有关信息不断地提供给顾客，获得顾客的认可，主动购买宾馆酒店的产品和服务，从而使宾馆酒店培养出一个新的顾客群，开拓一个新的市场。实践证明，由于科技进步，人们消费日益多样化，以及国际间的经济、贸易、文化、人员等交流日益频繁，开拓新的市场有时比与人共争一个市场更有利。

#### 3. 国际营销

过去许多国内宾馆酒店很少关注国际市场。对他们来说，国内市场安全、易操作，而且充满机会。随着计算机网络的普遍应用，通信、交通、资金流动的加快，时空正在迅速缩短，世界正缩小为一个“地球村”，全球经济一体化也正在变为现实。随着中国加入 WTO，市场将更加开放，许多国际性宾馆酒店集团正积极进入中国市场。倘若死守国内市场，可能不仅会失去进入其他市场的机会，而且可能会失去本国的市场。今天全球性的宾馆酒店集团已达数百家，国内市场也不再是充满机遇了。以全球市场为营销目标，是企业国际化的重要内容，全球性企业将世界看成一个市场。对于 21 世纪的宾馆酒店业来说，可以不成为全球性企业，但必须进行全球性营销。

#### 4. 连锁营销

传统意义上的竞争，是企业之间为了争夺顾客、抢占市场而进行的残酷竞争，这种竞争方式也是传统市场营销的主题。但是随着社会经济的发展，人们的竞争观念发生了变化，认为企业间实行战略连锁同样可以实现社会资源的有效配置，更有利于规模经济的形成。人们认识到，企业作为一个经济组织，其存在的目的是为社会创造更多的财富，满足人们的需求。竞争，不以消灭、击败对手为目的，而是通过竞争加强合作，通过合作来促进竞争，实现双方优势互补，增强竞争双方的实力。

#### 5. 内部营销

所谓内部营销就是把企业的员工作为企业的内部顾客，把企业各部门的岗位工作视为企业的内部产品。企业则致力于使企业的内部顾客满意企业的内部产品。通过招募、培训、培养敬业精神和企业文化、激励约束机制以及沟通等企业的内部营销活动去影响企业员工的态度和行为，从而达到影响企业外部顾客，满足服务质量的目标。内部营销的意义在于：由于旅游产品是人的行为表现出的服务。所以员工的服务质量提高了，旅游产品的质量就提高了，两者直接相关。

### （二）酒店产品创新

#### 1. 开发智能化的宾馆酒店产品

以电子信息、生物工程、新材料、新能源和宇航太空技术为主的世界新技术革命对人类社会的影响，在广度和深度上都将大大超过前几次的技术革命，这种影响也在激励宾馆酒店的产品创新。传统产品的改造，重视高新技术的应用，21 世纪宾馆酒店新产品的开发也离不开高新技术的支持。如许多宾馆酒店正在大力开发的具有办公、通信、设备、消防、保安自动化的“五 A”功能和良好服务的“智能化酒店”就具有极高的科技含量。

**2. 开发附加值高、功能全的宾馆酒店产品**

现代消费者不再满足于宾馆酒店仅提供简单的住宿和就餐服务，顾客不仅是在宾馆酒店住宿和就餐，还有工作、商务、健身、保健、娱乐、美容等多元化需求。因此宾馆酒店在开发新产品时，必须在重视食宿等基本功能的同时，考虑新产品提供的附加功能，以便给消费者提供更多的实惠，满足现代消费者对宾馆酒店的多元化需求。

**3. 开发民族风味浓厚的宾馆酒店产品**

一方面需要接待来自世界各国的旅游者，所以宾馆酒店应该尊重顾客的宗教信仰、文化传统、风俗习惯。但另一方面，我们也应满足国际游客的求新、求奇、求异的心理，因为对国际游客来说，旅游是一种全方位的体验，顾客不仅要求在旅游过程中得到娱乐享受，也希望在其他方面同样得到精神上的满足。因此我们在开发宾馆酒店新产品时也应尽可能地体现民族特色与地方风格，发挥我国在文化传统方面的优势，让顾客明显地感受到灿烂的东方文明。

**4. 开发绿色环保型的宾馆酒店产品**

人们盲目追求经济的高速发展，盲目追求眼前的经济利益和盲目追求高消费的生活等行为，已给人类生存环境造成了严重的污染和破坏。地球环境的污染破坏给全世界人民敲响了警钟，保护生态环境已成为全世界人们共同的呼声。追求高品位生活的消费者，已不仅仅满足于优越的物质享受，他们更希望拥有美好的生活环境，这种希望也反映在他们对宾馆酒店的要求中。旅游业发展的实践已经证明，旅游业包括宾馆酒店业，也会对人类生态环境造成污染和破坏，因此，应重视开发绿色环保型的宾馆酒店。

**5. 开发个性化的宾馆酒店产品**

近年来，“个性化服务”这五个字在服务行业，尤其是酒店业几乎成了一个口头禅，或者说已经成了一个时髦的宣传用语。这说明个性化服务的重要性已经开始逐步为服务行业所认同。个性化服务的概念源自发达国家，是指以标准化服务为基础，但不拘于标准，而是以客人需要为中心去提供各种服务，即针对性的服务，同时包括超越标准的特殊服务。

而个性营销，是指企业在已有的规模生产的基础上，将每一位顾客都视为一个单独的细分市场，根据个人的特定需求来进行市场营销组合，以满足每位顾客的特定需求的一种营销方式。现代的个性营销与以往的手工定做不同，定制营销是在简单的规模生产不能满足消费者多样化、个性化需求的情况下提出来的，其最突出的特点是根据顾客的特殊要求来进行产品生产。个性化的服务就要采用个性化的营销。

### （三）酒店营销手段创新

#### 1. 整合营销

“整合营销”一词最初由美国著名营销学者舒尔兹提出。我国王方华教授对整合营销作如下定义：整合营销是一种通过对各种营销工具和手段的系统化结合，根据环境进行即时性动态修正，以使交换双方在交互中实现价值增值的营销理论与营销方法。整合营销从对研究企业经营者而转向消费者，这是一个巨变。整合营销的理论主要包括下述几点：

（1）不要死守着现有的产品不放，应先研究消费者的需求与欲望。企业要生产消费者确实需求的产品，而不是卖自己所能生产的产品。

（2）定价时不要先推算企业的成本和利润，而应先考虑消费者愿意付出的全部成本，并兼顾消费者的收入状况、消费习惯以及同类产品的市场定价水平。

（3）不要只盯住有限的几条渠道，要尽最大努力为消费者的消费提供方便，让消费者快捷便利地购得商品和服务。

（4）要淡化促销，强调沟通；努力实现企业与消费者的双向沟通，谋求与消费者建立经久不衰的伙伴关系。

#### 2. 关系市场营销

关系市场营销是伴随着大市场营销理论的发展和社会学对传统营销理论的渗透而产生的。关系市场营销把营销活动看成是企业与消费者、供应商、分销商、竞争者、政府机构和社会组织发生互动作用的过程。关系市场营销的关键因素是建立并发展与相关组织和顾客的良好关系；关系市场营销的核心是追求顾客忠诚。在关系市场营销中，关系的性质是公共的，是组织与个人或组织与组织之间的互动，而绝非“拉关系、走后门、谋私利”的庸俗个人关系。关系市场营销的内在表现形式为企业与顾客、企业与竞争者、企业与供销商、企业各职能部门以及企业与政府和公众的良好关系。

关系市场营销的核心是让顾客忠诚，维系顾客。市场竞争的实质是企业能够赢得更多的顾客。因此，发展与顾客长期友好关系，已成为当今市场营销的一个重要内容。国外学者提出了三个级别的关系营销来发展与顾客长期的友好关系。

（1）一级关系营销

一级关系营销又称频繁市场营销，有时也被称为购买型关系营销。在关系市场营销的三个层次中，这是最低的一个层次。一级关系营销通过直接经济利益刺激顾客购买更多的产品和服务，通过让利销售、“三包”服务等手段来保障顾客利益，获得顾客满意，使顾客与企业建立友好关系。

企业必须采取有吸引力的措施、激发顾客主动与企业建立关系，仅靠一级关系营销的直接经济利益刺激，很难保证企业与顾客建立的长久关系。

（2）二级关系营销

二级关系营销有时也称为社交型关系营销。二级关系营销更重视与顾客建立长期交往关系，通过人与人之间的营销和人与组织之间的营销结合，增加顾客对企业的认同感。

顾客组织是二级关系营销的主要表现形式。以某种方式将顾客纳入到企业的特定组织中，使企业与顾客保持更为紧密的联系，实现企业对顾客的有效控制，如某些宾馆酒店给顾客发放贵宾卡、会员卡；通过顾客组织，企业可以给予老顾客优惠和奖励，以加深顾客对企业的信任，增加顾客对企业的认同感，密切双方关系。

（3）三级关系营销

三级关系营销又称结构性营销，有时也称为忠诚型关系营销。在关系市场营销的三个层次中，这是最高层次。这种营销方式就是企业通过向顾客提供某种对顾客很有价值、又不易获得的特殊服务，借此实现企业与顾客双向忠诚，相互依赖、长期合作的关系，这种关系被称为结构性关系。在结构性营销中，企业为客户提供的特殊服务通常以技术为基础，形成一套独特服务体系，使竞争对手很难效仿。

**3. 服务营销**

对服务营销这个概念，许多专家对此有不同的解释。简单地说，服务营销就是在营销过程中，服务和服务人员的作用两者都不能偏废的一种营销手段。服务的特点对宾馆酒店业营销方案策划有很大影响，主要有以下几个：

（1）无形性

服务是抽象的，没有具体的形态，服务在提供之前看不见、摸不着，是无法感受的，如宾馆酒店顾客在入住宾馆酒店前就无法切实感受到宾馆酒店服务的好坏。正因为服务是无形的，所以在服务营销中要求营销人员努力使无形服务转化为有形服务，努力向顾客展示与服务质量密切相关的有形成分。

（2）不可分性

服务不可分性有两层含义：一是指服务与服务提供者的不可分性。二是服务的生产与消费的不可分性，服务的完成需要服务人员和顾客的共同参与。服务人员和顾客之间的相互作用是服务营销的特点，服务人员和顾客都是服务结果的影响因素。

（3）易变性

服务易变性是指服务质量会由于服务的人员、时间、地点和方式的不同而不同，很难有一个统一的质量评价标准。以宾馆酒店服务来说，一个宾馆酒店内的两个服务人员的服务方式或服务质量不可能完全一样。即使是同一个服务员，由于受情绪、健康等因素的影响，其服务效率也会大小相同。另外，不同的顾客所需要的服务也不一样，同样的服务，有些顾客会很满意，而有些顾客可能会不满意。

（4）易消逝性

服务的生产与消费的同一性，意味着服务的效用是不能储存的，服务不能储存到以后销售或使用。宾馆酒店的客房或餐位，一天无人购买，其一天的价值也就白白浪费，而且永远无法弥补；当新的一天来临时，它们将表现为新的价值。

正是由于服务易消逝性，所以当需求弹性较大时既可能出现服务的供不应求而引起顾客不满的情况。也可能因服务的供过于求而使企业的效率低下。因此宾馆酒店在淡季时可以降价吸引更多的潜在顾客，而在旺季时则可以提价控制需求。

**4. 绿色环保营销**

绿色营销观要求企业在营销中，要以可持续发展为目标，注重经济与生态的协同发展，注重可再生资源的开发利用，减少资源浪费，防止环境污染。树立绿色营销观念，开发绿色产品，开拓绿色市场，已成为21世纪企业营销发展的新趋势，也给企业发展创造了新的机遇。酒店企业可以在塑造绿色形象、开发“无污染”产品（如绿色客房、绿色餐厅、绿色服务）、强化绿色广告与公关等几个方面下功夫。

**5. 网络营销**

随着现代科学技术在酒店业的广泛应用，网络营销以其难以想象的发展速度成为酒店营销的重要手段，而且是最有效、最经济、最便捷的营销手段。近年来，世界四大国际酒店集团：亚高、富特、希尔顿、斯特伍德联合组建了网上合资公司，这是继欧洲多家酒店网络公司之后亚太地区的第一家，它必将促进亚太地区酒店业的迅速发展。

网络营销不单纯是指网络技术，而是市场营销；网络营销不单纯是网上销售，而是企业现有营销体系的有利补充；网络营销是4C（整合营销）营销理论的必然产物。互联网营销最关键的不是互联网络本身，而是企业内部网和商际网。企业内部网可以提供企业内部员工之间互相联络的方式，员工可以通过内部网络来获取信息、合约等，销售人员可以把每日的工作上传到公司存档，这样销售的信息就不会丢失，即使销售人员突然离职也不会给公司造成影响。互联网与企业内部网相反，它提供给人们与外界联络的方式。过去，消费者购买商品不会对他人评论，只是自己去消费，现在互联网提供了一个消费者对商品进行评价的空间，可以与别人一起分享消费体验。

6. 固定市场营销

即通过一系列的市场调查，确定最终目标市场的一种营销方法，对于酒店来说则是通过顾客的消费研究，最终确定目标市场，并通过运用一系列的营销手段将其培养为忠诚顾客的营销方法。“酒店 VIP 俱乐部”计划，是一种大家并不陌生的消费方式。俱乐部营销是一种网络会员制营销方式。这种方式无论是在国外，还是在国内都已受到日益广泛的关注与应用。最早启用该计划的是香格里拉酒店管理集团和希尔顿酒店集团。1993 年，北京希尔顿饭店实施运作并大获成功，从而为国内酒店营销掀开了新的乐章，众多酒店纷纷效仿。

它是以建立会员制为发展导向的形式；在运作策略上，完全以顾客需求为中心，充分利用好信息资源入手，从而准确的界定酒店的市场定位，营造酒店的经营特色；以强化酒店品牌效应，并完善激励机制的促销战略；进而通过控制有力、行之高效的电话营销系统，帮助酒店挖掘一批具备高消费能力的忠实客户群体，那些也正是为酒店创造 80% 利润额的那 20% 的忠诚客户。据有效数字统计，此类酒店中 10%～15% 的入住率往往就是此类会员所带来的，并且在餐饮和娱乐方面的收益尤为明显。

“酒店 VIP 俱乐部”酒店营销实施计划的重点：在观念认识上，利用 80/20 法则，将顾客占有率和忠实程度放在首位；目标是从酒店特色出发，充分挖掘酒店的最大市场潜力。所以在营销战略上，应把忠诚顾客置于组织结构的中心，通过向会员提供超值和可供选择的服务与之建立长期的紧密性关系，使老顾客不断感受到新的服务和新的变化，提升他们对产品的忠诚度。

◆复习题

1. 简述酒店业的发展新趋势。

2. 现代酒店市场营销有何特点？

3. 酒店为何要实施营销创新？如何实施营销创新？

◆实训题

请同学们通过事先查阅相关资料后举例回答，中国经济型连锁酒店营销战略的成功案例和其成功的原因。

教师观测点：要求学生对经济型酒店案例的资料收集、整理、分析，重点考察其对经济型酒店营销举措的评价。

◆拓展题

做一个称职的销售人员应具备什么条件？

阅读材料

## 希尔顿饭店成功的经营理念

美国希尔顿饭店创立于1919年，在不到90年的时间里，从一家饭店扩展到100多家，遍布世界五大洲的各大城市，成为全球最大规模的饭店之一。80多年来，希尔顿饭店生意如此之好财富增长如此之快，其成功的秘诀来自于确立了自己的企业理念并把这个理念贯彻到每一个员工的思想和行为之中，饭店创造"宾至如归"的文化氛围，注重企业员工礼仪的培养，Hilton广告语：Travel is more than just A to B（旅行不仅是A地到B地）。

### 一、希尔顿饭店的企业形象

企业的形象，是指社会公众对某个组织、个人或某种产品的整体印象和评价。

1. 物质表现形式

包括办公设施，设备，产品质量，环境，团体的标志，装饰，资金实力等。其中最重要的是产品质量，它是树立企业形象的核心，是给人的第一印象。

希尔顿饭店每一间客房均配有独立的温控系统、分体式淋浴、小酒吧、茶/咖啡设施及可接收国际卫星节目的彩色电视。个人电脑接口可实现快速上网，酒店同时还拥有容纳400人的宴会及会议设施。包括同声传译、电视会议等，设施齐全的健身中心提供多种当今国际流行的健身器械及桑拿室、蒸汽室、游泳池等。同时，还设有配备专业教练的网球场和壁球室。商务中心提供全天24小时商务服务，包括秘书服务、翻译、传真、电子邮件、上网、复印及电脑出租。酒店车队配有大、中、小型客车。酒店拥有连天阁咖啡厅、路易斯安那西餐厅、随园中餐厅、源氏日餐厅等各式餐厅。遍及世界各地的400多家希尔顿饭店采用统一的预订系统。

2. 社会表现形式

包括企业职工队伍、人才阵容、技术力量、经济效益、工作效率、公众关系、管理水平等，其中最重要的是员工素质。

希尔顿饭店的宗旨是"为我们的顾客提供最好的住宿和服务"。无论是上午出行还是休闲度假，希尔顿饭店可以满足不同顾客的不同需求。在当今世界，希尔顿已成为荣誉和地位的象征。以至于人们可以这么说："如果你所在的城市没有一座叫希尔顿的大厦，那么唯一的可能就是你的城市的经济还不够发达，也不够出名！"事实也正是如此，早在20世纪90年代初，希尔顿国际旅馆有限公司就在世界各地拥有200多家高规模、高档次的旅馆，单在美国本土就有了34家希尔顿名号的大饭店。高达4.5万间以上的客房，每年要消耗2.5亿条毛巾、桌布和床单，要购买20余万块香皂。到1998年，希尔顿已拥有256家饭店，客房103151间，雇用员工4.5万余人，在世界饭店集团中排列第八。1998年它的总收入达到17.69亿美元，平均每间客房收入116美元。希尔顿饭店以全面而优质的服务，严格而高效的管理和超群的经济效益在同行业中素享盛名。

3. 精神表现形式

包括企业的信念，道德水准，口号精神，企业形象要素主要靠内在的精神素质，企业形象要素体现于产品形象，环境形象，员工形象，企业家形象，公共关系形象，社会形象，总体形象之中。

希尔顿十分注重员工的文明礼仪教育，倡导员工的微笑服务。他每天至少到一家希尔顿饭店与饭店的服务人员接触，向各级人员（从总经理到服务员）问得最多的一句话，必定是："你今天对客人微笑了没有?"教导员工万万不可把我们心里的愁云摆在脸上，无论旅馆本身遭受的困难如何，希尔顿旅馆服务员脸上的微笑永远是属于旅客的阳光。因此，在经济危机中纷纷倒闭后幸存的20%旅馆中，只有希尔顿旅馆服务员的脸上带着微笑。结果，经济萧条刚过，希尔顿旅馆就率先进入新的繁荣时期，跨入了黄金时代。

## 二、希尔顿饭店的用人之道

1. 高级职员从基层逐步拔起

企业核心竞争力越来越表现为对作为第一资本的人才的培育、拥有和运用能力。人才是推动企业健康发展的力量源泉，无论从宏观角度，还是从微观角度来看，人才是企业发展的决定性因素。因此只有拥有了充足的人才，企业才能实现跨越式的发展。

在希尔顿的旅馆王国之中，许多高级职员都是从基层逐步提拔上来的。由于他们都有丰富的经验，所以经营管理非常出色。希尔顿对于提升的每一个人都十分信任，放手让他们在各自的工作中发挥聪明才智，大胆负责地工作。如果他们之中有人犯了错误，他常常单独把他们叫到办公室，先鼓励安慰一番，告诉他们："当年我在工作中犯过更大的错误，你这点小错误算不得什么，凡是干工作的人，都难免会出错的。"然后，他再帮他们客观地分析错误的原因，并一同研究解决问题的办法。他之所以对下属犯错误采取宽容的态度，是因为他认为，只要企业的高层领导，特别是总经理和董事会的决策是正确的，员工犯些小错误是不会影响大局的。如果一味地指责，反而会打击一部分人的工作积极性，从根本上动摇企业的根基。希尔顿的处事原则，是使手下的全部管理人员都对他信赖、忠诚，对工作兢兢业业，认真负责。

2. 团队精神

团队精神表现为一种文化氛围、一种精神面貌，是一种看得见、感知得到的精神气息。作为饭店这种服务行业尤为重要。团队精神就是饭店上下精诚团结、目标一致、协同共进。团队精神对于一个饭店来讲是不可缺少的精髓，否则就如同一盘散沙。一根筷子容易弯，十根筷子折不断，这就是团队精神重要性力量的直观表现，也是团队精神重要之所在。

希尔顿饭店不论是在创业阶段与合伙人之间，还是在企业经营与职工之间，希尔顿总是坦诚相待，发扬团队精神，把所有的人拧成一股绳。事实证明，这种精神对于希尔顿的事业非常重要。不论是达拉斯希尔顿建造过程中的资金短缺，还是大萧条时期的困境，希尔顿得以渡过难关，团队精神都发挥了重要的作用。

（摘录整理于职业餐饮网）

**[简要评析]**

希尔顿饭店的微笑服务、宾至如归，全体员工优质的服务和先进的硬件条件造就了如今的希尔顿的饭店王国。当今的饭店业不断地发展，优质的服务和先进的硬件条件成为了饭店生存的必要条件。顾客的口碑效应非常重要，所以企业的形象也越来越受到饭店管理者的重视。酒店服务行业注重的是细节，因为很多东西对于顾客而言大同小异，因此希尔顿饭店也是在这个小异上下功夫，做得比别人好，做得跟别人不一样，才能取得如此好的市场效益以及迅猛的发展势头。

# 第二章　旅行社销售

## 学习要求

**必须掌握节点**

- 旅行社的基本常识
- 旅行社销售处的工作任务
- 旅行社销售处的岗位设置与职责
- 旅行社销售处工作的程序与服务规范
- 旅行社销售策划方案的制订
- 与旅行社客户的沟通技巧
- 旅行社客户的档案建立与回访

**知识拓展节点**

- 酒店市场竞争策略

## 热身案例

### 洲际假日广场酒店与省内外多家大型旅行社签署战略合作协议

威海洲际假日广场酒店于2013年夏季正式开业，从2012年11月开始，洲际假日广场酒店营销部展开了与省内重点城市各家旅行社的广泛联络和战略合作洽谈。经过一个多月的市场攻坚，成效显著，目前已经与一百多家中高端旅行社签署了战略合作协议。

洲际假日广场酒店是由百利集团投资数十亿在山东半岛黄海之滨倾心打造的集群式度假酒店，酒店地处风光秀丽的威海纹石宝滩风景区。融山海湖岛松林、田园风光于一体，拥有长达1.3千米坡缓沙白的原生态海岸线，这里将是未来20年威海最具发展潜力的地区。洲际假日广场酒店由一座五星级涉外大酒店和四座准四星级度假酒店组成，拥有约4000余套客房及完善的服务配套。2013年5月第一座酒店有望正式开业，且每年将开启一座星级酒店面市。正式投入运营以后，酒店除了接待看房团及百利集团内部入住，主要的市场还是面向各类社会旅游团队、游客。如何保证酒店的入住率，使酒店进入良性的市场运营轨道，使洲际酒店的投资者——各位业主能够获得最大的受益，成为酒店运营方的工作之重。

据洲际假日广场酒店营销部负责人介绍，通过一个月辛勤的市场开拓，四方奔波，他们跑遍青岛、烟台、济南、泰安等周边重点城市，与各家国际旅行社展开广泛的对话联络，顺利签署战略合作协议100多家。预计12月还将有百余家旅行社完成签约。据了解，本次签约的这些旅行社基本上都是老牌大型旅行社，如青岛中国国际旅行社、青岛中铁国际旅行社、济南中国旅行社、济南神州旅行社、济南嘉华文化国际旅行社、山东省康辉国际旅行社、烟台海峡国际旅行社、威海中国国际旅行社等，大都是国内旅行社行业中规模最大、实力最强、最具品牌影响力的央企旅行商，拥有丰富的旅游线路、客户资源，在同行业内首屈一指。通过了解，他们对威海洲际度假区的运营前景十分看好，主要得益于项目得天独厚的区位优势，以及周边密集的景区风光旅游资源；再加上洲际酒店集群式的规模、高星级的服务标准以及自身完善的配套设施赢得了各家旅行社的一致青睐，均表达了强烈的合作意向。

通过与以上国际旅行社的战略合作，借助大型旅行社的品牌优势、渠道优势、产品开发优势，有利于完善洲际假日广场酒店的客源结构并确保酒店一定的客源饱和度。通过与这些地区旅行商的合作，“联大靠强”，对洲际酒店的可持续发展，提升酒店客源品质，提高酒店的知名度和影响力将产生积极的促进作用；对于洲际度假区走向国际化同样具有重要意义。

（整理于新浪网）

**思考题**

威海洲际假日酒店为何如此重视与旅行社的战略合作？

**◆必须掌握节点**

## 第一节　旅行社的基本常识

旅行社作为专业化的旅游产品与服务的组合者，是最终顾客与生产各种旅游产品与服务的企业之间的桥梁，一直是酒店销售活动的主渠道，是酒店销售工作的重点对象。同时，旅行社也是酒店销售渠道的中间商。酒店要做好旅行社的销售，必须熟悉旅行社的基本常识。

## 一、旅行社订房的特点

旅行社由于批量经营，加上季节性强，风险较大，对酒店预订也会受到影响。旅行社订房不同于个人旅游者，具有以下特点：

### （一）订房数量大

除大型会议外，一般商务企业、政府组织受自身业务规模所限，其订房量都不会太大，而旅行社每年接待量一般都在万人以上，大型旅行社更达几十万人，因此，旅行社的预订对旅游酒店尤其是旅游风景区的酒店来说是最重要的生意来源。

### （二）订房价格低

旅行社为尽量提高经营利润，降低向旅游者的报价，增强旅行社的价格竞争力，会极力向酒店争取最低价格。

### （三）订房时间集中

旅行社订房季节性强，通常集中于旅游旺季，而淡季订房较少。这样对酒店正常经营非常不利：高峰时期，人满为患，超负荷运转，产品及服务质量极易下降，达不到理想的顾客满意度；到了淡季，有时门可罗雀，酒店接待能力闲置，造成极大浪费。为避免订房过于集中，酒店应积极开展销售活动，如淡季超值优惠价，与旅行社合作推出大型促销活动或特殊活动项目，并给旅行社更大奖励，使订房尽量稳定。

### （四）订房取消率高

旅行社为酒店带来大批量的订单，然而一旦取消，酒店的损失也不少。酒店依赖旅行社的订单，也是有很大风险的。旅游业本身就敏感度高，政治的、经济的、社会的诸多因素均能对旅游业产生迅速的影响，团队取消现象非常严重。酒店应合理安排自己的目标视察工作分布及渠道布局，以分散风险。

### （五）订房连续性强

旅行社与酒店的合作关系是长期、连续的，不是“一锤子买卖”，因此，更应建立良好融洽的关系，对双方都有益处。

## 二、旅行社的类型

根据酒店接触的旅行社的不同，旅行社分为旅游代理商、旅游批发商和旅游经销商。

### （一）旅游代理商

旅游代理商又称为旅游零售商，它通过自己的销售网点，将整合旅游产品直接销售给旅游者。旅游代理商可以是独立经营，也可以是某个旅游批发商或经销商的下属机构，代为出售其旅游线路和旅游项目，构成酒店销售网的一环。旅游代理商受酒店委托销售，按合同贵点的价格出售给旅游者，按销售额一定比例提取佣金，通常为销售额的10%～20%。

### （二）旅游批发商

旅游批发商只组合旅游产品销售给旅游经销商和旅游代理商，不直接面对公众销售。旅游批发商一般是实力非常雄厚的大型旅游中间商，通过与交通部门（航空公司、铁路及旅游车船公司等）、酒店、旅游景点以及其他餐饮娱乐设施直接谈判，将这些单项旅游产品组合成旅游线路，确定一个包价（有大包价、小包价）。在每个旅游团的活动及日程安排好后，旅游批发商向这些单位发出日程安排表并作出预订，然后交由旅游经销商或旅游代理商将包价旅游项目出售给团队或散客旅游者。其营业收入主要包括从各种交通公司收取的代理佣金和酒店订房差价的收益。如果包价中含餐饮，旅游批发商还可以从酒店得到整个包价10%左右的佣金。

### （三）旅游经销商

旅游经销商一方面将单项旅游产品组合成旅游线路（即整合旅游产品概念）销售给旅游代理商；另一方面也有自己的销售点面向公众直接销售，兼有旅游批发商和旅游代理商的双重身份。

## 三、酒店与旅行社之间的合作

旅行社是酒店最重要的销售渠道之一。旅行社不仅为酒店提供了销售机会，而且已经成为酒店营销体系中不可缺少的组成部分。因此，酒店应加强与旅行社之间的合作。

### （一）明确选择旅行社的标准

酒店销售人员要了解旅行社的营业地点、经营范围和经营能力，通过调查，了解哪些旅行社能使本酒店增加销售额。旅行社要获得利润，就必然从事最能赢利的业务活动。如果旅行社的经营范围不符合酒店的需要，酒店就很难改变其业务活动方式。如果旅行社的顾客不会来本地区旅游，即使酒店增加旅行社的佣金，也不见得能增加本酒店的销量。相反，如果旅行社已组织大批游客来本地区，那么，向旅行社支付比竞争者更高的佣金，就有可能增加自己的市场份额。

### （二）加强沟通

酒店应让旅行社充分了解自己的产品与服务，可以通过组织旅行社人员参观、使用，并提供足够的宣传资料，如小册子、广告招贴画、促销录像带、幻灯片等，还应经常通过函件、人员访问等形式及时向旅行社通报酒店各新产品与服务、新项目、新计划等的最新动态，以协助其销售，并争取在旅行社旅游线路促销宣传中取得理想的位置。对于旅游批发商而言，一般是提前一年或更长时间印刷宣传手册和报价单，酒店应提早与之协商房价。如因经营需要必须提价，应尽早通知旅行社，并取得谅解。否则由于两者沟通不足，临时提价（尤其是旺季）会使旅行社陷入尴尬，从而大批退房，两者都会在经济利益、公众形象上受到极大的损失。

### （三）积极激励

酒店可采用多种激励措施提高旅行社代理销售的积极性，如提高佣金比例，对淡季销售付给奖励佣金并及时支付；对通过旅行社预订的公司和机构给予更大折扣，鼓励它们从旅行社处预订；免费为旅行社人员提供膳宿服务；开展销售竞赛，对销售业绩好的旅行社给予奖励。

我国现行旅行社与酒店的报酬关系与国际通行做法不同：旅行社能获得远低于门市价的批发价，很少采用佣金制。其实这就成为酒店与渠道之间、各渠道成员之间产生矛盾的一个重要原因。首先，这种方式使得酒店与旅行社利益对立，旅行社拼命压价，因为差价越大，其利润越高，酒店又极不情愿自己的利益受损。其次，酒店对各渠道成员所给的旅行社价格高低不一，这样也不利于渠道成员间的融洽关系，很多精力都用在跟酒店讨价还价上了。因此，在国内实行佣金制，与国际旅游运作标准接轨，已成为一种需要和趋势，这样才能促使旅行社积极开拓市场，因为在佣金制下，销售额越大，利润越高，也能使酒店与渠道成员精诚合作，共同推出具有竞争力的价格，达到双赢。

### （四）加强预订受理工作

酒店应根据旅行社订房的特点，设计专门的预订受理程序，方便旅行社订房。酒店应主动提供房价、订金政策以及其他服务项目（如行李托运费）的付费说明，并以书面形式，一般是客房销售合同，向旅行社明确房价（是否含早餐）、订金、预订截止时间、付款方式等内容。同时，酒店还应积极采用先进的电子网络系统以顺应网络预订的新趋势。

### （五）加强售后服务

旅行团离店并不等于销售工作的结束，应与旅行社保持密切联系，征询其建议与意见，以便改进提高。

### （六）重视账款清算

只有收回账款，酒店才能真正取得经济效益。有的酒店只顾招徕顾客，怕影响与旅行社的关系，往往不能及时收回账款，降低了酒店资金周转率，有时还会影响酒店的正常运转。有时甚至根本无法收回账款，造成酒店的坏账损失。

## 第二节　旅行社销售处的工作任务

酒店营销部要做好旅行社的销售工作，必须明确旅行社销售处的工作任务，其工作任务要点如下：

### 一、制订与实施旅行社销售计划

（1）进行旅行社市场调研活动，手机客户信息，并根据收集到的信息分析结果和酒店年度销售计划制修订旅行社销售计划。

（2）根据旅行社销售计划要求，指定旅行社销售策略、旅行社走访计划和旅行社销售策略，并且落实执行，以保证酒店与各大旅行社建立良好的合作关系。

（3）根据旅行社销售策略，进行相应的广告宣传活动，提高酒店的影响力。

(4) 保持与各大旅行社的关系，及时解决各大旅行社反映的问题。

(5) 根据各大旅行社的要求，及时为他们提供报价、预定、确认、更改和取消服务。

## 二、跟踪酒店消费客户

(1) 根据客户登记信息，未来酒店消费的客户建立客户档案。

(2) 定期电话回访曾来酒店消费的客户，时刻关注他们对酒店的新需求，并将酒店的促销信息告知客户。

## 三、协助前厅部做好客户接待工作

(1) 协助其他部门开展重要客户和团体客户的接待工作，并根据客户需要，提供高质量的客户服务。

(2) 对客户住宿期间的进程进行跟进，以便及时发现客户的新需求。

## 四、处理客户投诉

(1) 及时处理客户对酒店的投诉以及预订纠纷。

(2) 根据客户投诉意见，提出酒店客户服务改进建议。

## 五、其他工作任务

协助财务部门做好结账、客户信用等各项相关工作。

# 第三节　旅行社销售处的岗位设置与职责

## 一、旅行社销售处的岗位设置

为了更好地完成工作任务，要合理设置旅行社销售处的岗位，一般来说，大多数酒店的旅行社销售处的岗位设置图见图 2－1。

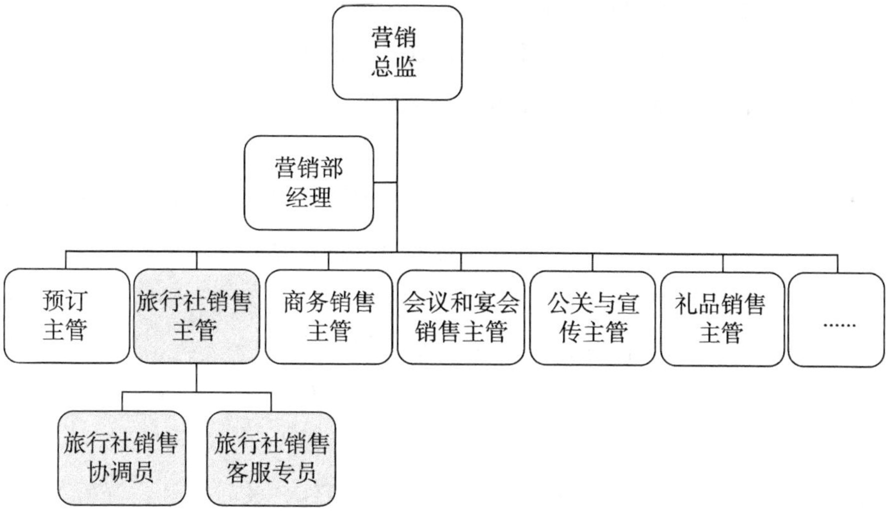


**图 2－1　旅行社销售处的岗位设置图**

## 二、旅行社销售处的岗位职责

### （一）旅行社销售主管岗位职责

#### 1. 旅行社销售主管所处管理位置

作为旅行社销售主管的上级是营销部经理，直属下级是旅行社销售协调员、销售客服专员。如图 2－2 所示。

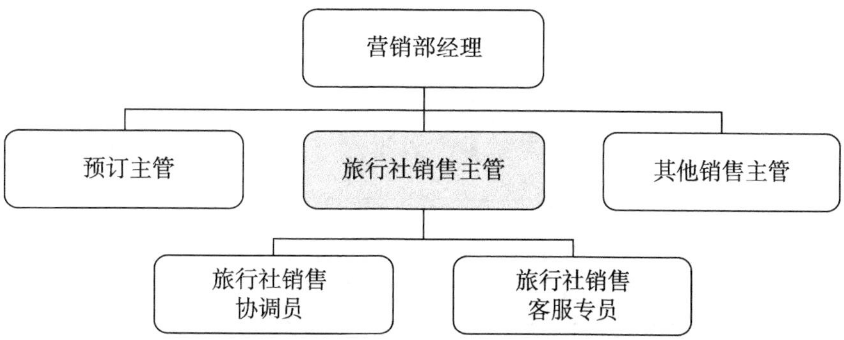


**图 2－2　旅行社销售主管的位置图**

#### 2. 旅行社销售主管岗位职责

旅行社销售主管主要负责酒店的旅行社销售业务，与旅行社建立合作关系，保证客源稳定，完成销售指标。具体如下：

（1）旅行社销售计划制订与实施。

1）制订旅行社销售策略和旅行社走访计划，并落实执行。

2）参与酒店客房的旅行社价格政策的制定。

（2）组织旅行社走访工作。

1）组织旅行社销售协调员按计划定期走访旅行社，与有意向的客户洽谈合作事宜。

2）保持与旅行社的关系，及时解决旅行社方面的疑虑和需求。

（3）跟踪来电消费的客户。

1）协调做好来店消费客户的接待工作，保证服务质量。

2）记录、整理旅行社客源消费信息，形成销售工作记录。

（4）手机客户反馈和市场信息。

关注旅游市场动态，组织做好市场情况的收集工作，及时统计、分析各类市场信息，定期向营销部经理提交分析报告。

（5）其他工作。

1）组织下属定期参加部门内部培训，对下属工作绩效进行考评。

2）根据任务需要，协助其他部门开展工作。

### （二）旅行社销售专员岗位职责

#### 1. 旅行社销售协调员所处管理位置

旅行社销售协调员主要执行旅行社销售的具体工作，走访旅行社，宣传酒店产品，洽谈合作事宜。其所处的位置如图2－3所示。

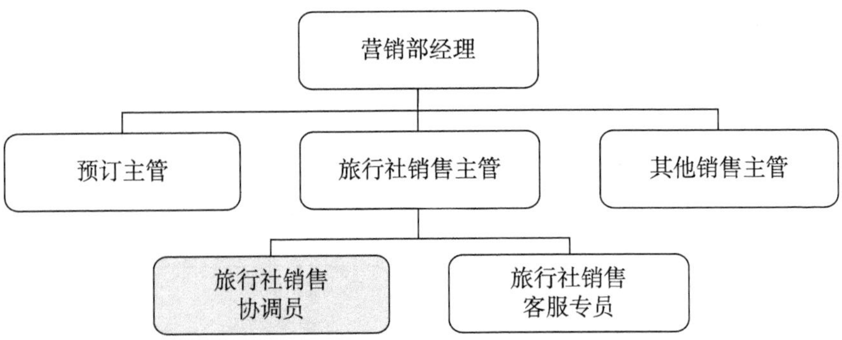


**图2－3　旅行社销售协调员的位置图**

#### 2. 旅行社销售协调员岗位职责

旅行社销售协调员主要负责执行旅行社销售的具体工作，走访旅行社，宣传酒店产品，洽谈合作事宜。具体如下：

（1）旅行社销售工作实施。

1）按计划定期走访旅行社，与旅行社建立良好关系。

2）与有合作意向的旅行社谈判，签署协议或合同，建立合作关系。

（2）维护与旅行社的合作关系。

1）保持与旅行社的电话、邮件、传真交流，及时沟通双方情况。

2）定期向旅行社宣传酒店，介绍新增产品组合、服务项目。

（3）协助相关部门接待客户。

1）协调酒店相关部门，做好来店旅行社团体客户的接待，保证服务质量。

2）对客户住店期间的消费过程进行跟进，及时向营业部门将或服务部门传达客户的意见或投诉。

（4）收集市场信息。

1）时刻关注市场动态、合作旅行社及竞争对手的相关信息，并关注收集、整理。

2）按时统计、分析收集的资料，定期提交工作报告。

## （三）旅行社销售客服专员岗位职责

### 1. 旅行社销售客服专员所处管理位置

旅行社销售客服专员主要执行酒店客户服务制度和相关政策，提出客户服务改进建议，建立酒店客户档案，及时处理客户投诉，维护良好的客户关系。其所处的位置如图 2－4 所示。

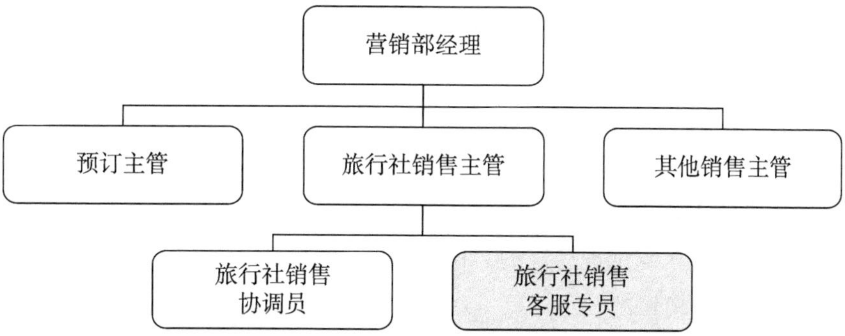


**图 2－4　旅行社销售客服专员的位置图**

### 2. 旅行社销售客服专员岗位职责

旅行社销售客服专员主要负责执行酒店客户服务制度和相关政策，提出客户服务改进建议，建立酒店客户档案，及时处理客户投诉，维护良好的客户关系。具体如下：

（1）执行酒店客户服务制度和相关政策。

遵守酒店有关的客户服务规章制度和政策，根据客户需要，为客户提供高质量的服务。

（2）建立客户档案。

根据客户在酒店的登记信息和其他部门提供的相关资料，建立客户数据档案。

（3）提出客户服务改进建议。

协助旅行社销售主管进行客户资料分析，并根据分析结果提出客户服务改进建议。

（4）及时处理客户投诉。

1）在出现客户投诉的情况下，应及时配合部门对客户投诉进行处理，并记录投诉内容。

2）在8小时内，将投诉处理结果告知客户。

3）在客户对投诉处理不满意的情况下，直接报告营销部经理，由营销部经理给出解决方案。

（5）维护良好的客户关系。

1）定期进行电话回访，以便及时与客户保持沟通，并将酒店的促销信息和其他信息告知客户。

2）每逢过节或是客户的生日，可以通过电话或短信方式代表酒店向客户表示祝贺。

## 第四节　旅行社销售处工作的程序与服务规范

### 一、旅行社销售处工作的程序与关键

#### （一）旅行社走访工作程序与关键

**1. 旅行社走访工作目标**

（1）与旅行社建立或维护良好的合作关系。

（2）掌握走访对象情况。

（3）达成合作协议（或争取合作意向）。

**2. 旅行社走访工作程序**

（1）了解走访对象情况。

（2）准备走访所需资料。

（3）走访旅行社，与联系人进行沟通。

（4）记录、整理所获信息。

（5）撰写总结报告。

（6）提交并存档。

**3. 旅行社走访工作的关键**

（1）掌握该旅行社的人事情况、资信情况及最近的运营动态。

（2）准备好酒店的宣传资料、工作记录本、名片、礼品等，出发前仔细检查有无遗漏。

（3）与联系人的沟通内容主要有以下三个方面：

1）介绍酒店的营业情况、最新销售政策。

2）询问旅行社近期客源情况。

3）争取或稳定旅行社合作的态度。

（4）事后，对了解到的情况进行记录、整理。

（5）撰写并提交工作总结报告，分析市场情况，并提出自己的建议。

## （二）旅行社销售签约程序与关键

**1. 旅行社销售签约工作目标**

（1）与旅行社建立合作关系，保证酒店的团体客服。

（2）保证预订信息传递及时、准确。

（3）保证良好的服务质量，提升客户满意度。

**2. 旅行社销售签约程序**

（1）确定合作目标。

（2）联系目标旅行社。

（3）洽谈合作条件。

（4）与旅行社达成共识。

（5）签订“合作协议”。

（6）提供服务并存档。

**3. 旅行社销售签约的关键**

（1）关注酒店周边地区旅行社情况，了解旅行社自信和经营情况，根据酒店的实际情况，寻找目标合作对象，并与其取得联系。

（2）在了解旅行社的团队预测情况的基础上，从以下几个方面进行洽谈，达成共识：

1）酒店为旅行社提供的客房的种类和优惠价格。

2）客房价格所含及不含的项目、服务和标准。

3）对免费房及全陪、地陪、领队的优惠水平。

4）用餐标准及方式、联系方式、定金制度及通知确认方法、结账方式及时间要求。

5）违约责任及赔偿等事项。

（3）后续的服务主要包括以下两个方面：

1）接受来自旅行社的预订。

2）协调酒店各部门，保证为旅行社客源提供优质的服务。

### （三）现场参观介绍工作程序与关键

#### 1. 现场参观介绍工作目标

（1）加深客户对酒店的了解。

（2）争取合作意向，促成与客户的合作关系。

（3）收集客户建议以完善酒店建设。

#### 2. 现场参观介绍工作程序

（1）与客户约定参观时间。

（2）准备资料，检查场地。

（3）接待参观客户。

（4）发放宣传资料。

（5）现场介绍酒店设施。

（6）与客户交流，咨询建议。

（7）记录客户建议。

（8）送客致谢。

#### 3. 现场参观介绍工作的关键

（1）与客户约定参观时间时，需要注意以下几点：

1）与客户约定一个双方都感觉方便的时间。

2）检查、参观场地和预订情况时，尽量避免酒店经营高峰。

（2）客户餐馆前的准备工作主要包括以下三点：

1）准备好宣传资料、名片等销售工具。

2）对客户索要经过的地方进行检查。

3）将客户参观的信息通知相关岗位。

（3）接待餐馆客户时须根据客户预计到达的时间，前往约定地点迎候，客户到达后向其发放酒店的宣传资料。

（4）现场介绍酒店设施一般按下列顺序进行：

1）向客户介绍参观路线，并根据客户的需求进行调整。

2）按参观路线进行讲解，向客户介绍各类服务设施、营业时间、产品优势、销售政策等。

（5）征询客户建议，对客户提出的意见和建议及时进行记录，并在事后进行整理，通报有关部门。

（6）向客户致谢，并询问是否还有其他要求；将客户送出酒店大门。

## 二、旅行社销售组服务标准与服务规范

### （一）销售计划制订标准

酒店的旅行社销售主管，在制订工作计划时，应该遵循以小程序和方法。

#### 1. 收集信息

制订销售计划前应收集信息，主要内容包括以下几个方面：

（1）了解酒店经营方针、目标。

（2）了解酒店内部经营的优势、劣势。

（3）了解客源市场的现状与变化趋势。

（4）了解竞争对手的现状与变化趋势。

#### 2. 分析销售形势

进行市场机会与市场威胁分析，主要内容包括以下几个方面：

（1）酒店服务项目、功能、质量与特色。

（2）酒店服务项目适应的细分市场及比例、竞争优势。

（3）酒店服务项目存在的不足，分析改进可能及成度。

（4）酒店长期存在的问题。

（5）酒店主要竞争对手的主要优势与劣势。

（6）本地旅游市场和酒店业未来一直三年的变化趋势预测。

#### 3. 指定销售目标

根据收集的信息与旅游市场形势拟定销售目标，报上级审定；销售目标应在初步估算合理年实际情况的基础上拟定，并做到细化到每个月、每个细节市场或每个渠道。具体的销售目标应包括以下几个方面：

（1）旅行社业务的销售总额。

（2）酒店平均客房出租率。

（3）酒店平均房价。

（4）各主要旅行社实现的销售份额与增长率。

（5）与上一计划期相比，销售费用增加与营销额增加之比。

（6）与上一计划期相比，收益增长目标。

#### 4. 指定销售方案

针对销售目标，在产品组合、价格策略、关系维护等方面提出具体的策略、举措和办法，必要时在方案中注明注意事项和要求具体来说有以下两点：

（1）为每项销售活动确定具体的执行者、执行时间表、费用预算等。

（2）销售方案要报上级审阅并成分讨论后确定。

#### 5. 确定销售控制方法

（1）确定销售方案的目标、考核标准和办法。

（2）确定收集销售活动实际进展情况信息的程序、规定和制度。

#### 6. 主做销售计划书

（1）销售计划书的内容主要包括销售计划概述、销售目标、市场形势分析、销售方案、行动方案、费用预算、控制办法等。

（2）计划应有控制地向有关人员公布，总体计划要保密存档。

### （二）旅游团队服务标准

营销部在开展旅游团队接待工作时，应按照下列服务标准向客户提供服务。

#### 1. 团队预订确认

（1）团队的确认、修改、取消必须第一时间与预订出联系。

（2）订单的收取要及时，恢复必须在24小时以内，以书面形式进行确认，并按类归档。

（3）所有信息必须以书面的形式呈现，要求准确、及时。

#### 2. 部门协调

（1）客户预订确认后，旅行社销售主管必须及时（不得超过6小时）通知客房部、礼宾部、康乐部、餐饮部等相关部门。

（2）与各相关部门的沟通必须以书面、签字确认的形式进行，并要求准确、及时。

（3）协助财务部做好结算工作。

#### 3. 客户跟踪

（1）旅行社销售主管必须全程跟踪团队的预订、变更、入住、退房过程。

（2）及时反馈信息、解决问题，并填写“客户意见反馈表”。

4. 与客户交流

（1）尽量用姓氏称呼客户（在整个访问过程中最少用姓氏、职衔称呼客户三次）。

（2）尊重客户的宗教信仰，并协调有关部门尽量提供方便。

（3）不得私自接受客户的任何宴请、礼品。

### （三）信函文件往来规范

销售人员在与客户沟通的过程中，经常会用到书信、电子邮件、传真等多种工具。在使用这些沟通工具时，应遵循下列规范。

1. 收发

（1）书信或电子邮件。

1）接到书信或电子邮件后，要了解其内容，针对具体的情况，向领导汇报（特别是报价）。

2）复信写好后，要认真检查，并交领导审阅。

3）领导认可后，批阅或盖章，一份存档，一份出发。

（2）电子文件。

1）接到电传后，了解其内容，向领导汇报，请求处理的方法。

2）发电传时，注意检查电文是否准确，特别是报价，一定要审核，以免出现错漏。

3）复电传后，需订房的，复印一份交客房部，存档备查。

2. 整理

（1）处理。

1）客户处理完的文件，一定要署名，以便查核。

2）参加洽谈后，要及时填写记录，形成备忘录。

（2）存档。

1）来往文件、书信、电传、计划要按日期次序存档。

2）存档一些重要的文件要写出内容提要。

### （四）销售访问工作规范

旅行社销售专员在销售工作中应遵循一定的工作规范，具体工作规范的内容如下。

1. 销售访问前的工作规范

（1）查阅要计划访问的旅行社近期订房情况，比如订房日期、订房人数、订房天数、客源结构等信息。

（2）了解要计划访问的旅行社的最新人事变动以及部门设置情况。

（3）了解要计划访问的旅行社的资信情况。

（4）准备好酒店的广告宣传材料、报价表、旅行社销售协调员自己的名片和礼品等。

（5）旅行社销售协调人员要穿着职业装、发型整齐、鞋面干净，女士应该化淡妆。

**2. 销售访问中的工作规范**

（1）旅行社销售专员在访问旅行社的相关负责人时，要面带微笑，主动、礼貌地问候对方，初次见面的还应双方递上名片。

（2）旅行社销售专员针对旅行社需求，宣传酒店优势，介绍酒店的硬件条件和设施、服务项目等。

（3）旅行社销售专员应实事求是地向旅行社负责人介绍酒店的经营近况，以赢得信任。

（4）旅行社销售专员要询问旅行社近期的客源情况。

（5）旅行社销售专员详细介绍酒店最新的销售政策，动员访问旅行社的负责人安排客户入住酒店。

（6）赠送礼品以增强销售效果，进一步融洽合作关系。

（7）征求旅行社负责人对酒店的建议和意见，并进行详细记录。

**3. 销售访问后的工作规范**

（1）访问完毕后，旅行社销售专员要撰写“销售报告”，在报告中对此次销售活动进行总结和分析，并提交旅行社销售主管进行审核。

（2）旅行社销售专员应将旅行社负责人对酒店提出的意见和建议及时反馈给酒店相关领导。

（3）销售访问结束一周后，旅行社销售专员应对访问过的旅行社进行电话回访，以便巩固销售效果。

## 第五节　旅行社销售策划方案的制订

### 一、旅行社销售策划

（1）把价格做杠杆，在旺季追求利润最大化，在淡季时追求高的出租率，吸引各社团队。

（2）稳住本地主要大社，走出去寻访主要客源地的旅行社和国内主要游览地的旅行社合作，力争为指定酒店。主要是本地旅行社。他们的客源是酒店的生存基本客源，在旅行社客源市场的开发，主要以价格为杠杆，而价格是竞争对手最容易做到的。怎样在同等的价格或稍高的价格的情况下保证较高的开房率，那就必须对计调部人员进行公关。

（3）积极寻找各地旅行社合作和其他地区旅行社团体客源。

（4）推出“年价团队房”（一年一个价）。

（5）为扩大餐饮消费，团队要求含早餐、正餐。

（6）加强政府、会议等促销。

1）政府各职能部门。

2）本地商务公司。

3）周边商务公司。

（7）健全代理制，组织省内外会务客源。策划一些企业经济类的，学术研讨，培训班会议和事业单位的会议。

## 二、旅行社节假日销售方案

旅行社节假日销售方案是用于旅行社销售人员在节假日的酒店销售活动。旅行社利用节假日进行销售可以适应节假日期间旅行社游客数量大幅度增加的情况，但要防止对入住客户管理不善的情况发生，制订科学合理的销售方案。

### （一）预测节假日旅游市场客源情况

由于节假日旅游市场异常火爆，销售人员往往通过客源预测考虑接下来的销售步骤，预测应考虑以下几点：

**1. 往年同期客源情况的分析**

销售人员应该分析和研究往年同期节假日每天客房出租情况，从而将以往的数据与今年节假日预订情况进行比较。由于旅行社团队往往会提前预订，通常越接近节假日时，团队的房间数才会越确定，销售人员应该每隔一段时间与旅行社核对团队的收客情况，防止旅行社为了控房而进行虚假或水分较大的预订。

**2. 关注节假日期间的天气预报**

由于节假日客源主要是游客，游客的消费属休闲性自费旅游，随意性较大，若天气情况较好，可以留出部分房间以出售给临时性的上门散客；若天气情况不妙，要多吸收一些团队，以作为客房的铺垫。

**3. 了解本是同类酒店的预订情况**

通过了解竞争对手和不同地段酒店的预订情况，可以估计出自己酒店客房出租的前景。

**4. 关注媒体报道**

通常在节假日的前几天，各大媒体都会争相从相关行业、各个酒店处了解最新的情况，进行滚动式报道。

**5. 通过其他渠道了解信息**

销售人员可以从酒店主要客源来源地的酒店销售界同行、旅行社、客户那里了解情况。

### （二）进行价格调整准备

在完成客源预测后，销售人员要根据预测结果进行价格调整准备。

（1）根据预测情况，针对各种客源，制订不同的价格策略。

（2）新的价格要尽量提前制订，一边留出足够的时间与客户沟通。

（3）新价格制订后，销售人员要立即落实大量的工作，比如通过电话、传真、电子邮件通知客户，要从关心客户的角度出发，提醒客户尽量提前预订，以免临时预订而没有房间。

（4）根据调查与预测情况，合理做好客源的分配比例。如果预测天气情况不妙，可以增加团队的预订量；如果预测天气情况比较好，可以减少团队预订量。

### （三）制订超额预订策略

超额预订策略是指通过接受适量的超额预订以防范大量预订了客房而“未出现者”这种风险的策略。一旦出现这种情况，而客户又未能提前通知酒店取消预订时，就会造成酒店空房，从而给酒店带来损失。因此，旅行社销售人员应制订超额预订策略。

旅行社销售人员可通过以往节假日的情况和取消预订的数据进行统计比较，在此基础上确定接受超额预订的比例，以免出现太多超额预订而酒店无客房接待客户的情况，从而在最大限度上降低由于空方或出现太多预订而给酒店造成损失。

### （四）锁定客源

游客的流动性比较大，销售人员应想方设法将这些客户锁定。具体的锁定客源的措施有以下两点。

（1）通过提供优质的服务，给客户留下一个好印象。

（2）通过拜访客户、客房内放置节目问候信、赠送小礼物、放置贵宾卡信息表等来提高客户今后回头入住的可能性。

### （五）做好相关方联合工作

（1）与同行酒店及时互通信息，相互核对酒店房态，做到互送客源。

（2）与各大网络订房中心随时联络，及时通告酒店房态。

（3）与每天预订的客户进行核对，确认客户是否到来、抵达人数。抵达时间等。

（4）与媒体定时联络。利用媒体，告知客户酒店房间空闲情况。

## 第六节　与旅行社客户的沟通技巧

为了有效推进酒店与旅行社合作事宜，达成合作共识，要掌握与旅行社客户的沟通技巧并制订谈判方案。

### 一、客户沟通技巧

酒店营销过程实际上是一个广泛的信息沟通过程，酒店企业通过各种途径，将酒店的有关信息恰如其分地传递给目标客源，以期建立良好的交易关系。

而长期以来，酒店业的主要客源是以海外旅游者为主，由于文化背景、语言环境上的差异，酒店在营销过程中，无法开展有效的沟通，由此也直接影响酒店的服务质量。如果说在以接待海外旅游者为主的阶段，语言不同酒店还可通过食宿等方面的精心安排照料得到弥补，那么，酒店进入内需时代后，在接待同一文化、同一语言环境的客人时，就不能再忽略沟通的重要性。

在酒店营销领域中，沟通是属于服务有形证据中的一个重要组成部分，它是酒店服务质量的有效展示。但在国内诸多酒店中，却轻视沟通的重要性，忽略对沟通技巧的研究和实践，在许多酒店的《员工手册》中甚至明文规定：“员工不得与客人进行工作之外的任何交谈……”这种荒谬的条文不仅无益于展示酒店形象，而且给客人造成相当大的压力。因为客人出门离家，面对陌生的环境，在心理上和生理上都会变得更加脆弱，特别希望通过有效沟通寻求一种群体的温暖。否则，缺乏沟通的服务场所只会使客人如坐针毡，而大量的潜在客人就此消失，大量的实际客源就此一去不返。

因此，酒店在营销过程中，应富有沟通意识，通过沟通创造一个宽松、开放的环境，消除客人的紧张心理和孤独心理，吸引大量的客人进入酒店消费，将酒店目标市场这一蛋糕做大。

## （一）沟通类型分析

根据沟通所需达成的基本目标，沟通包括信息沟通、情感沟通和文化沟通三部分。

### 1. 信息沟通

由于酒店客源购买酒店产品时，大多需要发生空间上的位移，因此要求酒店在沟通过程中，重点传递一些基本的认识性信息，以达到指导消费之目的。一般酒店信息沟通的重点信息包括：

（1）基本信息：包括基本设施、基本服务项目、基本服务特色、酒店的基本定位等。

（2）交通信息：包括不同交通工具的运行状况、时间、价格等。

（3）天气信息：未来几天内天气基本情况。

（4）事物信息：当地的特色产品、主要商场的介绍。

（5）资源信息：当地或周边地区的主要旅游资源情况。

（6）金融信息：包括股票、期货行情、经济发展态度势等。

因此对现代酒店而言，应成为一个“信息中心”，指导客人更好地适应环境。

### 2. 情感沟通

情感沟通建立在信息沟通基础上，即在信息沟通的基础上，促成客人对酒店形成一种积极的感性认识，产生消费偏好。

很多时候，情感沟通借助于各种人性化的柔性语言和亲切、合适的形体动作、表情语言来实现沟通之目的。

### 3. 文化沟通

文化沟通是沟通的最高境界，即酒店通过日常的服务活动、营销活动，通过有形物质和无形服务等全面展示企业文化，在客人心目中树立一个独特、新颖、与众不同的企业品牌。

## （二）沟通技巧分析

在进行具体的沟通时，酒店可采用人际沟通方式、电话沟通方式、信函沟通方式以及网络沟通方式。不同的沟通方式有不同的适应面，也有不同的沟通技巧。

### 1. 人际沟通技巧

酒店营销工作大多数通过面对面的人际沟通得以实现。因此，酒店营销人员首先应掌握人际沟通的基本技巧。

营销人员应以自己良好的仪容、规范的着装、优雅的举止给对方留下良好的印象，尤其应掌握人际沟通的语言技巧。

有声的语言是沟通重要的载体，人们往往借助于形形色色的语言传递信息，表达感情，建立关系。

（1）灵活多变原则。长期以来，中国酒店的服务人员被人戏称为人云亦云的“鹦鹉”，此“雅号”的来源就在于服务人员在日常的沟通中缺乏一定应变能力，表现在语言上就是千篇一律的重复和雷同。大凡有一定消费经验的客人都有同样的体会，即酒店的服务人员似乎只会说几句简单的“请”、“谢谢”、“欢迎光临”、“对不起”、“不好意思”、“您好”等单调的语言，远远没有体现出中国语言所具有的博大精深、诙谐幽默的全部内涵。这种贫乏的语言交流，轻则影响酒店的服务效果，重则引起客人投诉，严重破坏客人的消费情趣和满意程度。因此，在人际沟通中，应本着灵活多变的原则，巧妙运用不同的语言强化沟通效果。

（2）文明礼貌原则。即在人际沟通过程中，应学会使用各种文明礼貌用语，尤其是在与敌对公众进行沟通时，仍应做到以诚相待，以体现自身的修养，表示对沟通对象的尊重。下面分别列出了在人际沟通中应学会的礼貌用语和应避免的粗俗用语。

（3）规范（优雅）幽默原则。在人际沟通中首先应遵守国内国际公认或法定的语言及其具体的语音、文字、词汇等标准，逻辑严密，体现语言应有的结构美。在此基础上，适当运用幽默艺术，为语言加点味精，使之更富生动力和感染力。对合适的客人，在合适的环境、合适时间作适度的调侃，是一种服务艺术，也是很有效的营销手段。不过，应掌握幽默的分寸，注意区分幽默和讽刺的区别，前者采用一种温和、宽容的态度调动沟通情绪，而后者则采用一种尖刻、辛酸的语言阻止沟通的顺利进行。对于初入酒店者而言，要把握好幽默的“度”的确需要一定的文化灵气，但就酒店服务语言比较单调这一事实，酒店应鼓励从业人员多开口、多锻炼、多积累经验、多研讨学习。

（4）实用营销原则。人际沟通的最终目的是促成双方建立良好的关系，为酒店企业的营销服务。因此，每一位工作人员都应具备强烈的营销意识，充分利用各种手段达成各种营销目标。沟通不是利用他人，不是为个人谋私利，不是为短期利益，不是为单个部门利益，而是谋求整体利益。

为体现这一原则，要求有关人员在进行沟通时，应具备强烈的推销意识，设身处地地从对方的立场进行考虑，需要并适时加以满足，把解决客人的问题和疑惑作为沟通的出发点和归宿点。

（5）综合沟通原则。在人际沟通过程中，除了运用最基本的语言技巧外，还应综合调动其他状态语、类语言、服饰语、花语、物语、人际空间距离等手段，加强沟通效果。

值得一提的是，酒店营销人员与客人进行面对面沟通（尤其对方是外宾）时。应注意把握人际空间距离。营销人应在人际沟通时应注意把握相应的空间距离，既可避免生产误会，也可取得良好的沟通效果。

**2. 电话沟通技巧**

电话是现代人进行沟通必不可少的一项工具，并且，与面对面的直接沟通相比，电话沟通的优点不言而喻。由于双方不在同一个空间，因此，在洽谈一些比较尴尬话题或沟通双方不熟悉时，可借助电话进行试探性沟通，以期在正式谋面时有一定的心理准备，拉近彼此的距离。同时，借助于电话，可突破时空的限制，扩大友情沟通的距离，使人与人之间的沟通变得直接、迅速和方便。而随着可视电视的出现，电话的优越性将更为明显，可谓是“一线连接千家万户”。

（1）接听电话的基本技巧。

1）电话铃响三声之内，应及时接起电话，并自报家门“某某单位”，免去错打电话或其他情况所带来的麻烦。

2）培养左手接电话的习惯，并在电话旁备笺纸和笔，以便及时记录电话内容要点。

3）虽然双方并不能互相看见，仍应始终保持微笑，以确保声音有亮色，并传达一种积极向上、友好诚恳的情绪。因为对方需要的是富有人情味的服务，而不是机械的、冷漠的电话回音，热情的话语能促使客人作出购买决定。

4）对方电话打错，若是酒店总机转接的内线电话，应向客人表示歉意，并尽快转接至客人需找的部门。如果是直线电话，则应温和友好的告诉对方“你打错了”，不要表现得耐烦或粗暴无礼，也不可随便和对方开玩笑。

5）若对方要找的人不在，在知情的情况下，应告知其去向，请其稍后再打或询问是否需要留言，不可粗鲁地回答“不在”、“不知道”后就挂上电话。

6）仔细倾听对方的讲话，把耳朵贴近话筒，免得耳朵离话筒太远而影响倾听的效果。

7）借助一些有声的类语言表示附和，间接告诉对方我在认真倾听。一些重要的问题如价格、时间、数字等重复一遍，以免发生误会。

8）若是征询电话，应巧妙地打听对方的姓名，以便创造进一步交往的条件。

9）通话结束后，应等对方挂断电话后轻轻搁上电话。

（2）拨打电话的基本技巧。

1）充分准备，心中有底。在拨打电话尤其是通过电话沟通一些比较棘手的商业问题时，营销人员首先应做好充分准备，查清对方的电话号码、对方单位名称、对方的姓名等，准备好所要记录用的便笺纸和笔；更重要的是要对所叙述的内容心中有数，最好事先列出一个提纲或简短的提示，不仅有利于信息的全面有效沟通，还可作为事后备忘。

2）开门见山，简明扼要。利用电话进行沟通，讲话要简明扼要，否则，长时间地占用电话，既不文明礼貌，也会影响接听其他一些重要的电话，对接听者而言，也会成一定的耳疲劳。一般在电话接通后，应首先问明对方是否是你要找的单位、你要找的人？确认无误后，就应开门见山地讲述需要讨论的主题或打电话的目的。讲话时语言精练通俗、意思明了，避免产生任何歧义，避免不必要的攀谈。

注意在电话中不能详细推销产品，尤其是新客人，不要向他推荐产品或服务，关键是要取得约见的资格。

3）讲究礼貌，尊重对方。电话沟通也是一门艺术，应通过有声的语言体现对他人的尊重。拨打电话，应多用生活中的一些柔性语言，包括“请问”、“谢谢”、“麻烦”、“您好”、“打扰”、“再见”、“不好意思”等，给对方一种礼貌谦逊的温暖感觉。讲究话题，应先让对方挂好电话再轻轻挂下，不要没等对方讲完话就急忙结束，或重重地扣上电话。

4）掌握时间，有效沟通。讨论公事的电话应在上班时间拨打，时间宜选取上班半小时之后或下班前半小时之前，切不可在对方刚上班或对方要下班的时候拨打，否则，可能会影响对方有效倾听电话。若关系较熟悉，往家里打电话时，应在早晨9点以后或晚上9点以前，考虑到有人午休的习惯，因此，一般不宜在中午时间打电话。

若是你有求于对方，迫不得已，不要拨打对方的手机或呼机。

5）音调自然，节奏一致。电话沟通时应掌握恰当的音调和音速：声调要柔和清脆、悦耳愉快，音调自然清晰，口齿清楚、说话节奏一般应与对方保持一致，即对方急则急，对方缓则稍缓，使人听起来清晰、明了。

（3）巧妙绕过电话“看门人”。

在电沟通（尤其是与领导的电话沟通）中，营销人员经常会遇到各种阻碍，使他们的电话转接不到对方的手上。阻碍电话的主要是对方的秘书、助手或电话总机的接线员等人，为了使自己的领导免受扰，他们往往起着“看门人”的作用——对所有来电进行过滤，并进行选择性挡驾。

1）回答干脆利落，让对方觉得你与沟通者关系很熟，可能是他的朋友或关系密切的人，因而不便挡驾。如营销人员可说“您好，我是某某，我想和你们某某总经理说几句话”。

2）若对方盘问，则应作简明回答，并显示其重要性，以防对方继续盘问。如“我有一件桩要紧的事情必须……”注意，对方盘问时，不必做详细解释，那样容易被对方挡驾。

3）长途电话术，在对方把关很严的情况下，可谎称自己是长途电话，以便减少被盘问时间，顺利越过屏障。

4）在通过“看门人”这一关时，应礼貌客气，尊重对方，若知道看门人的姓名，应采用姓名称呼法，以获得对方的好感。

**3. 信函沟通技巧**

随着现代沟通条件的不断成熟和完善，不少人认为信函在现代沟通中可有可无。事实上，面对通信手段日益先进的今天，传统的信函在沟通中依然具有不可忽略的重要作用。

较之于电话沟通，信函沟通有其优势。对写信者而言，可以字斟句酌，将需要沟通的内容详细写好，不必担心对方会打断你的思路，也不必担心对方会立即反驳你的意见和建议。对收信者而言，则有充裕的时间仔细阅读、琢磨信中的内容。为加强信函沟通效果，应注意以下技巧：

（1）不要像写作文那样去写信，而要像平日说话那样写得朴实、直率。

（2）要富有感情，积极去写，不可公事公办。

（3）礼节性的客套话写得简单，将重点放在事情本身。

（4）重点突出。

（5）采用一些小技巧引起对方对信件的关注，如贴一些特殊的邮票（千万不要用“邮资已付”字样的方式），内附已写好地址、贴好邮票的回信信封，附寄酒店的有关资料等。

（6）掌握写信的一些基本格式，如一行写不完的数字不能跨到第二行。

（7）用词规范准确，如信封上收信人名字后的“收”、“亲启”、“转交”等字样其意义是不同的，不可混用。把信寄到对方家中，就不应加“亲启”字样，否则不礼貌；若寄往办公室，写上“亲启”则合情合理，若需别人转交，则须写明“请某某转交”

字样。托人带信一般不封口，并在信封上写“面交”、“烦交”、“送交”等字样，一般不用写自己地址。

（8）一般用黑色钢笔为宜，铅笔或圆珠笔显得不郑重。

（9）在工作记录上记好所发信函的件数、收件人、邮寄日期等基本情况，以备后用。

（10）保持信纸与信封的档次与清洁。

**4. 网络沟通技巧**

网络沟通指借助于互联网进行沟通，包括个人之间的沟通和酒店与个人之间的沟通。

（1）个人之间的沟通。

即酒店的营销人和客人之间利用网络进行的沟通。通常，可借助于电子邮件（E-mail或网上聊天工具（OICQ）进行。采用这种沟通方式，可节约沟通成本，尤其是进行远距离沟通时，可大大节约沟通成本，且便捷、方便。

（2）酒店与个人（企业）之间的沟通。

这种沟通一般通过专业网站进行。为提高网络沟通效果，酒店应注意：

1）科学设计网站。酒店企业在设计网站时，首先应进行明确网站的基本构成，以期形成一个专业化的网站。一般，网站主要包括以下内容：主页（好比酒店的门面，显示在world wide web的首页）、新闻稿档案（用以发布酒店最近推出的各种产品、活动以及其他最新消息）、产品（服务）页面（用以具体介绍酒店产品或服务信息）、员工页面（用以介绍酒店员工情况）、市场调研页面（用以了解、收集客人需求信息或意见及建议）、广告等。

2）做好网站维护工作。包括各种信息的及时更新、客人需求的及时回复等。

## 二、旅行社合作谈判方案

为了有效推进酒店与旅行社合作事宜，尽快达成合作共识，需制订科学合理的合作谈判方案。旅行社合作谈判方案用于所有旅行社销售人员与旅行社负责人进行的合作事宜谈判。

### （一）谈判准备

旅行社销售人员在进行谈判之前，要做好以下几个方面的准备。具体内容见表2－1。

表 2－1　　旅行社销售人员合作谈判准备事项一览表

| 序　号 | 准备事项说明 |
|---|---|
| 1 | 旅行社的基本信息，比如旅行社的规模、性质、注册资金、公司战略与企业文化、经营业绩、旅行社竞争对手情况、此次谈判目标等信息 |
| 2 | 旅行社的主要管理者的性格特征、爱好、社会关系、谈判风格、宗教信仰等 |
| 3 | 明确谈判目标，包括谈判的最高目标、中间目标和最低目标 |
| 4 | 根据已经掌握的信息，制订谈判策略 |
| 5 | 选择恰当的谈判地点 |

## （二）谈判实施

### 1. 谈判提问

（1）提问的适用情境。

销售人员要注意谈判提问的适用情况，一般在三种情境下可以适用提问。具体内容见表 2－2。

表 2－2　　谈判提问适用情境一览表

| 序　号 | 谈判提问适用情境 |
|---|---|
| 1 | 对对方所阐明的意见给予反馈 |
| 2 | 通过提问促使对方按照自己设定的方向思考问题、回答问题 |
| 3 | 通过提问引起对方的注意，进而摸清对方的需要，掌握对方的心理，表达自己的思想 |

（2）选择恰当的提问方式。

在进行合作谈判过程中，销售人员一定要注意使用恰当的提问方式。针对不同的目标，谈判可以采用不同的提问方式。具体内容见表 2－3。

表 2－3　　提问方式一览表

| 提问方式 | 提问方式说明 | 提问方式举例 |
|---|---|---|
| 引导性提问 | 在提问时同时给被问者以强烈的暗示答案供其选择，对方一般毫无选择地按提问所设计的答案作出回答 | “这样的价格对双方都非常有利，您说对吗？” |
| 坦诚性提问 | 进行一种推心置腹地友好性提问。提问者一般站在对方的立场上，设身处地地为对方考虑后提出问题。这种提问能创造出良好的气氛 | “请您告诉我，您可以接受的价格底线是多少？” |

续 表

| 提问方式 | 提问方式说明 | 提问方式举例 |
| --- | --- | --- |
| 选择性提问 | 也称封闭式提问，将自己的想法直接向对方说明，迫使对方在限定的范围内选择答案 | “依照协议，您认为是采用现金支付还是支票支付?” |
| 跳跃性提问 | 在提问是打破常规，采用一种跳跃式的思维提出问题，目的在于对付早有准备的、富有经验的对手，打乱其思路 | 无 |
| 证实式提问 | 针对对方的回答重新组织问题并进行二次验证式提问，目的是表明自己对对方的这一观点引起了足够的重视并适时挖掘新信息 | “您认为我们的服务质量不够，但在价格上，我们认为较之于其他同类酒店，我们已经足够优惠了。” |
| 模糊式提问 | 利用这种提问主要用来套出对方的话或干扰对方思路 | “您的报价怎么回事儿?” |

（3）提问应该注意的事项。

销售人员在进行提问时，应该注意以下几个事项。具体内容见表2－4。

**表2－4　　提问注意事项一览表**

| 序　号 | 提问注意事项说明 |
| --- | --- |
| 1 | 要以诚恳的态度提问，不可盘问、威胁、讽刺、审问 |
| 2 | 不应对对方的动机、信誉、诚意等提出指责性的问题 |
| 3 | 不可重复连续提问，即不可责问对方 |
| 4 | 掌握恰当的语速，语速太快容易使对方认为销售人员缺乏耐心；语速太慢则表示无时间观念，谈判太沉闷 |
| 5 | 初次见面谈判，提问应先征得对方的同意，或借助一些礼貌用语打开局面 |
| 6 | 所提问题要清楚，围绕谈判内容提问，并要尽量根据前一个问题的答复构造下一个问题 |
| 7 | 杜绝威胁性的提问、讽刺性的提问、盘问式的发问和审问式的发问 |
| 8 | 应根据拟定的草稿进行提问，本着先易后难的发问程序提问 |
| 9 | 当对方正在阐述问题时，不要打断对方，可把想到的问题写下来，等待合适的时机在进行提问 |
| 10 | 在谈判休会的时间里利用和对方人员的闲谈，探求有关情报，为再次发问做准备 |
| 11 | 提出问题后应闭口不言，等待对方的回答。这种沉默会给对方造成一种无形的压力，迫使对方通过回答问题来打破沉默。若对方的回答不够完整或顾左右而言他，销售人员应采用适当的语气继续追问 |

### 2. 谈判拒绝

在谈判过程中，销售人员要学会如何说“不”，如果不善于拒绝，则有时难以维护酒店的利益。谈判对策的策略有以下几点。

（1）善于运用拒绝的借口。

销售人员在拒绝对方时必须寻找恰当的借口，这些拒绝的借口主要包括以下几点。

1）为酒店的政策所禁止。

2）无法得到更详细的资料。

3）以某种借口暂时拖延。

4）解释自己的顾虑。

（2）选择恰当的拒绝方式。

为了保持良好的交谈气氛，销售人员还应该注意选择恰当的拒绝方式。具体内容见表2－5。

**表2－5　　谈判拒绝方式一览表**

| 拒绝方式 | 拒绝方式说明 |
| --- | --- |
| 自我陈述拒绝 | 以陈述自己不同的想法和期望、阐明自己的感觉和理解等方式代替直接的拒绝和批评，让对方明确自己的意见和建议 |
| 无能为力拒绝 | 表示自己没有能力满足对方的要求 |
| 寻找借口拒绝 | 借助比较合理的借口拒绝对方的要求 |
| 肢体语言拒绝 | 用肢体语言表达否定的态度，比如轻轻摇头或皱眉等 |
| 盘诘反问拒绝 | 对于一些明显不合理的要求，可采用严肃认真的反问予以拒绝 |

### 3. 谈判让步

销售人员在谈判中，还应注意使用以下几个让步策略：

（1）控制让步的速度。不要让步太快，因为双方等得越久（提前是这种等待要让对方明显觉得有希望），就越会珍惜获得的让步，不至于得寸进尺。

（2）掌握让步的限度。同等级的让步是没有必要的，比如对方提出让步10%，则我方可让步5%，此时若我方也让不10%，则这种互相的让步毫无意义。

（3）明确让步的性质。不做无谓的让步，每次让步应从对方获得某些利益或达成某种目的。

（4）清楚让步的次数。不要忘记自己的让步次数，一般来说，让步的次数以3为佳。

（5）掌握让步的主动性。一般在较小的问题上可先主动让步，但在重要的问题上要尽量让对方先让步。

（6）把握让步的心理要求。接受对方的让步时，既不要做出相对的、交换式的让步，也不要感到不好意思或有罪恶感。

### （三）谈判结果

在谈判结束时，销售人员要采用一些策略，尽快促成合作谈判的达成。

具体来说有以下几点：

**1. 优惠券到策略**

向对方提供某种特殊的优惠，尽快促成对方同意谈判条件，从而结束谈判。例如，“本酒店可以为贵旅行社提供……优惠”。

**2. 期限策略**

向对方说明某一方面的优惠活动的截止日期，以便促成合作。例如，“截至本月 12 号，本酒店为贵旅行社提供的订房 8.5 折优惠活动就结束了，如果过了这个日起在签订合同的话，贵旅行社则不能享受订房 8.5 折的优惠了”。

## 第七节　旅行社客户的档案建立与回访

准确掌握顾客在消费过程中的各种需求，培养酒店忠诚的消费群体，达到信息互动共享，全面提升服务质量的目的，客史档案在酒店管理的重要性日益凸显，客史档案管理已成为酒店基础管理工作之一。

### 一、酒店餐饮客源的分类

酒店客源按照年度餐饮消费金额大致可分为三类：

A 类，酒店大客户（VIP）；

B 类，酒店普通客户（机关、企事业单位）；

C 类，酒店普通散客（或新开发客户）。

在这三类客户中，要特别注重搞好 A 类和 B 类客户的客史档案建设。

### 二、客史档案的信息收集

客史档案能够较好地反映酒店的服务意识，拉近与客户之间的距离，让顾客产生信任、安全、亲切和家外之家的感觉。作为酒店员工，在服务中要用心倾听、细心服务，认真感受客人的一举一动，捕捉机会，尽可能多的获取顾客信息。要想达到这一目的，必须要全员参与，共同进行客史档案的建设和管理工作，门童和引领员是最早接触顾客的岗位之一，一名优秀的迎宾员能够在客人到来时准确地用姓氏尊称顾客，同时能够将宾客详细的信息，如特殊喜好、生日、联系电话、喜爱的菜品、爱喝的酒水等准确地传达给值台服务员或点菜员，引领员在与顾客交流过程中可委婉地询问客人的姓氏，并做好传递和记录工作。

在服务过程中，服务员与客人交往较多，是获取客史信息的重要途径。酒店管理人员要具有良好的沟通能力，在餐厅巡检过程中随机拜访客人，征求客人意见，用姓氏尊称客人应是管理人员与客人交往所具备的基本能力，这样会使客人产生一种受照顾的感觉。对于不熟悉的新客户，管理人员可以采取意见征询表的形式征询客人意见，同时运用婉转语言与顾客沟通，问客人姓氏并即刻使用，然后形成文字记录备用。总台接待员和吧台收银员也是接触顾客最多的岗位之一，优秀的收银员、接待员应熟悉关系单位及老客户的姓氏、结账方式或特殊需求、联系电话等，总台预订、宴会预订，客人出示证件时也是记忆客人姓氏，获取信息的极佳途径。

另外，管理、服务人员也可通过客户的司机、朋友了解其相关信息，因为客户的司机、朋友也在想方设法，让其领导满意。建立顾客卡制度，让顾客自己留下信息。顾客卡，亦称顾客信息卡，是酒店为顾客准备的名簿，分别用来记录实际来店的顾客以及未来光临的顾客，其记录方式主要有以下几种：

（1）开账单时，交给顾客“客人资料登记卡”或问卷表，请顾客离开时交还。

（2）吧台收银时，问明顾客的姓名、地址，并记于顾客名簿上。

（3）向客户赠送优待券，在赠券时请顾客留下自己的姓名、地址等相关信息。

（4）向顾客赠送“优待卡”或“贵宾卡”，借此机会获取顾客相应的信息。

## 三、客史档案的建立

收集到足够的顾客信息后，首先要有专人对信息进行筛选整理，然后分门别类进行汇总，储存于微机信息库中。对于没有进行微机管理的酒店，可将客史档案编制成册，置放于各吧台和收银台处，以便及时查阅。应该指出的是，客史档案设立后，要注意把顾客每次来就餐的宴会菜单收到客史档案中去，并注明顾客每次来就餐时对菜品的评价，以便做出相应的调整。这也是餐饮客史档案同其他客史档案不同、较易被人们所忽略的地方。

## 四、客史档案的补充、更新与管理

（1）营销部负责酒店总体客史档案的补充、更新与管理，餐饮部负责餐饮档案的补充、更新与管理，保持同步，信息互动共享。

（2）营销部每月对A类新开发的客户进行回访，并协同餐饮部每月进行有针对性的回访。

（3）营销部会同餐饮部负责人每月召开一次客史档案补充更新专题会，确定月度重点关注的客人名单。

（4）营销部会同餐饮部每季度召开一次消费分析会，并根据客户消费情况，对其进行A、B、C类客史档案动态转换，并做好A、B、C类客户上半年、下半年及年度消费的分析会议。

## 五、客户回访的原则

顾客是酒店的上帝，更是酒店利润的来源。稳定的客户源有助于酒店持续经营的改进及竞争力的提升。但是仅有现场的客户服务是远远不够的，还需要酒店在顾客的回访服务中下功夫。

第一，更新顾客的信息。并非每位客户都会持久消费。而只要是能够间隔一段时间光顾酒店的客户，均应当认为是回头客，而列入客户档案进行管理。因为只要是出现了重复性的消费行为，就应当认定酒店对客户已经产生某一方面的吸引力。这时需要就客户的需求进行及时的跟踪和了解，从而使客户在未来的服务中得到更多的附加值，从而增强客户的忠诚度。通过更新顾客信息，将更多地了解客户的基本情况，并进行相应的补充。

第二，回访形式应当多样化，而不仅仅是通过电话。目前，各种信息传递方式层出不穷。酒店应当通过除电话之外的短信、互联网等方式，就酒店的特色菜品及服务优势向客户进行传递，使客户在消费中有新的感受和收获。可通过新的服务形式，增强客户的关注度和注意力。

第三，慎重解决客户就餐意见和建议。客户在就餐过程中，总会存在对消费情况的见解和看法。这些将成为客户回访的重要信息，应当引起酒店管理人员的高度重视。对于个性化的问题则进行个性化的服务阐释，对于共性的问题则进行专项改进，并在酒店的餐饮设施上进行完善，以改进服务形式及质量，从而解决酒店普遍存在的问题。

第四，建立健全回访制度。酒店回访不应成为一种形式，更应当成为一种酒店的例行制度，制订详细的回访细则。酒店回访要想长期不断地坚持下去，需要酒店在人力、物力等资源上进行安排和倾斜。

第五，酒店回访应当建立酒店内部沟通机制。怎样为客户提供联合共享服务，需要酒店各部门对顾客接受的服务内容及形式进行归整和汇总，并在进行客户回访时进行统一答复。只有酒店内部建立了沟通机制，才能更好地掌握客户消费的全面信息。同时，良好顺畅的沟通机制，也将避免客户消费信息的遗漏和残缺。

◆知识拓展节点

## 第八节　酒店市场竞争策略

### 一、酒店的竞争环境分析

随着人们旅游活动的频繁发生，作为旅游支柱之一的酒店业竞争日趋激烈。酒店一方面要提高本酒店产品的质量，另一方面要审时度势，根据自身的特点制订正确的市场竞争策略。

#### （一）酒店竞争者类型

酒店营销竞争环境是市场竞争策略的起点。政治、经济、文化、风俗习惯、行业竞争者等都构成了酒店的营销竞争环境。在这些因素中，行业竞争者显得尤其重要，他们直接关系到酒店的经营状况。通常，对于一个酒店来讲，确定其竞争者似乎是一件容易的事，如希尔顿酒店的竞争者是喜来登酒店，香格里拉酒店的竞争者是假日酒店，但一个酒店的实际和潜在竞争者的范围是十分广泛的。酒店必须避免“竞争者近视症”。一个酒店被潜在竞争者所“打败”的可能性要比现有竞争者大。

著名营销专家科特勒在其《市场营销》一书中，根据产品替代的程度认为，在营销竞争环境中存在四种水平的竞争：品牌竞争、行业竞争、形式竞争和一般竞争。

**1. 品牌竞争者**

品牌竞争者是指一个酒店可以将其竞争者看做是以相同价格向同一顾客提供同样产品的其他酒店。因此，南京五星级的金陵酒店可以将五星级的喜来登酒店、希尔顿酒店看做是经营高档酒店的竞争对手，但它不能把三星级的酒店当做竞争者。

#### 2. 行业竞争者

一家酒店可以将其竞争者较广泛地看做是所有生产同样产品或同类产品的酒店。例如：金陵酒店可以把南京所有的酒店都看成是其竞争者。

#### 3. 形式竞争者

一个酒店甚至可以更加广泛地把所有本行业以外的生产同类产品的企业都看做是他的竞争者。这样，酒店不仅要与其他酒店竞争，还要与旅行社、航空公司等竞争。

#### 4. 一般竞争者

一个酒店还可以进一步把所有为争取相同顾客而竞争的公司看做是它的竞争者。通信行业的迅猛发展，导致人们不用出门便能和远方的亲戚朋友联络，从而降低酒店的接待人数，通信行业就是旅游行业的一般竞争者。

### （二）酒店竞争压力来源分析

美国管理学专家迈克尔·波特在分析行业竞争环境时认为竞争压力来自五个方面：潜在竞争的企业、替代产品的威胁、买方（消费者）的议价能力、卖方（供应商）的议价能力和现有竞争者之间的抗衡。

#### 1. 潜在加入者的威胁

虽然酒店行业存在一定的行业障碍（比如原有酒店的规模经济、新加入者缺乏经验等)，潜在加入者仍会由于行业的高赢利的诱惑而加入，由此带来新的经营手段、新的资金，和原有酒店一起分享市场份额，导致价格的波动。所有这一切都会给原有酒店带来潜在加入者的竞争压力。

面对潜在竞争者，原有酒店也有自己的竞争优势。如最佳酒店资源来源的控制；由于经验的积累而保持较低的成本以及规模经济，等等。但原有酒店也应注意到自己的竞争优势，不能完全把潜在竞争者排斥在行业之外，尽量避免因规模经济和经验曲线所带来的弊端，随时注意新的经营方式的开发。

#### 2. 替代产品的压力

所谓替代品，是指那些能够实现产品同种功能的其他产品。它们的存在产生了对消费者选择同类产品需要的争夺。一般来说，一个行业中的所有酒店都要受到替代品竞争的威胁，因为替代品为其设置了获利时的价格上限，从而限制了酒店的潜在效益。替代品的价格选择的区域越低，越有竞争力，那么原有酒店的产业利润就会被压低。

作为一个优秀的酒店营销管理者，应当重视识别替代品的问题。这是一个看似简单的工作，但实际操作起来却很困难。管理者应关注与酒店行业似乎相去甚远的产业，具有敏锐的观察力与预见性。

**3. 供应商的议价能力**

供应商可以通过索取高价或降低产品质量或服务向酒店施加压力，供应商的压力使酒店的成本增长，而价格却无法跟上以弥补成本增长，这就会失去利润，从而降低行业的吸引力。

在这样的情况下，酒店为减轻来自供应商的压力可以采取以下措施：

（1）分散购买，针对一种产品或服务选择两家以上的供应商购买，可以提高酒店的议价能力。

（2）支持新的供应商加入供给市场，增加原有供应商的压力。

（3）要求供给行业规格标准化，可以削弱供应商的议价能力。

**4. 消费者的议价能力**

买方的竞争方法主要是压低价格，要求更好质量的产品与服务，并且使竞争者之间彼此对立，导致酒店利润大为减少。

酒店要想减轻来自买方的压力，除了提高自己的质量之外，要按照一定的标准选择合适的消费者。这些标准有：消费者的购买需求、消费者市场的增长潜力、消费者的议价能力、消费者对价格的敏感程度等。

**5. 同行业竞争者的压力**

同行业竞争者往往以价格竞争、广告战、开发新产品、为消费者提供更多的服务等方式相互竞争，争夺市场份额。

酒店应对同行业竞争者的方法可以使直接竞争、针锋相对，也可以是避实就虚，选择不同的目标市场。

## 二、酒店市场竞争的一般策略

### （一）成本最低化策略

成本最低化策略是指酒店在行业中以最低成本取得领先地位，并按这个目标设计一系列方针政策。在这种策略下，酒店必须全力控制成本和费用，减少开发、服务、销售、广告费用，使资源得到最大化的利用。

在成本低于对手的情况下，酒店可以采用价格遏制的竞争手段，使竞争者退出市场或使潜在进入者望而却步，使替代品失去其价格优势。

但成本最低化的策略有其缺点：

第一，低成本优势短暂，容易被技术优势取代。

第二，酒店管理者的精力有限，对于成本过于关注，就会降低对服务质量、服务特色等其他方面的重视程度，从而影响酒店利润最大化目标的实现。

第三，这种策略容易被竞争对手模仿，如果不进行正确的引导，会导致酒店行业恶性竞争，造成两败俱伤。

### （二）差异化策略

差异化策略又称为别具一格策略。该策略是将酒店产品或服务差别化，创造出一种与其竞争对手不同的特色，形成鲜明的对比。一家酒店产品或服务的差别化可以指很多方面，比如服务、形象、销售、内部管理等。酒店可以采取单一差别化，也可以采取多方面差别化。

**1. 差异化策略的优势**

在应用差异化策略中发现差别化策略具有以下优势：

（1）产品或服务的差别化可以使酒店站在主动的地位，有效地避免和同行之间的价格竞争，大大减少了竞争成本。

（2）具有差别化特点的产品或服务在市场上处于垄断的地位，顾客难以找到替代品，因而价格敏感系数较低，酒店能够获取较高利润。

（3）容易吸引一批忠诚度较高的顾客，确保酒店收入的稳定。

**2. 差异化策略的缺点**

差异化策略具有优势，但同时也存在一些缺点：

（1）由于差异化产品或服务价格相对较高，部分客人会放弃对差别化的追求，从而失去一部分客源。

（2）酒店业属于服务业，服务行业的主要产品是服务。由于服务的各种特点，有特点的服务很容易被别人模仿，很难长久维持下去，从而失去差别化的优势。

（3）酒店为了在市场上立于不败之地，使自己的产品或服务有别于别人，必须投入大量的资源（包括人、财、物、时间和信息），需要不懈地营销努力。

### （三）专一化策略

专一化策略是指把酒店资源集中到某一目标市场上，使产品或服务具有高度差异的策略。是规模较小的酒店常采取的一种竞争策略。经营的专一化能够使资源得以最大限度的利用，避免浪费，尽管不能在整个市场范围取得低成本或差别化优势，但却在其特殊的目标市场中获得低成本或差别化优势；尽管在整体市场中所占市场份额很小，但基本上垄断它的目标市场。

专一化策略有其特有的优势包括以下三点：

（1）专一化策略通过对目标客人进行针对性的服务，建立牢固的市场地位。

（2）专一化策略产生高度差异化的产品，而高度差异化的产品使酒店与顾客在价格抉择中占据主导地位。

（3）高度差异化可以防止产品或服务在短期内产生替代品，保持与顾客的良好合作关系和较高的赢利。

专一化策略风险较大，与总成本最低化策略相比，它不具备成本优势；而它的高度产品差异，有可能被差异化策略所抵消。但这种策略的圆满实施，却能使上述风险在与所获得的收益比较中变得可以接受。

## 三、酒店市场地位策略

市场地位策略是酒店市场竞争策略的重要组成部分，一般衡量市场地位的指标是市场份额。市场份额也叫市场占有率，它反映酒店在市场上占有多大的相对销售份额。但本质上，它代表着有多少比例的顾客认同酒店所提供的产品与服务。因此，市场份额不仅标志着酒店的行业地位，更说明在为消费者需求服务的竞争中酒店的表现。

根据不同的市场占有率，市场地位可以分为市场领导者、市场挑战者、市场追随者和市场补缺者。假如某一市场被多个酒店所占据，其中40%的市场掌握在市场领导者手中，它们享有最大的市场份额；30%掌握在市场挑战者手中，这些酒店仅次于市场领导者，正在奋力争取扩大市场份额；20%被市场追随者所掌握，它们属于第三位并想维持其市场份额，不希望破坏现状；10%被几个补缺者分享，这些酒店只为大酒店不屑一顾的小的细分市场提供服务。而40%、30%、20%和10%的市场占有率不是被具体的某一酒店所拥有，而是由处于某种市场地位的多家酒店分享。见表2－6。

**表2－6　酒店市场地位分布**

| 40% | 30% | 20% | 10% |
|---|---|---|---|
| 市场领导者 | 市场挑战者 | 市场追随者 | 市场补缺者 |

酒店不仅把市场份额作为自己的经营目标，还根据市场地位制订相应的市场策略。下面将讨论酒店市场领导者、挑战者、追随者和补缺者所面临的不同的市场营销挑战和应采取的相应策略。

### （一）酒店市场领导者策略

酒店市场领导者策略是酒店市场领导者应采取的策略。那么，什么是酒店市场领导者呢？酒店市场领导者具有如下特点：

第一，在客源市场上占有最大的市场份额；

第二，在价格变动、服务方式的革新、宣传力度等方面均领导其他酒店。

所以说，无论这一领导者是否为人所赞赏或尊敬，其他酒店都会承认其统治地位。作为领导者，它往往成为竞争者的众矢之的，竞争者或者向其发出挑战，或者模仿它，或者避免与其冲突。比如美国的希尔顿酒店集团、喜来登酒店集团、亚洲的香格里拉集团、中国的锦江集团等都是著名的市场领导者。

酒店行业的市场领导者的地位不是很稳固的，它要受到来自市场挑战者的冲击，而且这种冲击往往是致命的，因此必须随时保持警惕。和富于朝气的挑战者相比，居于领导地位的酒店一般显得比较保守，往往会轻易丧失良机，从而沦为第二位或第三位。

居于领导地位的酒店要想继续保持领先，必须采取一定的营销策略：

（1）通过周密的情报工作，及早发现竞争威胁，进行防范。

（2）维护本行业的稳定与发展，抵制外来竞争。

（3）实施总成本最低化策略或差别化策略，建立竞争优势。

（4）保持或扩大市场份额，这可以通过不断地开发产品，寻找新顾客、新市场、产品的新用途，扩大使用量等办法来做到。

（5）实施一切可行的市场细分与市场发展战略，不放过任何新的市场机会，不断进取，向其他行业渗透。

（6）适时地进行策略转换，力求全面领先。

### （二）酒店市场挑战者策略

酒店市场挑战者策略是酒店市场挑战者所适用的策略。那么，什么是市场挑战者呢？市场挑战者具有两个特点：一是在酒店行业中位居第二、第三或更靠后的酒店，又称为追赶型酒店；二是这些酒店实力不一定比市场领导者低，它们完全有可能取代原来的领导者成为新的霸主。

作为一个酒店市场挑战者，必须首先确定其策略目标，即选择竞争对手。挑战者基本上有三种策略可以选择：①攻击市场领导者。这一策略风险较大，但潜在收益很大，尤其是在市场领导者出现失误，而且其市场营销的努力失败时，则效果更为显著。②攻击其他市场挑战者。这里的其他市场挑战者是指规模相同但经营不佳、资金不足的酒店，这是酒店趁机扩大自己实力的手段。③攻击当地的那些规模不大、经营不善、资金短缺的酒店。这种策略尤其适用于酒店集团进行地域扩张。许多酒店集团就是通过这种手段击败弱小酒店得以进入当地市场。

确定攻击目标之后，下一步是选择攻击策略。下面列举了五种可供使用的攻击策略。

**1. 正面进攻**

当进攻者集中全力与对手正面交战时，即可称之为正面进攻。它攻击的是对手的优势之处而不是不足之处。胜负取决于实力。因此，如果攻击者与防御者相比没有什么优势的话，要想取得胜利几乎是不可能的。在酒店行业中正面进攻经常是以价格拉锯战形式出现，即在产品或服务的其他方面与对手保持一致，专门在价格上低于对方。如果对手没有相应削价来进行报复，那么此举便可奏效。在这一过程中，进攻者要保证产品或服务的质量不能因价格的下降而下降。

**2. 侧翼进攻**

在竞争中，对手往往把精力都放在预计将被攻击的部位，即所谓的正面，而其侧翼和后方，力量就薄弱多了。侧翼进攻战术一是体现在地理方面，如进攻者把进攻重点放在对手经营比较薄弱的地区；二是体现在细分市场方面，选择还没有被对手充分开发或尚未开发的细分市场中。侧翼进攻比起正面进攻要容易成功得多，关键在于找准对手的弱点。

**3. 包围进攻**

这种策略即向市场提供对手所能提供的一切产品和服务，甚至还要多，使得消费者无法拒绝。这种策略要想成功，要求进攻者拥有丰富的资源和实力，并尽一切可能调动这些资源，以求在短时间内迅速击垮对手。

**4. 迂回进攻**

这种策略是避开与对手正面交锋而通过进攻较为容易的市场来扩大自己的实力。酒店行业经常采用的形式一是多元化经营与本行业无关的产品，如进入房地产行业或经营百货业（例如南京金陵酒店的金陵购物中心）；二是将市场开发到对手没有触及的地区；三是集中精力重点开发新颖产品或服务，不去一味模仿对手，被对手牵着鼻子走。

**5. 游击进攻**

这种策略适合小规模的酒店使用。游击战是指向对方的不同部位发动小规模的、时断时续的攻击，目的在于骚扰对手，使之疲于奔命，然后再取得永久性的市场。这类进攻一般发生在弱小、孤立而防守不严的市场。

### （三）市场追随者策略

市场追随者的特点：①采用产品模仿方法，甘居于领导者之下，模仿或改进领导者或挑战者推出的新产品或服务，并且在市场上展开销售竞争；②这些追随者一般不能后来居上，超过创新者；③由于不承担创新所耗费用，也会获得高额利润；④在酒店行业中，市场追随者的数量往往多于市场挑战者。

但并不是说追随者就不需要创新意识，因为追随者往往是挑战者进攻的主要目标。每个追随者为在目标市场带来某些新的利益，必须保持低廉的成本和优良的产品与服务质量。一旦有新的市场出现，追随者也要很快跟进，以期占有一席之处。但追随并不意味着被动挨打，也要采取一定的营销策略：

（1）在各个细分市场和营销组合如产品、服务、广告等方面模仿领导者，它们并不进行任何创新，只是寄生性地利用市场领导者的投资而生存。

（2）有限模仿市场领导者，与领导者的产品保持一定的差距，这样不会引起领导者的注意，避免正面的竞争。

（3）对领导者的产品和服务进行学习和改进，甚至使它们有所提高，追随者可能会变成挑战者。

### （四）市场补缺者策略

如果酒店不想在较大的市场做追随者，那么可以争取在较小的市场上或者其他更适合的补缺市场上成为领导者。一般来说，理想的市场补缺者具有以下特点：

①该市场具有足够的规模和消费力，能够赢利；②该市场具备发展的潜力；③强大的竞争者对该市场不屑一顾；④酒店具备所必需的能力和资源以对这个市场提供优质服务；⑤酒店已在顾客中建立了良好的声誉，能够以此抵挡强大竞争者的入侵；⑥理想的市场补缺者往往是中小酒店。

市场补缺者一般采用专一化策略，具体营销策略为：

（1）以最佳的效率和效果为目标对象服务，从而超过了在更大范围内经营的竞争对手。

（2）通过满足特殊对象的需要从而实现差异化。

（3）通过服务这一对象从而降低经营成本。

最后要强调的是，酒店应该非常明确地实施某一种或几种相互配套的市场竞争策略，不能在可供选择的诸多策略中摇摆不定，否则只能取得极低的利润，甚至被赶出市场。酒店不论大小，只要寻找到适合自己的竞争策略和市场策略，就可能获得成功。在那些已经失败或即将被挤出市场的酒店中，绝大部分是由于在竞争中不采取明确的竞争策略而被击垮的。

◆复习题

1. 旅行社销售处的工作的关键问题是什么？
2. 比较酒店市场一般竞争策略的优缺点。
3. 酒店竞争者的类型及特点。
4. 客户回访应遵循的基本原则。

◆实训题

1. 根据调研情况制订一份旅行社节假日销售方案，并进行讲解和展示。

教师观测点：主要考察方案的目的、目标市场、时间节点、报价、超预计预案等。

2. 学生每3~5人为一组，为实训旅行社建立客户档案，并对实训旅行社进行电话拜访。

教师观测点：客史信息的收集、整理、筛选、储存、应用等。

◆拓展题

分组讨论与旅行社的商务谈判技巧，并进行讲解和展示。

阅读材料

## 酒店如何更好地与在线旅行社进行合作

随着酒店业逐步走出低谷，很多人都会谈到在线旅行社等网站在酒店分销策略中所扮演的角色和价值。当你为自己的酒店设想这一问题时，可以考虑把以下这些最佳实践经验应用到与在线旅行社的合作中去。

（1）全面了解合作网站的模式。要了解他们的差异点、成本、确认收入的方式（和时间）以及付款条件。要明白针对你的市场或者竞争对手，某些网站或模式值得你投入资金，因为它们的力量有助于刺激入住率或房价甚至两者的同时提升。

（2）分析潜在价值。根据网站特性，也许你需要对一个市场活动或者合作伙伴的投资回报进行分析。一些酒店也会把在线业务与其他客户或者市场细分进行比较，因为他们意识到很多这些渠道让酒店提升收益的机会更大。

（3）要求更多的合作机会、显示机会和广告。向你的市场经理或者销售经理要求更多资源，不要犹豫。制订你的需求日期（need date）策略，并确定在线旅行社帮助你实现这些需求的方法，你通常都会找到可执行的双赢方案。

（4）乐于检验策略。一旦你确定了需求日期，并与网站合作伙伴进行了讨论，就要乐于把策略放到实践中检验。在线网站通常能对具体房价、广告、促销或者渠道策略提供即时的反馈。所以要检验，学习，再检验。

（5）要意识到在线网站是你整体分销策略的根基。每一个在线网站都想鼓励客人预订更多的旅游产品，而且肯定会有部分网站表现得尤为出众。利用这些网站转化更多的业务，最大受益者不仅是网站，还有酒店。懂得如何有效地利用这些网站，有助于提高每间可用房收益以及市场份额。

上述对你的分销策略意味着什么？

（1）新增的客户。在线旅行社网站的大部分客户并没有品牌忠诚度；研究显示，这些客户对价格的敏感度要高于一般旅行者。因此，它们会向能够满足他们预订要求的网站靠拢。这些新增的客人能帮助酒店提高每间可用房收入（RevPAR）、每间可用房运营毛利润（GOPAR）以及市场份额。

（2）告示板效应（billboard effect，指酒店把产品发布在在线旅行社网站上所获得的除了直接销售以外的宣传性效果，译者注）。并非所有客人都对品牌无动于衷。对于有品牌偏好的客人，在线旅行社网站可利用告示板效应，通过在线旅行社或者其他渠道来转化他们。有研究项目试图量化这种效应，但某些客人会认为“眼不见，心不烦”的态度会影响酒店（如果以此决定他们是否会与在线旅行社合作）。

（3）打包产品、增值服务以及广告机会。虽然已经有打包预订引擎可供网站使用，但有很多在线旅行社用户希望能对全包价格进行比较，这是在其他很多渠道上无法实现的。另外，酒店通常可以利用各种在线旅行社和电子邮件网站，轻易地实践和测试能否对增值服务或者广告机会做出即时的市场反应。

（4）按效果付费。单纯的净价、代理和模糊定价模式都是有效的市场推广工具，因为酒店只要根据预订效果付款。酒店可以清晰地分析这种推广成本，因此可以有效地对“效果”进行衡量。

（5）到达日期、入住天数和价格点差异。根据预订窗口、到达日期、入住天数以及价格点，每种在线业务都能带来不同的客户。Expedia 和 Travelocity 等网站可以在整个预订曲线上为酒店带来帮助——打包、零售和模糊定价产品——并提供广告机会以满足酒店需求日期。

（6）竞争格局。很多这些网站提供了大量的市场信息，可为你带来辨别趋势的市场优势。同时，市场经理也可以是珍贵的资源，是观察整个市场发展动态的专家。

这一切对你的在线业务格局也会带来意想不到的变化吗?

(1) 净价模式和代理模式。这两个词通常用来形容在线旅行社或者第三方互联网公司的模式。这些网站为旅行者提供选项比较和旅游预订的平台，并让酒店曝光在大范围的潜在客户面前。Expedia、Travelocity、Orbitz、Hotels. com 以及 Booking. com 等全球性品牌拥有全球范围的受众，以及对市场趋势和动态的深入分析，这是酒店在自身市场预算范围内所不能有效获得的。

(2) 模糊定价。模糊定价从属于上述的净价模式，这些网站让客人以超低折扣预订酒店，同时把酒店与客人有效地隔离，从而在不更改促销批发价格的情况下提供折扣，否则可能对其他渠道的定价产生影响。

(3) 新闻邮件和独家产品。Travelzoo 和 Hotwire 旗下的 Travel Ticker 为基于会员的产品电子邮件和最近新推出的几个“独家销售”网站（如 JetSetter、RueLa La 和 SniqueAway）打下了基础。这些网站都拥有关注特惠产品的顾客群，让酒店可以针对大量需求日期提供具体的促销机会，如淡季促销、预订窗口的差异等。

(4) 大部分情况下，与这些网站合作会出现相关的提前支付的市场费用，形式可以是电子邮件广告插入费用或者其他广告元素费用。一些网站还会从预订交易上抽取利润（只针对在其网站上进行的预订），因此独家销售或者电子邮件模式的投资回报率需要在产品上线之前进行评估。不过，这些网站让酒店得以建立品牌忠诚度、制订未来市场活动计划以及为新品牌上线而做准备。

(5) 社会媒体和评论。参与到旅游社会媒体中的公司日益增多，这些公司可让酒店的营销策略升值。TripAdvisor 是旅行者评论领域的领头羊，拥有 4000 万条以上用户酒店评论，以及一系列帮助酒店在该网站上刺激酒店业务的营销方式。

(6) 新的团体购买网站，如 Groupon 和 LivingSocial，也开始为酒店提供销售机会，虽然其实现形式是高折扣和大众市场（同时具有区域限制）。其他模式，比如为客人提供独特社交性购买体验的 Off & Away，也可以产生额外的预订。

(7) 搜索引擎。通用搜索引擎（也就是 Google、Yahoo 和 Bing）以及旅游内容聚合网站，如 Kayak，也为旅游产业链带来价值，不过实现方式明显有别于其他网站，为酒店供应商带来的经济效益也不一样。搜索引擎渠道以广告模式来运作，酒店为搜索引擎带来的潜在客户付费。利用这种方式来刺激酒店收入可以获得很好的效果，但成本也可能很高。

旅游业的在线商业模式继续在发展和演变。对与这些网站的具体合作策略予以执行，并了解他们对市场的基础价值，这对任何酒店营销和收入管理团队来说都是极为重要的。酒店要认识到这些策略与其他渠道之间的互补关系，是整体分销和收益管理策略的一部分，同时有效地运用他们，这些将会是酒店行业进入2011年以后能否复苏的关键所在。

（摘录整理于环球旅讯网）

[简要评析]

随着网络家庭化普及率的逐年上升与人们消费习惯的改变，在线旅行社在酒店分销策略中所扮演的角色和价值越来越重要。酒店营销部门应该审时度势，关注并利用这种变化，调动在线旅行社的分销积极性，从而实现双赢。

# 第三章　商务销售

## 学习要求

**必须掌握节点**

- 商务销售处的工作任务
- 商务销售处的岗位设置与职责
- 商务销售工作的程序与关键
- 商务销售操作规范
- 长包房的销售程序、规范和技巧

**知识拓展节点**

- 客户关系的维护技巧与方法
- 市场细分及目标市场定位
- 市场营销组合战略

## 热身案例

### 商务客源的市场细分

商务客人是酒店最大的细分市场，有一半以上的客房收入来自这个市场。这一市场的客人有良好的知识背景，收入较高，一般从事销售、管理或者专业性强的职业。与一般的客人相比，这些人通常读报纸而不是看电视。他们的首要目的是商务活动。

在选择饭店方面，商务客人更注意饭店的位置、整洁度、服务、客房价格和饭店声誉。理想的客房应该有高质量的床垫、舒适的浴巾、书桌和免费的本地电话服务以及没有附加费的长途电话服务。免费的本地电话服务对销售人员来说是非常重要的。商务客人首先要求的是快速的入住登记服务，然后他们会选择入住无烟客房。某著名饭店的资深经理说："最初，饭店业中10%的客房为无烟客房。今天，大约有50%的无烟客房。我们有理由相信，无烟客房的比重将来可能会达到90%。"

随着商务客人的增加，商务客房的关键部分应该是设备先进的办公区域，备有大号的办公桌、现代化的数据处理设备、多功能电话、方便的电源开关、舒适的座椅和明亮的灯光。凯悦集团所作的研究发现，商务客人很有敬业精神，他们每天要工作15个小时。他们中有45%的人称自己因为商务旅游而放弃了许多重要事情，如圣诞节、结婚周年纪念日、照顾患病的配偶等；有80%的人在孩子过生日的时候仍在外面奔波。一半以上的商务客人住宿费用为50美元以上，11%的人超过100美元。出人意料的是，60%以上的商务客人自己预订房间，不亲自预订客房的人一般通过旅行社和秘书预订。

经济型的商务客人多是推销员、自由职业者或政府官员。这一群体的支出是受到组织的严格限制的，仅自由职业者是自己掏腰包消费。这些人有自己的消费特点，如到饭店内的餐厅就餐，入住每晚50美元以下的干净舒适的客房。

另一细分市场是中档的商务客人。他们是较大的提供综合服务的饭店的目标市场。这些饭店如万怡饭店、希尔顿饭店、假日饭店、万豪饭店、华美达饭店。值得注意的是，万豪公司针对这一市场推出了两个品牌："万怡"和"万豪"。万怡在这些饭店中定位较低，而万豪的定位则很高。之所以这样，是因为万豪公司认为只有一种品牌不足以服务整个市场。

高档商务客人是四季、丽思卡尔顿、斯多福和威斯汀等饭店的常客，他们为高档商务客人提供所需要的特殊服务和设施。这些饭店的高房价足以弥补他们为提供特殊服务而支付的成本。

**思考题**

假如你是某五星酒店的商务销售专员，试分析本地商务客人的特点，并在向其介绍酒店产品是应突出哪些特色以满足其需求。

**◆必须掌握节点**

## 第一节 商务销售处的工作任务

商务销售处是酒店营销部门的重要组成部分，是酒店客房销售的中坚力量。主要负责制订酒店商务业务的销售计划，拓展、维护企事业单位、协会组织等商务客户，并开展销售工作，完成酒店商务业务的销售指标。另外负责酒店长包房客户的销售以及维护工作。商务销售处的具体职能如下：

## 一、商务销售处的职能描述

### （一）行政关系

商务销售部是由营销总监直接领导的，在酒店及所处公关营销部统一销售思想的指导下对外全面开展酒店营销的部门。部门工作向营销总监负责，与其他营销部门属平衡协作关系。

### （二）中心任务

全面实现酒店全年的商务销售指标，完成长包房任务，树立酒店良好的社会形象。

### （三）工作职责

（1）确定酒店的商务市场及长包房市场定位、目标市场、客源结构，全面负责商务客户和长包房客户的市场开发、客源组织和产品销售工作。

（2）制订全年的商务市场及长包房市场的营销方案，指导部门围绕营销部年度销售计划开展系列促销活动。

（3）进行广泛的市场调研，了解掌握当地同星级酒店的商务市场销售策略、竞争态势，根据市场情况随时调整商务客人及长包房客人的营销策略。

（4）与当地知名企业、当地各事业单位、政府机构保持良好的合作关系，不断扩大酒店的客户范围。

（5）组织酒店相关部门参与酒店的重要营销活动，参加国际、国内旅游展销活动，分析销售成果。

（6）调查征询商务客人及长包房客人的意见和建议，根据调查的结果提出改进工作的方案并实施。

### （四）工作权限

（1）有与客户单位签订合作协议的权利。

（2）有制定临时价格政策的权力。

（3）有对餐饮部、前厅部经营工作的指导、建议权。

### （五）部门责任

（1）对完不成客房经营指标或长包房经营指标负责。

（2）对接待失误引起客人投诉负责。

（3）对商务市场调研工作不足，导致酒店重大决策失误负责。

### （六）工作关系

（1）直接对营销总监汇报工作或接受指示。

（2）与酒店客户发生业务关系。

（3）与酒店各部门发生的协作关系。

（4）接受酒店总经理的工作指令。

### （七）考评与奖罚

按照公关营销部的奖惩条例对本部门及员工进行奖罚。

### （八）岗位设置

商务销售处编制共4人。分别为商务销售经理1人、商务销售专员1人、长包房销售专员1人，商务销售客服专员1人。

## 二、商务销售处的任务

### （一）制订酒店商务业务的销售计划

在酒店营销总计划的指导下，制订年度计划、月计划以及周计划，并根据计划执行情况及竞争对手情况，及时调整计划，保证全年商务销售任务的完成。

### （二）开展商务销售工作

商务销售工作中，客户信息搜集、客户拜访、签订合同及订单跟进（具体流程见以下章节）。

### （三）商务客户管理

主要包括：客史档案建立与维护、客户关系维护及管理、客户联谊等（具体流程见以下章节）。

### （四）长包房服务的建立与跟进

主要包括：获取潜在的长包房客户信息、为长包房客户定制酒店产品及价格、签订长包房协议、定期拜访客户，征求客人意见、建立长包房客人的客史档案。

## 第二节　商务销售处的岗位设置与职责

### 一、商务销售处的岗位设置

商务销售处隶属于酒店营销部，它的平行部门为旅行社销售处、会议和宴会销售处、礼品销售处、预订处以及公关处。商务销售处一般设商务销售主管一名，商务销售专员若干、长包房销售专员若干以及商务销售客服专员。见图 3－1。

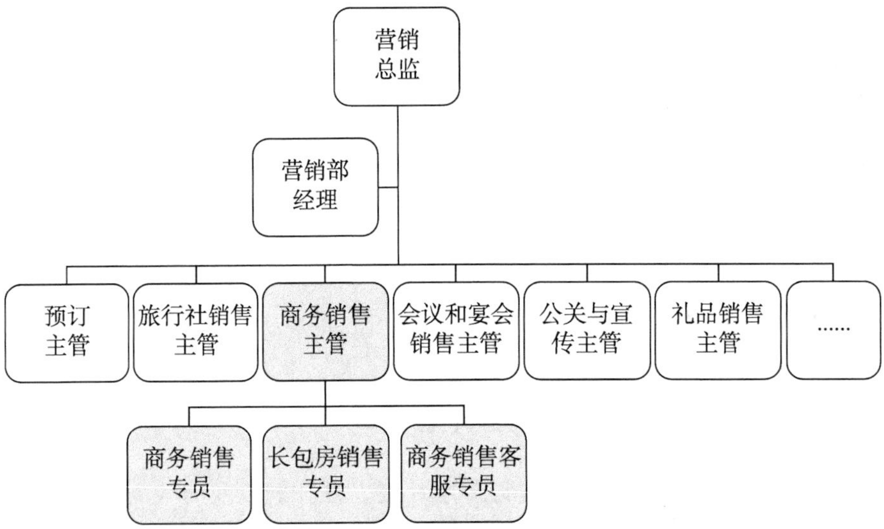


**图 3－1　商务销售处岗位设置图**

### 二、商务销售主管岗位职责

商务销售主管的直属上级是营销部经理，其直属下级是商务销售专员、长包房销售专员以及商务销售客服专员。主要组织开展酒店的商务销售工作，拓展商务客源和销售网络，带领下属完成本部门的销售任务。其所处位置见图 3－2。

#### （一）制订工作计划

（1）根据酒店内外部情况，提出并制订相应的商务销售处的工作计划，包括年度、月度商务客户销售目标、走访计划等，经营销部经理审批后实施。

**图 3－2　商务销售主管位置图**

（2）制订长包房的销售策略和销售计划。

（3）了解客户需求，征求客户意见，赶紧销售服务与工作计划。

### （二）指导达成销售目标

（1）正确传达酒店高层以及营销部经理的命令，并执行命令和已经制订的工作计划。

（2）根据上级制订的工作计划，分解落实商务销售目标，督促商务销售专员完成，定期向营销部经理汇报销售进度。

（3）开发并维护客户渠道。①组织下属开展客户走访工作，加强与客户的联络；②不断拓展酒店的商务客户，扩大销售网络；③组织酒店长包房客户开发工作，以达成目标出租率。

（4）管理客户资料。①收集客户反馈信息，及时解决客户疑虑；②主持或参与策划各类商务客户间的联谊活动，以增进感情。

（5）协调与其他部门的工作，保证商务销售目标的达成。商务销售主管要协调商务销售处与酒店个相关业务部门的关系，做好与前厅部、客房部以及营销部内部各部门的关系，从而保证商务销售处工作任务的完成。

### （三）人员管理

（1）参与建立和管理商务销售队伍。

（2）向下属下达商务销售目标，指导、监督和考核下属人员的工作。

（3）制订下属销售人员培训计划，并组织实施，以提升他们的销售技能，并发掘培养有发展潜力的下属人员。

（4）参与下属销售人员的培训考核、绩效考核工作。

## 三、商务销售专员岗位职责

商务销售专员的直接上级商务销售主管，主要执行商务销售的具体工作，完成个人销售任务。其所处位置见图 3 –3。

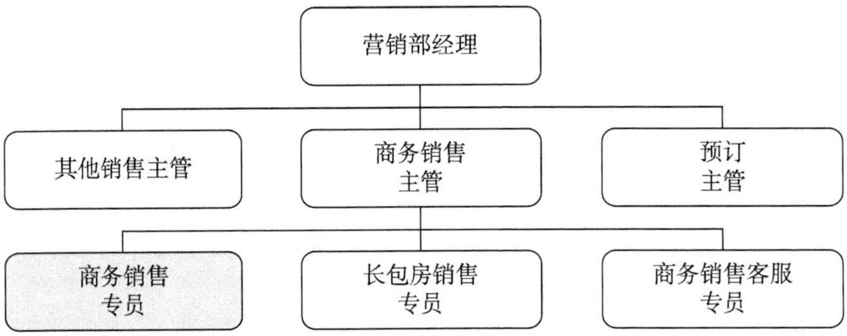


**图 3 –3　商务销售专员位置图**

### （一）开展商务销售工作

（1）收集市场信息。收集酒店区域各类单位、组织的信息资料、联系办法，发掘潜在客户。

（2）维护酒店与政府、中外企业、外事办等客户之间的良好关系，定期拜访沟通，发掘客源，发现客户需求。

（3）运用灵活多变的销售方式，宣传酒店的各类活动、政策，吸引酒店的新、老客户。

（4）与商务客户洽谈、签约，完成销售工作。

（5）及时协调其他部门工作，保证服务质量。

### （二）客户管理

（1）商务客户抵店前直至其离店期间，及时协调酒店各相关部门，保证商务客户住店期间的服务质量。

（2）处理客户意见及客户投诉，超越权限范围的问题或投诉时间应及时上报。

（3）协助财务部门做好商务客人的资信调查、结账工作。

（4）整理并及时归档客户信息，为客户关系维护、信用管理以及客史档案建立提供资料。

### （三）其他工作

（1）关注市场动态与行业走势，了解竞争对手，整理相关资料并上报。

（2）完成领导交办的其他工作。

## 四、长包房销售专员岗位职责

长包房销售专员的直接上级是商务销售主管，主要执行长包房销售的具体工作，拓展客源，维护客户关系，完成个人销售任务。其所处位置见图3－4。

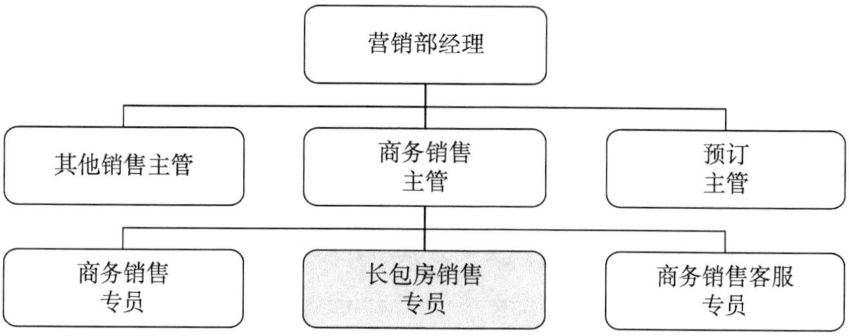


**图3－4　长包房销售专员位置图**

### （一）开展长包房销售工作

（1）参与制订长包房销售策略。参与酒店长包房销售计划、价格政策的制定工作，提供数据资源和合理化建议。

（2）开展市场调查工作，收集潜在客户资料。

（3）建立并维护与大公司、大商社及其他社会组织的良好关系，发掘客户需求。

（4）运用灵活的销售方式，向客户推介酒店的长包房服务项目及配套的服务政策。

（5）经商务销售主管同意，代表酒店与客户签订长包房协议，完成销售工作。

（6）及时与其他部门沟通协调，保证协议顺利实施。

### （二）长包房客户管理

（1）长包房客户住店期间，及时协调酒店各相关部门，保证商务客户住店期间的服务质量。

（2）根据客户需求和特点，制订客户拜访计划并按计划执行，把握客户的实时情况，维护与客户建立的良好关系。

（3）处理客户意见及客户投诉，超越权限范围的问题或投诉时间应及时上报。

（4）协助财务部门做好商务客人的资信调查、结账工作。

（5）整理并及时归档客户信息，为客户关系维护、信用管理以及客史档案建立提供资料。

### （三）其他工作

（1）关注市场动态与行业走势，了解竞争对手，整理相关资料并上报。

（2）完成领导交办的其他工作。

## 五、商务销售客服专员岗位职责

商务销售客服专员的直接上级是商务销售主管，主要是负责执行酒店客户服务制度和相关政策，提出商务客户服务改进建议，建立酒店商务客户及长包房客户的档案，及时处理客户投诉，维护良好的客户关系。其所处位置见图 3 –5。

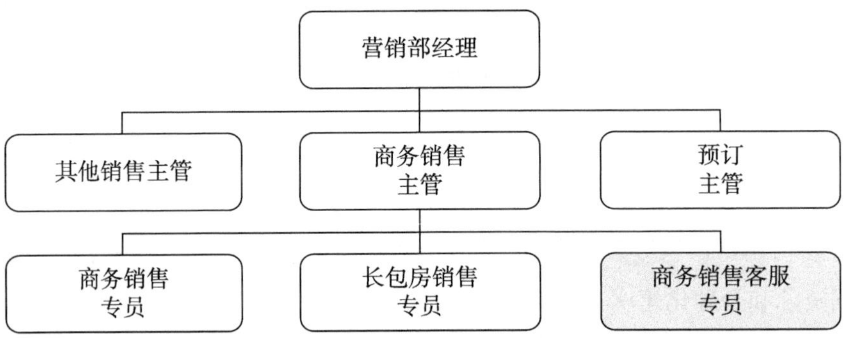


**图 3 –5　商务销售客服专员位置图**

### （一）执行酒店客户服务制度和相关政策

遵守酒店有关的客户服务规章制度和政策，根据客户需要，为客户提供高质量的服务。

### （二）建立商务客户及长包房客户档案

根据商务客户及长包房客人在酒店的登记信息和酒店其他部门提供的相关资料，建立其客史档案。

### （三）提出客户服务改进建议

协助商务销售主管进行客户资料分析，并根据分析结果提出客户服务改进建议。

### （四）及时处理客户投诉

（1）遇到客户投诉时，应及时配合相关部门对客户投诉进行处理，并记录投诉内容。

（2）在8小时内，将投诉处理结果告知客户。

（3）在客户对投诉处理不满意的情况下，直接报告营销部经理，由营销部经理给出解决方案。

### （五）维护良好的客户关系

（1）定期进行电话回访，以便及时与相关客户保持沟通，并将酒店的促销信息和其他信息告知客户。

（2）每逢过节或是客户的生日，可以通过电话或短信方式代表酒店向客户表示祝贺。

# 第三节 商务销售工作的程序与关键

## 一、商务销售的工作目标

（1）开拓酒店商务市场、扩大销售网络，争取协议客户。

（2）完成制订的商务销售计划和销售任务。

## 二、商务销售的工作程序

### （一）制订商务客户销售计划

#### 1. 开展市场调研活动

（1）商务销售人员应定期了解市场需求状况及竞争对手状况，分析市场发展趋势以及竞争对手和本酒店的优劣势，并根据调查结果即使开展酒店营销工作。

（2）营销部定时召开市场分析会，有营销人员通报本酒店的营销情况，竞争对手的发展状况等，并汇总各类数据，分析存在的问题。

2. 确定营销目标

（1）营销人员应根据酒店的具体情况，确定酒店营销目标，具体应包括国内外商业机构、社会团体、政府机构等。

（2）在确定营销目标的基础上，确定重点展开的营销对象。

3. 编制商务客户销售计划

（1）商务销售主管根据营销部的销售计划制订商务客户销售计划，报营销部经理审批。

（2）商务销售人员仔细阅读审批后的商务客户销售计划，按照计划做好各项销售准备。

具体准备包括：目标市场选择。也就是确定销售对象，商务销售人员应根据销售计划，结合酒店实际情况，有重点地选择合适酒店的商务客户人，如国内大中型企业、国际大中型企业，政府部门以及各事业单位等；随时搜集目标市场信息。并对信息进行整理、汇集、筛选有消费需求的商务客户；准备好酒店宣传资料、价格表、餐饮的各类菜谱、租用设备价格表、名片、礼品等。

### （二）开展推销工作，与客户接触，争取购买意向

1. 联系客户

（1）酒店营销部中负责商务客户的营销人员应按照岗位职责和管辖范围，广泛收集商务客户的信息，整理、汇总、筛选有消费需求的商务客户。

（2）确定目标客户后，营销人员应主动通过电话、网络、传真、上门走访等方式拜访客户，建立客户关系网络。

（3）营销人员应了解客户对酒店的客房档次、餐饮水平、娱乐健身设施、商务办公环境、会议场所面积等的需求，同时为客户提供酒店的平面图、店内设施图表、活动宣传品、报价单和服务项目一览表等服务、宣传资料。

（4）在联系客户的基础上，营销人员可邀请客户公司、团体的相关负责人参观酒店的各类客房、餐厅、会议、娱乐等服务设施，展示并表明酒店的接待规模、规格和酒店住宿、用餐等内部环境，以及相应的交通条件，必要时可采取邀请客户试住的方式，使客户信赖并满意本酒店。

2. 营销洽谈

（1）由营销人员同客户相关负责人在对本酒店各方面有充分了解的基础上进行业务洽谈，以进一步了解客户对用房、用餐、娱乐等方面的需求。

(2) 洽谈内容应包含消费时间、消费方式、消费内容、费用和折扣、预付和结算方式、违约责任以及其他约定等事项。包括:

商务销售人员主动上门拜访,向客户介绍酒店特色、环境设施及优惠政策,建立客户联系网络,努力争取客户在酒店进行消费,逐步形成酒店稳定的目标市场。

在与客户联系的基础上,商务销售人员可邀请客户公司的相关负责人参观酒店各类客房、餐饮、会议、娱乐等服务设施,展示并表明可接待的规模、规格和酒店住宿、用餐等内部环境以及相关的交通条件,力争客户进店。

客户对酒店有了充分了解后,商务销售人员可与其进行业务洽谈,以进一步了解客户对用房、用餐、娱乐等方面的要求,洽谈内容包含消费时间、消费方式、消费内容、费用和折扣、预算和结算方式、违约责任及其他约定事项等。

### (三) 签订合作协议

(1) 商务销售人员根据洽谈结果拟定销售协议书,经商务销售主管、营销经理审批后正式签署。

(2) 协议书由营销经理、客户公司负责人签字、单位盖章后生效。

(3) 协议由销售处和客户各持一份,商务销售人员将协议书复印三份:一份交财务部,一份交客房部,一份归档备查。

### (四) 客户接待工作程序

#### 1. 客户预订

(1) 对联系网络中的客户或主动前来要求预订房间、餐饮、娱乐项目的客户,应以营销人员接待为主,前厅部、客房部、餐饮部、康乐部等密切配合。

(2) 营销人员要准确了解和掌握客户的要求,并为其办理预订手续。

(3) 营销人员应将“预订单”的原件作为原始资料进行备案,将其复印件送往酒店相关部门,并建立客户资料档案。

#### 2. 客户接待

(1) 接待重要客户时,公关主管应制订具体的接待方案,并即使报告营销部经理。

(2) 酒店有关部门应保证在客户预订时间的前一天做好准备,届时为客人提供针对性的服务。

(3) 相关工作人员应认真打扫预订房间,准备好预订的菜品,对于预订的会议场所和娱乐设施要提前检查,并安装必要的设备。

(4) 在接待的过程中,营销人员应及时了解客户的反馈信息,尽量满足客户的需求。

(5) 客户离开时，商务销售人员根据协议，协助客户结算住店费用。

**3. 客户关系维护**

(1) 经常与新、老客户以短信、电话、邮件、微信等形式保持联系。

(2) 每逢重大节日，客户所在公司或客户本人具有纪念价值的日子，可以短信、电话或邮寄酒店明信片等方式表示祝福。

(3) 及时关注各家协议单位的发展变化情况，对可能对双方合作产生影响的变动及时做出反应。

### (五) 客户意见反馈

(1) 在客户接待过程中和接待完成后，营销人员要及时了解客户对酒店服务的意见和建议。

(2) 营销人员需根据客户反馈的情况填写“客户信息反馈单”，并提出改进意见，报营销部经理和酒店总经理审批。

(3) 其他部门要针对客户反馈的问题，改进工作，提高酒店的服务质量，全面提升酒店形象。

## 三、商务销售的程序与关键问题

### (一) 商务客户销售程序与关键

**1. 工作目标**

(1) 拓展商务客源，扩大销售网络。

(2) 完成酒店商务客户的销售任务。

**2. 商务客户的销售程序**

(1) 研究分析市场情况。

(2) 明确销售目标。

(3) 与目标客户取得联系。

(4) 开展推销工作。

(5) 听取客户意见。

(6) 签订合作协议。

(7) 客户入住消费。

### 3. 商务客户销售的关键问题

（1）销售人员按时提交市场分析报告，通报客户住处，根据酒店实际情况确定本阶段酒店商务项目的主要销售对象。

（2）销售人员电话或上门拜访经过汇集、筛选的有消费需求的商务客户，与其建立日常联系，适时介绍酒店服务，逐步稳定的目标市场。

（3）向客户介绍酒店特色、环境设施及优惠政策，听取客户意见，根据洽谈结果签订合作协议。

（4）销售人员负责协调配合前厅部接待商务客户的入住；遇到重要商务客户入住酒店时，应及时报告营销部经理，与前厅部、客户部等部门一起制订具体的接待方案。

## （二）客户订单跟进程序与关键问题

### 1. 工作目标

（1）确保订单内容准确。

（2）确保预订服务内容的落实。

（3）保证客户接待的服务质量。

（4）提高客户满意度。

### 2. 客户订单跟进的程序

（1）查看客户预订单。

（2）落实接待事项。

（3）回复客户。

（4）督促接待工作。

（5）密切联系客户。

（6）跟进消费过程。

（7）接待资料归档。

### 3. 客户订单跟进的关键问题

（1）查看客户的预订单，详细了解客户、用餐、服务的预订信息及特殊要求。

（2）就各项预订事项与酒店接待部门协调、确认，保证接待工作顺利落实。

（3）对客户预订进行答复，确认预订的服务事项。

（4）按要求及时检查酒店各部门接待工作准备的质量和进度。

（5）与客户保持密切联系，将客户要求更改或补充情况及时反馈给接待部门。

（6）将客户在住店消费过程中提出的意见或建议反馈给有关部门。

### （三）客户挂账操作程序与关键问题

**1. 工作目标**

（1）为客户入住消费提供便利。

（2）保证酒店利益，准确结算挂账消费。

（3）保证酒店内部各部门间协作顺利。

**2. 客户挂账的操作程序**

（1）接受客户挂账要求。

（2）要求客户填写申请。

（3）提交有关领导审核。

（4）与客户签订挂账协议。

（5）提供挂账服务。

（6）跟踪消费、协助结算。

**3. 客户挂账的关键问题**

（1）客户提出挂账要求，销售人员需根据客户的不同信用等级，请客户如实填写“挂账申请表”。

（2）客户的挂账申请应由酒店营销部经理、财务部经理签字后交总经理审批通过。

（3）与客户签订“挂账协议书”，协议一式两份。

（4）跟踪消费、协助结算。

# 第四节　商务销售操作规范

## 一、实地参观酒店客户的接待流程和规范

### （一）约定方便的时间和恰当的地点

商务销售人员检查客户要参观的场地（如客房、宴会厅、会议室等）的预订情况，尽量回避酒店客满的日期或酒店忙时（如客人结账高峰期、客人入住高峰期或者酒店其他活动的高峰时间）；同时商务销售人员还要兼顾客人时间的方便性。

### （二）准备工作

（1）商务销售人员通过前台查找合适的客房或大厅等，告知前台客户的姓名（其

他可以确认客户身份的信息）以及约定的时间及地点，准备好需要用到的钥匙。

（2）事先对客户所要经过的路线和参观地点进行检查，检查内容包括：客房的房态、客房、大厅、走廊等客户参观地点和参观线路的卫生情况，物品摆放情况等。

（3）再次核对参观路线，并准备好酒店的宣传资料、个人名片和其他可能用到的资料。

### （三）实地参观过程

（1）商务销售人员根据和客户的约定时间，提前带好准备的相关资料到酒店外迎接客户。

（2）客人到达酒店后，商务销售人员引领客人至参观地点，并在途中根据客人需要，介绍行程安排并分发准备好的宣传资料。

（3）在参观过程中，销售人员应多征求客户意见并根据客户需求进行即时调整，对于不能马上做出决定的，记录下来。

（4）在参观客房或其他酒店设施设备时，应按照从低档到高档的顺序进行。

（5）在参观过程中，商务销售人员应告知客户紧急出口、照明灯、灭火设备、烟感探测器等的位置。

（6）商务销售人员进房间之前应先敲门，确认房间无人后才可开门。

（7）参观房间时，销售人员应带领客户先从窗外开始，介绍一些户外景色及重要建筑，再按顺序介绍房间内各种设施的特点及客户应能从中得到的享受，如双层窗帘、电视机的各个频道介绍、客房送餐菜单、房间的保险箱等；离开房间时，介绍门镜、门链及开关的位置等。

（8）参观房间结束之后，在前厅宴会厅之前，销售人员要向客户介绍康乐部的休闲娱乐项目、酒店的酒吧、咖啡厅等其他服务设施。

（9）在参观过程中，若遇到各部门的主管，应向客人介绍他们，并视情况请他们向客户介绍各自设施的特点。

（10）到达宴会厅后，销售人员应向客人介绍场地的形状、大小及租金等内容，对客人提出的意见和建议及时做好记录。

（11）参观即将结束时，销售人员要询问客人今后是否有合作的机会，尽量与客户建立长期往来的关系或签订合作协议。

### （四）送别客人

（1）参观结束后，商务销售人员向客户致谢并询问是否有其他要求，礼貌送客人离开。

（2）商务销售人员整理访问资料，写出销售工作报告，做好下一步跟进该客户的措施和计划。

## 二、销售合同签订服务流程与规范

### （一）洽谈合同

（1）商务销售人员全面了解客户情况并主动拜访客户，向其介绍酒店的情况。

（2）如客人预订，商务销售人员应与客户就双方合作义务、责任与价格达成共识。

### （二）制作合同

（1）商务销售人员根据洽谈结果，草拟合同，其中应包括合同执行日期、地点、房间和租用条款的描述、承租人的目的、租金付款方式、承租人的义务等，报销售主管、营销部经理审批。

（2）审批同意后，商务销售人员将合同草稿制作成合同文本。

### （三）签署合同

（1）商务销售人员将合同递交销售主管及部门经理签批盖章后，由合同承租人签字盖章。

（2）合同签署后，双方按照合同约定执行。

### （四）合同存档

（1）商务销售人员按酒店有关规定建立合同台账登记。

（2）商务销售人员将合同正本送财务部，合同副本送交前厅部，本部门留底存档。

## 三、销售订单跟进服务流程与规范

### （一）确认订单

（1）商务销售人员收到客户订单后，要详细查看，不能漏掉任何细节，特别是客户需求部分。

（2）商务销售人员填写内容预订通知单，通知接待部门准备预订事项。

（3）商务销售人员尽快以电话或填写订房通知单传真回复客户。

（4）接到客户更改、取消通知应及时通知有关部门填写内部预订通知单。

### （二）跟进、落实订单

（1）商务销售人员要查询、督促接待部门落实订单各项要求。

（2）销售人员应加强与客户的联系，将客人最新的更改要求或补充情况及时反馈给相关接待部门。

（3）在接待过程中，销售人员要将客人的以及那或建议及时反馈给相关部门进行改进。

（4）客人在消费过程中如有重大投诉，应及时通知有关部门并报告营销部经理，如解决不了，尽快向总经理请示处理。

（5）如因发生不可抗力事件而造成不能按客人要求完成任务时，应立即通知客人，做好解释工作，尽量取得客人谅解；如客人要求赔偿，尽快汇报给营销部经理；如事件重大，由公关营销部经理请示总经理处理。

### （三）客人消费结束

（1）接待结束，商务销售人员协助前厅完成结账工作并热情送客。

（2）如是重大接待可报告营销经理一同上门回访客户，征询意见或建议，可适当送上致谢礼物。

（3）商务销售人员将客人意见或建议及时反馈至营销经理。

（4）营销经理将客人意见反馈至有关部门或报告总经理。

（5）商务销售人员将接待资料、客人的建议或意见整理存档。

## 四、客户挂账要求服务流程与规范

### （一）接受挂账要求

（1）商务销售人员接到客户的挂账要求后，根据其信用登记确定是否接受挂账要求。

（2）商务销售人员请信用登记符合酒店有关规定的客户填写挂账申请表，并报公关营销经理、财务经理、总经理等有关领导审批。

### （二）签订挂账协议

（1）销售处主管与客户代表签订挂账协议，协议中明确客户签单额度、结算时间、优惠项目及双方责任等。

（2）商务销售人员将挂账协议文本按涉及的部门复印多份并分发到各涉及部门。

（3）商务销售人员将挂账协议文本原件交部门文员整理存档。

#### （三）挂账结算

（1）按照挂账协议中的相关约定，商务销售人员协助财务部定期与客户结账。

（2）如客户在消费过程中出现问题，商务销售人员须立即予以解决。

（3）如财务部门与客户在结算工作中出现异议，商务销售人员须予以协助。

## 第五节　长包房的销售程序、规范和技巧

### 一、长包房的销售程序

#### （一）制订长包房销售计划

（1）商务销售主管根据营销部的销售计划制订长包房销售计划，报营销部经理审批。

（2）长包房销售专员仔细阅读审批后的长包房销售计划，按照计划做好与客户洽谈的准备。

1）了解客户所需要的房间种类和用途是作为办公室还是作为住房使用。

2）了解客户所在公司的性质和信誉。

3）记录客户的联系地址和联系人，填制客户资料卡。

4）准备酒店的宣传资料、租金价目表、餐饮的各类菜谱、名片、礼品等。

#### （二）长包房销售洽谈

（1）长包房销售专员邀请客户前来酒店参观，带领客户参观。

（2）如客户有意预订，长包房销售专员问清客户抵离酒店日期、所租房间种类、付款方式以及其他要求，同时向客户介绍酒店付款的有关要求和规定。

#### （三）签订长包房合同

（1）双方谈妥有关细节后，长包房销售专员向客户出示长包房合同样本，强调可以提供的各类优惠。

（2）请商务销售主管与客户面谈后签署长包房合同，合同一式两份，客户保留一份，销售处保留一份。

## 二、长包房服务跟进规范

### （一）长包房客户入住前

（1）长包房销售专员按照合同要求，注意落实各项准备工作，入住时须有专人负责欢迎接待。

（2）与财务部保持联系，了解长包房客户是否交付定金。如未及时预付，要与客户联系；如对方用支票付定金，应将客人带至财务部办理定金预付手续。

（3）向各负责接待部门发送长包房客人入住通知单。

1）发至客房部，撤出不需要的家具、酒吧用品等，并按照客人的要求重新布置客房。

2）发至工程部，按客人要求对客房进行必要的装修和改造等。

3）发至餐饮部，为长包房客人提供工作餐。

4）发至保安部，做好长包房客人及其车辆等的安全工作。

5）发至前厅部，以便掌握客情，与客人保持沟通，做好对客服务工作。

（4）在客户预付定金后，通知总台为客人办理入住登记手续。

### （二）长包房客户租住期间

（1）长包房销售专员经常拜访长包房客户（每月至少一次），与客户进行沟通。

1）听取客户对酒店的意见，并将意见及时传递到有关部门。

2）了解客户的新需求和客情状况（如最近是否有大型会议、宴会和散客等），如有客情及时上报。

（2）与酒店各部门保持联系。与前厅部、客房部、餐饮部、康乐部、保安部、财务部保持联系，了解客人在本酒店的消费和信用情况。

（3）每逢节假日登门拜访客户，送去礼品或邀请客户参加酒店举办的宴会、联欢会等活动，加强与客户沟通，增进客户关系。

（4）与财务部信用组保持联系，了解客户付款情况，协会财务部做好客户付款结账工作。

（5）协议截至前一个月，应主动与客户联系，了解客户的去留动态。如果客户要续签，主动报价并协商续约相关事宜；如不续签，提前做好客人搬出事宜和搬出后的销售工作。

### （三）长包房客户退房

（1）长包房客户提前终止合同，长包房销售专员应及时通知财务部等有关部门。

（2）客户到期终止合同，应提前一周与客户确定退房时间，通知财务部结账处准备好账单。

（3）退房时，书面通知客户，要求客户提前一天开具需搬运的大件物品清单，通知保安部为客户开具出门证，做好物品安全检查工作。

（4）当天通知客房部检查客房物品有无损坏。

（5）协助财务部与客户结清账单，返还订金。

（6）房间如有损坏，应通知工程部对客房进行维修，视情况、按规定要求客户给予赔偿。

（7）客户全部搬出后，通知客房部将房间回复到客房状态。

◆知识拓展节点

## 第六节　客户关系的维护技巧与方法

客户是酒店的衣食父母，不仅酒店的利润来源自于客户，酒店的很多产品也是通过客户推销出去的。对商务销售而言，由于商务客户相对分散，客户的口碑宣传就更为重要。因此，客户关系的维护是每个商务销售人员的必修课。

### 一、酒店客户关系管理的内涵

客户关系管理是指酒店经营者在现代信息技术的基础上收集和分析客户信息，把握客户需求特征和行为偏好，积累和共享客户知识，有针对性地为客户提供产品或服务，发展和管理与客户之间的关系，从而培养客户的长期忠诚度，以实现客户价值最大化和酒店收益最大化之间的平衡的一种企业总体战略。

酒店客户是一个庞杂而多层次的群体，实行客户关系管理非常必要；通过客户管理，可以帮助销售人员建立起与客户之间的良好合作关系，获得并留住客户。良好的客户关系对酒店经营意义重大。

## 二、寻找客户并搜集客户信息

### （一）客户开发

#### 1. 老顾客的推荐

已经与酒店建立长期合作关系的老顾客，他们不仅是酒店的合作伙伴，而且熟悉酒店产品，是最有效的客户源来源。曾有研究表明，75%的新客户来源于现有客户的推荐，因此，销售员可以充分利用酒店的老顾客，寻找新客源，具体步骤：①从对自己最满意的客户中找出有可能提供客户源的顾客的参考名单；②确定自己希望每个顾客采用何种方式进行推荐（电话、邮件、推荐信或者直接引荐）；③向老客户询问其推荐客户的姓名、联系方式、喜好或者其他有助于销售的信息和帮助。

#### 2. 建立自己的人际关系网络

人际关系网络是指通过相互间有联系与合作的个体间的关系来达到目的，即同他人建立关系网络，并且用这些网络吸引客户源、搜集信息、促成合作等。销售人员要建立自己的人际关系网络，可以通过以下方式：①每天至少联系两个人，每周至少参加一次社交活动，尤其可以参加上述老顾客的集会活动，利用这种集会来结识新客户。②当与新结识的人初次交流时，以倾听获取对方兴趣、爱好和其他信息为主，而简略介绍自己的酒店及产品。③与新结识客户进行常规交往，如生日卡片、邮件祝贺等。另外，销售人员也可以通过加入行业协会等一些商业组织构建人际关系网络，

#### 3. 互联网

酒店销售人员可以利用网站、电子邮件、邮件列表、公告板、论坛等方式联系那些可能对酒店产品或服务感兴趣的公司和个人，及时与其联系，比如酒店网站的邮件、留言及时线上回复，线下电话沟通，从而了解潜在顾客的购买需求，达到购买意向。

#### 4. 利用电话销售

电话销售是指利用电话方式与顾客和潜在客户沟通的一种持续的系统化过程。

### （二）搜集客户信息的内容

#### 1. 客户资料

客户资料包括个人客户资料和企业客户资料两种。

◆个人客户资料主要包括：

（1）基本材料。包含姓名、身份证号码、公司信息（含公司名称、公司地址、电

话、传真及注册编号等）、职位职称、家庭信息（含住址、电话、手机、邮箱、QQ 号、微博等）、户籍和籍贯、出生日期、血型、身高、体重、性格特征。

（2）受教育情况。包含最高学历及专业、最喜欢的运动项目、对文凭的看法等。

（3）家庭情况。包含婚姻状况、配偶的个人信息（姓名、受教育情况、兴趣、生日、血型）、结婚纪念日、子女信息（有无子女、子女姓名、性别、受教育情况）、用一句话描述客户的家庭关系。

（4）事业情况。包含曾经的就业情况（曾任职的公司、职位）、目前的公司职位、年收入、与酒店初次业务往来的日期、入住房间及入住情况、与酒店业务情况等。

（5）人际情况。包含最要好的亲戚、朋友情况、邻居情况、用一句话描述他的人际情况。

（6）生活情况。包含过去的医疗病史、目前的健康状况、是否喝酒（种类、数量）、是否吸烟（种类、数量）、喜欢的菜系、喜欢的聊天话题、用一句话描述他的日常生活。

（7）个性情况。包含是否热衷政治活动、宗教信仰、有无参加的俱乐部和社团、忌讳和重视的事情、喜欢的书籍类型、特长、专业能力、处事风格、用一句话描述他的个性。

（8）阅历情况。包含目前最满足、最遗憾、最想做的事情、人生目标、有无重大的竞争和矛盾者。

（9）其他可供参考的资料。

◆企业客户资料包括：

（1）基础资料。主要是企业的最基本的原始资料。包含企业名称、地址、电话、所有者、经营管理者、法人代表及他们的个性、兴趣、爱好、家庭、学历、年龄、创业时间、与本酒店合作的时间等。

（2）企业特征。主要包括服务区域、销售能力、发展潜力、经营理念、经营方向、企业规模等。

（3）业务状况。主要包括销售业绩、管理者和业务员的素质、与其他竞争者的关系、与本公司的业务关系及合作态度等。

（4）交易现状。它主要包括企业的销售活动现状、存在的问题、企业的优势、信用状况以及交易条件等。

**2. 财务资料**

财务资料主要包括账户类型、第一次与最近一次合作的日期，购买价格以及消费类型及金额、付款方式、平均付款期限等，见表 3－1。

表 3－1　　客户账户记录表

| 客户名称 | | | 银行账号 | | |
|---|---|---|---|---|---|
| 地　　址 | | | 联系方式 | | |
| 客户消费信息 | 日　期 | 消费项目记录 | 付款记录 | 余　额 | 建　议 |
| 首次消费情况 | | | | | |
| 第二次消费情况 | | | | | |
| 第三次消费情况 | | | | | |
| …… | | | | | |

#### 3. 行为资料

行为数据是有关客户和潜在客户与酒店交往的历史。它能标明客户过去入住酒店时的情况。

### （三）搜集客户信息的方法

#### 1. 留意客户的一举一动，将记录积累为该客户的客史档案

销售人员在拜访客户时，要留心观察客户，准备记录本专门记录客户的个人资料，并尽可能详细。记录时，可以按照一定的方式分门别类，以便方便整理客史档案。

#### 2. 和客户交流

在拜访客户时，销售人员可以依据客户的年龄、性格、性别等，抛出一个话题，引起客户谈话的兴趣，然后顺势聊家常，让客户在自然、轻松、亲切的氛围中，透露自己的个人信息及偏好。

#### 3. 记录客户在酒店消费时的各种信息

重要客户消费结束后，销售人员不仅要记录时间、房号等一般信息，还要与接待客户的一线服务人员交流，发现客户的个人偏好并记录下来，以便下次更有针对地为其服务。

#### 4. 主动询问客户，表示关怀

对于比较热情和开朗的客户，销售人员可以主动了解他们的有关情况，询问他们的需求以及意见。

#### 5. 让客户填写宾客意见卡

销售人员可以鼓励客户填写宾客意见卡，通过这种方式，进一步搜集客户信息了解客户。

## 三、如何建立客户关系

对于商务销售而言，与客户建立关系的最常规、最基本的方法是客户拜访。

### （一）拜访前准备

销售人员在客户拜访前，应做好细致、充分的准备，以确保走访工作的工作效率，具体准备工作如下：

**1. 明确走访目的**

是否是初次拜访，是否要向客户介绍酒店的新动态（新产品、新设施、新价格政策），是否为了收集竞争对手的情报信息，是否是为了与客户联络感情，是否是为了处理客户的异议。

**2. 了解走访对象近况**

查阅公司资料库，或是询问对这家公司比较了解的同事；多留意报纸、网站，看是否有访问对象的消息；了解主要拜访人物的爱好、性格；关注访问对象近期是否有特殊意义的事件发生（主要人物生日、企业周年庆典、经营上的成就）。

**3. 是否需要电话预约**

如果是重要任务，要进行电话预约，否则可能无法见到客户；电话预约也表示对拜访者的尊重。

**4. 分配好时间**

确定今天要走访公司的数量；做好详细的时间安排。

**5. 选择最佳路线**

合理安排走访行程；弄清到达目的地的路线。

**6. 检查所带的工具**

酒店宣传册；酒店产品、服务介绍资料；酒店销售政策，折扣、优惠办法；名片、工作证；工作记录；礼品。

**7. 出门前照镜子**

头发整洁，男士剃须，女士化淡妆；穿戴不一定要西装革履，但一定要整齐、商务。

### （二）新客户实地拜访技巧

酒店商务销售人员在拜访新客户、陌生客户时，可遵循以下技巧，以保证拜访目的的达成。

#### 1. 电话预约

自我介绍；陈述打电话的目的；引起潜在客户的兴趣；要求安排一次会面。

#### 2. 实地拜访

按约定时间抵达目的地；自我介绍，递上名片（交换名片要双手递接，表示尊重）；了解客户基本情况（姓名、职务）；推销自己，并介绍酒店基本情况；了解客户的消费能力及需求；根据客户的兴趣爱好，尽可能多方面地介绍酒店优势；询问客户的合作意向。

#### 3. 注意事项

介绍用语："抱歉，打扰一下，我是……（同时递名片）有关酒店的情况能不能给我些时间作一介绍"；确认对方（主要确定具有决策权的是谁）："请问你是……主任吗?"在对方还没有说"请坐"以前，绝不可以坐下，入座时避免坐在对方的正前方，应坐在左侧或者右斜方；第二次拜访时，先感谢客户的第一次热情接待，然后送上酒店的宣传资料及报价表；第三次拜访时，应与客户建立起一种亲密的关系，谈话主题应深一层次，在与客户接触中建立一种自然的合作关系。

## 四、客户关怀的内涵、方法与形式

### （一）客户关怀的内涵

客户关怀体现在客户预订前、住店时以及离店后的全部过程体验。预订前，客户关怀可以建立和巩固酒店与客户之间的关系，鼓励和促进客户购买；客人入住期间，客户关怀，可以体现酒店的优质服务，增加客人的美好体验；离店后的客户关怀，可以提高客户满意度，增加客户忠诚，与客户建立情感纽带，促进客户的再次消费。

### （二）客户关怀的方法

#### 1. 提供满意的产品

高品质的产品是酒店与客户建立情感纽带的基础，离开产品谈情感显然是徒劳的。因而，体现客户关怀的首要原则是为客户提供满意的产品。

#### 2. 客户关怀以满足客户需求为基本原则

毋庸置疑，只有满足客户需求的产品才会有市场。同样，客户关怀也需要从客户需求出发。从形式和内容上要认真研究客户需求，根据客户需求举行相应的活动如客户关怀讲座、顾客满意度测评等关怀活动。

### 3. 强调人性化关心

人性化关心强调以客户为核心，尊重并理解客户情感，以满足客户心理需求为服务特质。更具体而言，要重视那些对客户而言是“小得不能再小的心理细节”，企业通过细节向客户传递关怀，与客户建立情感色彩。

### （三）客户关怀的形式

酒店可以根据自身特点、对不同的客户群实施不同的关怀策略。关怀内容与形式可以参考以下几种类型：

（1）亲情服务。根据客户的基本信息选择出特定的客户列表，在重大节假日、客户生日或者对客户而言中重大纪念意义的特殊日子。以发送信息、邮件、寄送酒店的明信片、小礼物等方式，向客户传递关怀。

（2）产品推荐。酒店可以分析各类客户群的特点，针对不同的客户群体，进行个性化定制，使产品更好地满足客户需求。同时，可以对特殊群体，提供免费产品试用。

（3）客户俱乐部。对一些特点比较集中的大客户，可以采取俱乐部或者会员制的形式，与客户进行深入的交流，通过互动式的沟通和交流，深层挖掘客户的意见和建议，既方便改善产品，又能加强与客户的纽带连接。

（4）优惠推荐。对不同的客户群，给予不同的折扣政策并主动介绍给客户。

（5）针对群体的各类活动。如圣诞狂欢夜等。

（6）个性化的服务措施。

（7）联合推广。酒店可以与航空公司、银行、合作公司等组织联合活动。

## 五、大客户关系维护方法与技巧

### （一）正确处理与大客户的关系

在建立与这类大客户的长期交易关系中，酒店要不断协调二者之间的关系：一方面，酒店要弄清客户的需求，诸如对产品报价的时间要求，预订批量、批次的数量要求，折扣与奖励的利益要求，促销与推销的支援要求等；另一方面，酒店还要了解自己的产品能在多大程度上满足客户的需求，根据实际可能，将上述两方面的需求结合起来，建立一个有计划的、垂直的联合销售系统。在此销售系统中，酒店可以把大客户（主要为旅游经销商、批发商、零售商与代理商等中间商）看做是酒店销售部的工作人员，看做是销售部在地域上的延伸，在处理与他们的关系问题上，应本着互利互惠、互谅互解、全力支持、共同发展的思路，帮助客户实现客户的经济利益与社会利益，稳定与他们的关系，从而也实现自己的经营目标。

## （二）大客户管理技巧

### 1. 大客户优先

大客户的销售量较大，优先满足大客户对产品数员以及产品系列化、一条龙服务的要求，是酒店大客户管理的首要任务，尤其是对于有着明显淡旺季区别的酒店，更应注意大客户优先原则，必须保证这项原则得到不折不扣的贯彻执行。当然，为了避免在旺季因满足大客户对酒店产品预订的要求而对其他客户所带来的巨大冲击，营销人员应要求大客户尽可能早的预报他们的预订量以及能够确认并预付定金或者支付部分接待费用的预订量，及时与大客户就市场发展趋势、合理的包房比例、淡旺季价格的变动以及应急补救措施进行商讨，尽量保证大客户在旺季对酒店产品的需求，避免出现因客满而回绝、导致大客户不满的情况发生。

### 2. 提高大客户的销售力

有许多营销人员在认识上存在着这样一种误区，认为只要处理好与客户中上层主管的关系，与客户的关系就融洽了，产品销售就畅通了，因而忽略了对客户其他有关部门职员的公关。诚然，客户中上层主管掌握着产品选择与预订、接待费用按时足额支付等大权，处理好与他们的关系的确十分重要，但产品是否能够为广大消费合所识别和认同，还有赖于客户基层的工作人员，与他们工作的好坏、积极性的高低有着更直接的关系，例如，旅行社客户、营销人员一般联系、拜访的对象是计调部经理和旅行社总经理，但为了提高其销售力，营销人员必须把计调部其他人员（具体负责旅行社产品采购与计划编制的人员）、旅行社其他部门的负责人与导游接待人员等都当作促销、推销的对象，给予他们适宜的酒店产品教育，鼓励他们在旅游者中宣传本酒店。充分调动客户中的一切与销售相关的因素，是提高大客户销售量的一个重要因素。

### 3. 协助大客户促销

大客户作为酒店市场营销的重要一环，酒店应积极主动协助大客户开展市场营销活动，凡是大客户在市场开拓方面的一举一动，都应该给予密切关注，不论是公关还是促销活动，也无论是市场调查还是行业动态研究，酒店可利用一切机会加强与大客户的感情与情报资料的交流。特别是在客户开业周年庆典，获得特别荣誉，重大商业举措的时候，酒店应充分关注他们的一切动向与活动并及时给予恰当的、为客户所欢迎的支援或协助。例如，为了使每一个大客户的销售业绩都能够得到稳步的提高，营销人员应该协调酒店公关部、市场营销策划部、前厅部、质量检查小组、总经理办公室等部门和科室，根据客户的不同情况，与客户共同设计促销方案，使客户感受到他是被高度重视的，他是酒店营销和销售渠道中重要的一分子。

**4. 营销总监或总经理拜访大客户**

一个有着良好销售业绩的酒店营销总监每年大约要有三分之一的时间是在拜访客户中度过的，大客户是他们拜访的主要对象。营销人员在大客户管理上的一个重要任务就是为营销总监提供准确的信息与数据并协助安排合理的拜访大客户的日程，以使营销总监有目的、有计划、有把握地拜访大客户。

**5. 征询大客户对营销人员的意见与要求**

营销人员是酒店参与市场竞争的先锋。是酒店赢得竞争胜利的重要保证。因而推销人员工作的好坏，是决定酒店与客户关系的一个至关重要的因素。出于营销人员文化水平、生活阅历、性格特点、自我管理等方面的差别，也决定了并不是所有的营销人员都能令大客户满意，令酒店满意。从客户那里，酒店管理者可以比较全面地了解营销人员为大客户服务与销售的情况，对营销人员的工作实施必要的监督与考核，对于工作不力的人员要提出整改、培训或调动等方面的处理意见，以保证销售渠道畅通。

**6. 加强信息传递**

酒店产品市场占有率的高低主要取决于大客户对酒店产品预订数量的多寡，因而从某种意义上讲，大客户的销售状态事实上就是酒店市场营销的“晴雨表”，大客户管理中一项很重要的工作就是及时、准确地统计、分析、汇总大客户的销售数据和情报，并上报酒店营销总监和总经理办公室，由他们及时通报酒店其他职能部门与生产服务部门，以便针对市场变化及时进行调整，保证与大客户之间信息传递及时、准确，紧紧把握市场脉搏，这是酒店以客户为导向的一个重要前提。

**7. 召开恳谈会、联谊会**

酒店可有计划地组织召外大客户恳谈会、联谊会，听取客户对酒店产品、服务、台销、促销与推销、产品开发、酒店业与旅游业高新技术的采用与流行趋势、消费者需求流行趋势等方面的意见和建议，介绍酒店在采纳客户的意见与建议的基础上对酒店产品所作出的改进与完善的地方，说明酒店今后的打算与发展计划等。这样的恳谈会、联谊会不但对酒店公共决策非常有利，而且对以加深与客户之间的感情，增强客户对酒店的忠诚度。

**8. 奖励大客户**

酒店制定适当的大客户奖励政策，并对大客户采取适当的奖励措施，如各种折扣、人数减免、合作促销让利、销售竞赛、返利、参股等，可以有效地刺激客户的销售积极性和主动性，对稳定大客户的长期交易关系作用明显。

大客户管理成功与否，对酒店整个销售工作具有决定性的影响。为了把大客户管理上作落到实处，酒店销售部必须调动起酒店一切积极因素，满足客户的需要，必须调动起大客户的一切销售因素并协调好与酒店的关系，满足客户的需求。

### （三）大客户砍价管理

大客户数量一般只占酒店总客户数量的20%，针对这部分的客户，酒店应坚持每年对他们进行有计划地再筛选。一群“好”的大客户对酒店的快速发展和经营目标的实现是极为有利的，相反，变得不合适的大客户往往使酒店销售工作备受牵制，陷于左右为难的境地。我们知道在与大客户的长期交易关系中，酒店赢利能力的大小取决于大客户的砍价实力，我们所希望的最佳大客户不仅预订量大，而且预订额也高；但现实的情况是，预订量大的客户其预订额相对于预订量小的客户而言要低很多，也就是说大客户在通常情况下砍价实力都很强，可我们并不希望他们砍价实力太强，道理很浅显，他们砍价实力强就意味着酒店利润的流失。因此，酒店必须最大限度地降低大客户对酒店的砍价压力。

# 第七节　市场细分及目标市场定位

由于酒店客户众多，分布地域广泛，因此，大多数酒店，无论规模大小，均不可能同时满足所有客户的各种需求。因此，如何细分市场，选择目标市场，确定市场定位就成为酒店市场营销活动的前提。

## 一、市场细分

### （一）市场细分的含义

酒店市场细分是酒店根据消费者的不同需求，将整体酒店市场分为若干不同类别的子市场，从而确定酒店目标市场的活动过程，它可以使得酒店有效地分配和使用有限资源，进行各种营销并向市场提供独特的服务产品以及相关的营销组合。

### （二）酒店市场细分的原则

#### 1. 可衡量性

可衡量性指细分市场的标准必须明确、清晰，每一个细分的子市场的规模和购买力能够可以衡量。

2. 可进入性

可进入性是从三方面考量的：一是细分市场是否值得进入；二是法律政策和道德等方面的限制是否允许进入；三是酒店的资源能否满足细分市场的需求。

3. 实效性

实效性是指细分市场的规模和可赢利性方面值得酒店将其作为目标市场。

4. 差异性

差异性是指酒店各细分市场之间的需求存在着明显的差异，这些差异既是酒店细分市场的依据，也是酒店的竞争优势。

5. 稳定性

稳定性是指酒店各细分市场在一段时间内要相对稳定。如果不稳定，就会加大酒店的经营成本，增加营销风险。

## （三）酒店市场细分的标准

酒店市场细分标准是建立在消费这需求差异的基础上的，酒店整体市场受到顾客的年龄、性别、收入、文化程度、地理环境以及心理因素等诸多因素的影响，不同的顾客通常会产生不同的购买需求与欲望，因而就有了不同顾客的不同购买习惯与购买行为。而最后形成各式各样的顾客需求。通常市场细分标准包括四类：地理标准、人口标准、心理标准及行为标准。

1. 地理标准

地理标准是按照消费者所在的地理位置和自然环境进行的市场细分，具体的细分变量包括国家、地区、地形、气候、城镇大小以及交通条件等。消费者在不同的地理环境中成长和长期生活，形成了不同的消费习惯，消费偏好还有心理上的消费意识和消费观念。同时，收入水平和消费的目的也不相同，这些不同变数的组合，就决定了不同的消费需求。比如亚洲的客人与来自欧美的客人在对酒店产品的要求上就产生了很多的差异。亚洲客人比较注重酒店的装饰和设施的精良与齐全，而欧洲客人则强调客房的整洁、卫生与舒适宜人等。

2. 人口标准

人口标准是指按照人口变量的因素进行市场细分。具体标准有消费者的年龄、性别、家庭规模、家庭生命周期、收入、职业、文化程度、宗教、民族、种族等。由于人口因素的差别比较容易衡量，它们与顾客的欲望，偏好以及对酒店产品使用频率的关系比较密切，因而是酒店细分市场的常用依据。

（1）年龄。

根据顾客人口特征中的年龄差别，酒店可以将自己的客源市场细分为老年人市场，成年人市场和青年人市场等。各个年龄阶段的顾客消费能力不同，对酒店产品的需求也有不同的偏好和方式。如老人入住酒店时喜欢选择靠近电梯的房间，比较注重浴室的防滑；而中年人则注重酒店的舒适度及酒店档次是否与身份匹配。

（2）家庭结构。

一个国家的家庭数目和每个家庭的平均人口多少，也是酒店市场细分的依据。如没有小孩的家庭出外旅游的可能性更大，消费额也更高，孩子 15 岁以后的家庭也更容易出外旅游消费。孩子的因素往往会影响全家对旅游目的地、旅游时间和活动内容和消费项目的选择。因此，像肯德基、麦当劳这样的餐饮店，就有意设置了儿童游戏器具，小玩具，儿童比赛活动来满足儿童的需求，通过吸引儿童而带动全家消费。因为在中国，独生子女是备受宠爱的。

（3）性别。

传统的酒店客房大多以针对男性客人而设计，而随着女性社会地位的提高，越来越多的酒店关注女性顾客的需求，表现在有些酒店开设女子客房。

（4）社会阶层和文化程度。

通常社会阶层和文化程度会影响人的经济收益，也会影响人的行为习惯。不同阶层和文化程度的顾客，对酒店的需求有着明显的差异。如学生对客房的要求是经济便捷，而企业家则追求舒适、高效以及与其地位的匹配程度。

（5）经济收入和支付能力。

消费者经济收入和支付能力的高低与酒店消费的层次、结构和水平之间存在着直接的联系，是引发酒店需求差异的一个直接而重要的因素。因此，掌握不同收入层次的消费特征和购买行为，对酒店细分市场有着重要意义。

**3. 心理标准**

心理标准相对前两个标准而言，比较难以辨别和操控，但毫无疑问，不同的消费者有着不同的消费心理。我们主要从生活方式和消费个性以及购买动机三个方面进行细分。

（1）生活方式。

生活方式是一个人对生活、工作、娱乐、消费的习惯安排，有的人喜欢传统、稳定，有的人喜欢新潮、冒险。一般而言，酒店可以根据生活方式将消费者分为紧跟潮流者、享乐主义者、因循守旧者。

（2）消费个性。

个性是指一个人比较稳定的心理倾向和心理特征，不同的个性对消费者的需求和购买动机会产生不同程度的影响。通常情况下，根据消费个性可将消费者划分为习惯型、理智型、冲动型、想象型、时髦型、节俭型几种类型。

（3）购买动机。

购买动机是指促使消费者购买的内在因素，购买动机可以分为求实动机、求名动机、求廉动机以及求新动机等。

**4. 行为标准**

行为标准是指按照消费者的购买行为进行的市场细分，主要包括消费目的、消费状况、购买方式、偏好程度以及追求的利益。

（1）消费目的。

按照消费目的进行酒店市场细分，是目前酒店广泛使用的一种市场细分方法。一般可分为公务型消费（包括商务客人、参加会议的客人以及其他出差人员）、观光度假性消费以及其他目的的消费。

（2）消费状况。

消费状况是指根据消费对酒店产品的使用状况不同来进行的市场细分，如将消费者分为初次住店客人、经常住店客人、潜在客人、非住店客人以及曾经的住店客人等。

（3）购买方式。

按购买方式进行细分，可以将酒店市场分为直接订房和中间商订房两类。直接订房包括直接抵店登记入住的客人和经过电话、传真、网络预订的客人。中间商订房是指不直接消费酒店产品而是代为购买并从中赢利的机构和组织，如旅行社、各类酒店预订组织等。

（4）偏好程度。

偏好程度是根据消费者对酒店的忠诚度进行的市场细分。一般可分为：极端偏好市场（只入住一个品牌的酒店）、中等程度偏好市场（偏好某几个酒店品牌）、偏好变动市场（消费者对酒店品牌的忠诚在不断发生改变）、无偏好市场（不偏好任何酒店品牌）。酒店应该培养消费者对品牌的忠诚度，促使消费者行程对本酒店品牌的极端偏好或中等偏好。

（5）追求的利益。

酒店产品消费在购买产品时，其目的不是为了得到产品本身，而是为了获得酒店产品所带给客人的利益。客人要求酒店提供的利益是多样化的，有的客人希望服务人员热情友好，有的希望酒店处于优越的地理位置，还有的则要求酒店提供良好的气氛。不同的客人要求得到的利益是不同的，酒店营销人员可以按照客人追求的利益将旅游消费者划分成不同的类型。可以按表3－2中列出的客人追求的不同利益来细分市场。

表3－2 按不同利益细分市场

| 有用性 | A核心利益 | B展现利益 | C附加利益 |
|---|---|---|---|
| 产品和服务上 | 食品饮料、客房游泳池、床等 | 酒店气氛、员工仪容表等 | 服务人员的热情介绍、酒店宣传画、幻灯等 |
| 地点效用上 | 方便、易使用、易预订和购买 | 接近商业中心或风景名胜地区 | 随叫随到的服务 |
| 时间效用上 | 方便客人的经营时间等 | 节省时间，如登记及离店等时间 | 做到随时保证服务 |
| 心理上 | 给予良好的感觉、尊重、协调及私人服务 | 通过良好的气氛使客人过得舒服、愉快 | 减少心理上的不协调 |
| 费用上 | 价格合理，能适当给予优惠 | 价值与价格的关系恰当 | 减少经济风险 |

## （四）酒店市场细分的程序

在确定市场细分的依据标准后，就要按照这个标准面对复杂的大市场进行划分，酒店经营者要依据上述标准，对整个酒店市场进行划分，分析和评估，进而确定自己的目标市场。

美国市场营销专家麦卡提出市场细分的七个步骤，具体程序如下：

（1）选定酒店产品市场范围。

进入酒店市场首先要确定本酒店产品的市场范围，本酒店的资源能力和生产特点，是属于哪一种档次，确定了经营的大方向。

（2）列出这一市场范围内现有和潜在的消费者的全部需求。

市场范围确定之后，酒店可按从地理差别，人口特征，消费目标和消费层次等各个因素，大致列举出这一范围的现在和潜在的全部需求。

（3）分析潜在顾客的不同需求。

将不同类型的，具有鲜明特点的顾客潜在需求，进行归纳，分析找出可能存在的适合本酒店的新的细分市场。

（4）找出潜在顾客的共同需求。

潜在顾客的共同需求，在粗略划分市场时，是一种参考，但在市场细分时不能作为标准，应予排除，酒店需要的是它们差别，应该选择一些具有鲜明特征的需求作为市场细分的标准。

（5）划分相应的市场群。

具有明显的需求差异的几个顾客群，就是可能存在的细分市场，按照它们的主要特征，予以定名。

（6）分析这些已明确的各个细分市场的具体情况。

（7）评估各个细分市场的规模和容量，如需求量的多少，顾客群的人数，它们稳定性，预期利润率多少等，剔除那些没有前景的细分市场。

## 二、酒店目标市场的选择

酒店市场细分以后，接下来需要对各个细分市场进行评估，决定哪些细分市场可以作为酒店的目标市场。

### （一）酒店的目标市场的含义

目标市场是酒店在市场细分的基础上，酒店所要进入的一个或几个子市场，即酒店的主要营销对象是某一类似的消费者群体，酒店的主要经营任务是满足这一群体的消费需求。

确定目标市场，就是要分析从各个细分市场获取利润的潜力。一般酒店在选择目标市场时，会从三个因素考察细分市场：细分市场的规模和发展潜力、细分市场的结构性吸引力以及酒店的目标和资源用于的情况。

### （二）目标市场的选择模式

酒店在选择目标市场时，有五种可供考虑的市场模式。

**1. 市场集中化（见图3-6）**

| | M1 | M2 | M3 | M4 |
|---|---|---|---|---|
| P1 | ■ | | | |
| P2 | | | | |
| P3 | | | | |
| P4 | | | | |

**图3-6　市场集中化**

市场集中化是指企业只选取一个细分市场，只提供一种类型的产品，只满足一个顾客群的需求，这是一种最简单的目标市场模式。许多的小酒店，由于自己的规模和资源有限，往往采用这种模式。单一市场模式使得酒店的经营对象单一化，这样，酒店就可以集中一切的力量，在一个细分市场上获得较高的市场占有率。此时，该酒店只选定了一个目标市场。

2. 产品专业化（见图3－7）

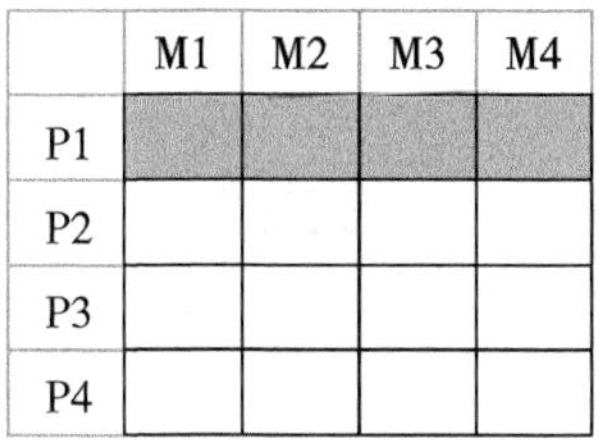


图3－7　产品专业化

产品专业化是指酒店集中提供一种类型的产品，并向不同类型的市场进行销售。其优点是酒店市场面扩大了，有可能摆脱对个别细分市场的依赖，减少经营风险。其局限性为当酒店产品过时了，可能引发销售量大幅下降。

3. 市场专业化（见图3－8）

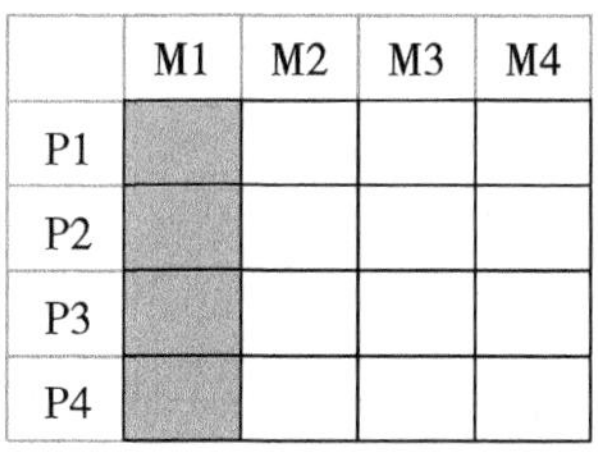


图3－8　市场专业化

即顾客专门化，即酒店只为一类顾客提供服务，满足这类顾客的全部需求，有点是可以建立酒店与这群顾客之间良好的关系，降低成本，缺点为当这类顾客由于某种原因需求下降时，企业收益也会大幅下降，因此，市场专业化模式的风险是不确定的。

4. 选择专业化（见图3－9）

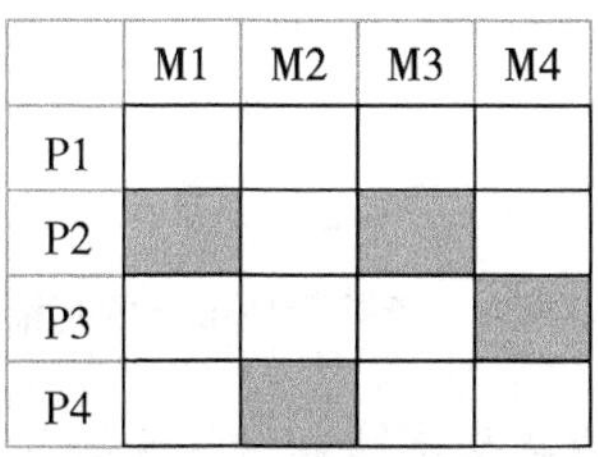


图3－9　选择专业化

选择专业化是指酒店在对市场进行详细的细分的基础，有计划地选择并进入几个不同的细分市场。对不同的顾客群提供不同性能的服务。其优点是可以有效地分散经营风险，即使某个细分市场赢利不佳，酒店仍可以从其细分市场取得赢利。选择专业化模式的酒店应具有较强的资源和营销实力。

5. **市场全面化（见图 3－10）**

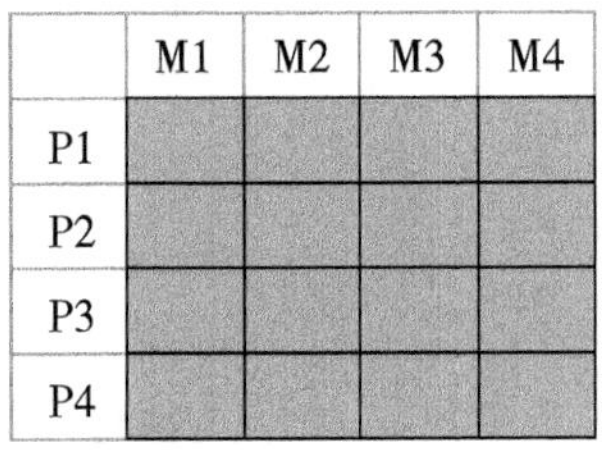


**图 3－10　市场全面化**

对于那些资金雄厚，实力强大的酒店，有能力对所有的细分市场同时经营，提供多种产品服务，几乎可以满足所有顾客种不同的需求。这是大饭店为在市场上占据领导地位而采取的策略。

## （三）目标市场的营销策略

酒店常用的市场营销战略有以下三种。

1. **无差异性市场营销策略**

无差异营销是指酒店将整个市场视为一个同质的目标市场，也不用去进行市场细分，酒店只是以一种产品或服务吸引整个市场。无差异营销策略的优点是，它降低了酒店的经营成本和营销成本以及产品管理费用，其缺点是由于只提供一种产品和服务，使酒店忽略了市场需求的差异，对市场需求变化的反应程度极为迟钝，酒店的市场反应能力也变得很差。（见图 3－11）

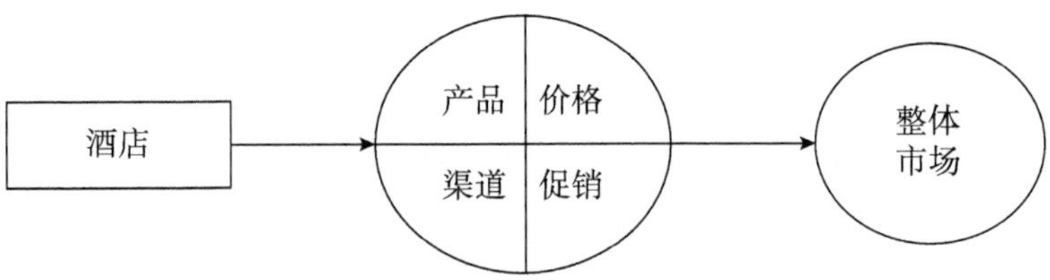


**图 3－11　无差异性市场营销策略**

对大多数酒店来说，这种策略是不适用的。无差别营销策略主要适用于下列特点的酒店：

（1）同质市场，即市场需求差异小得可以忽略不计的市场。

（2）新产品介绍期。

（3）需求大于供给的卖方市场。

**2. 差异性市场营销策略**

差异性营销策略是酒店选择几个细分市场作为自己的目标市场，并为每个细分市场确定一种营销组合。各种营销组合在产品、价格、促销方法和销售渠道等方面都有所区别。

差异性营销策略的优点是，能够吸引多个细分市场，满足几类顾客的需求，不仅提高了产品的针对性，增强了酒店适应能力，同时增强了酒店的抗风险能力，深化了酒店在消费者心目中的形象，使消费者对酒店“忠诚”，增加重复购买数量和次数，提高酒店在目标市场的竞争力。因而，在市场竞争激烈酒店实力强时，或是在竞争对手采用差异营销策略时，酒店采用差异营销策略才有效。

但是，这种策略也有缺点。采用这种策略，势必增加酒店营销组合数，使组合过于复杂。例如客户标准过多，过于复杂，餐厅菜肴品种过于复杂，会增大生产、管理、促销诸多方面的费用支出。因此，酒店经营人员应避免将市场划分为过多细分市场，提供过多不同的产品，而应设法增加每一种产品的销售量，使较少品种的产品适应较大范围的消费者的需要。在酒店实力不强，竞争不太激烈时，应避免采用差别营销策略。(见图 3－12)

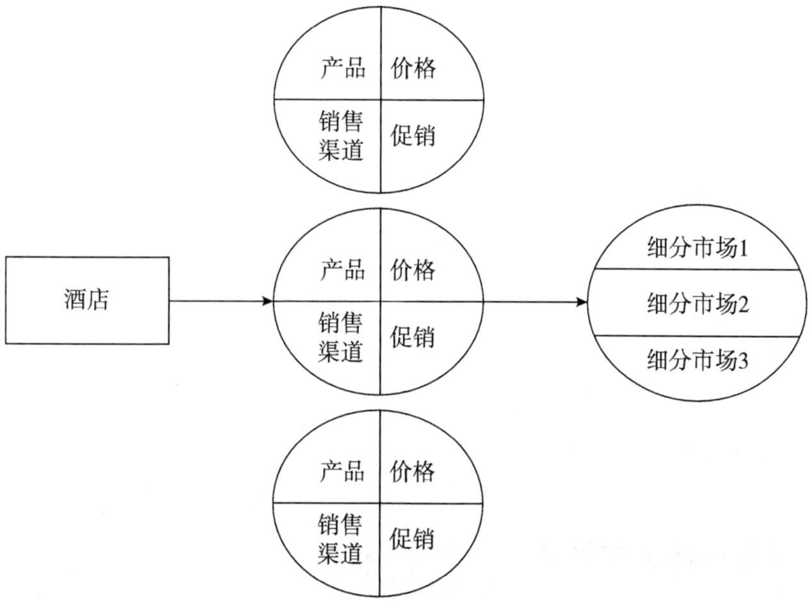


**图 3－12 差别营销策略**

差异营销策略的出发点是：消费者的需求是有极大差异的，酒店应提供多品种的商品和服务以分别满足不同目标市场客人的需求。差异营销策略适用于：

（1）规模大、资源雄厚的酒店或酒店集团。

（2）竞争激烈的市场。

（3）产品成熟阶段。

**3. 集中营销策略**

集中性营销策略是指酒店只选择一个细分市场作为目标市场，集中酒店的优势资源，采用一种营销组合对其开展营销活动。

集中营销策略的优点是，首先有助于经营项目专业化，由于酒店的全部营销活动都集中于某一细分市场，营销人员就能仔细地分析和研究消费者的特征和需要，然后再使本酒店的产品和营销组合满足这一消费者群的需求；其次，有利于酒店提高资源的利用效率；最后，还有利于酒店在目标市场上建立扎实的基础。

其缺点是酒店将资源集中于某一细分市场，因此酒店所冒的风险较大，如果目标市场的需求下降，酒店的营业收入和利润也就必然随之下降。此外，如果酒店在某一细分市场上已确立了自己的地位，就很难改变市场形象，去吸引别的细分市场。为此，营销人员在采用这种策略时应特别小心谨慎，尤其是不能犯“多数的谬误”的错误。所谓“多数的谬误”是指从表面上看市场潜力相当大，但由于经营这一市场的竞争者也多，结果，每个经营者最终所分到的利益却很少。这就是典型的“多数的谬误”。（见图 3－13）

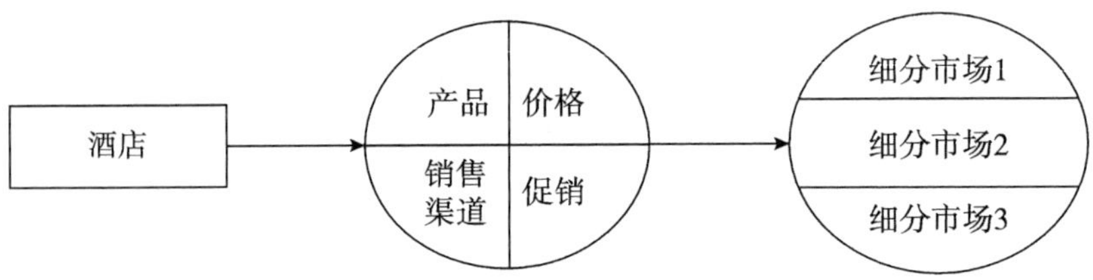


**图 3－13　集中营销策略**

集中营销策略的出发点是希望在较小的市场中占有较大的市场份额。它适用于：

（1）资源并不多的中小型酒店。

（2）竞争比较激烈的市场。

## 三、酒店市场定位策略

酒店选取定目标市场后，如何在目标市场中树立自身形象、突出与竞争者的差异，吸引消费者的注意力，即如何对目标市场进行定位就成为酒店营销活动的重要环节。

## （一）酒店市场定位的含义

酒店市场定位是指酒店对目标市场的需求和行为特征进行调查分析，根据消费者对酒店产品某一属性或特征的重视程度，为产品设计和塑造一定的个性或形象，并通过一系列营销手段把这种个性或形象有力地传递给消费者，从而适当地确定该产品在市场上的竞争地位。

酒店市场定位的概念具有以下三层含义：

（1）酒店市场定位是一个过程，那就是，树立形象和传递形象的过程。对于一个酒店市场的新进入者来说，如何在众多的老酒店的竞争中，站稳脚跟获得生存、发展的机会，依赖于新的酒店能否在最短时间内，争取到自己的消费者，让自己的酒店形象进入消费者的心目中。所有的这一系列的动态活动就构成了市场定位的主体内容。

（2）市场定位的基础在于消费者对酒店差别特性的重视程度，新兴的酒店总是将其产品的差异性视为其市场定位的依据。

（3）酒店市场定位的最终目的在于酒店要占领市场，通过树立鲜明的酒店形象来赢得自己的消费者。

## （二）市场定位的重要意义

（1）市场定位有利于建立酒店及其产品的市场特色，吸引顾客，扩大销售，形成竞争优势。它是酒店参与现代市场竞争吸引顾客的有力武器。

（2）定位策略是酒店制订市场营销策略的基础。酒店的市场营销策略是受市场定位策略的制约的，今后一系列具体的营销工作也是围绕市场定位这个核心来进行的。

（3）市场定位准确与否决定酒店今后的前景。市场定位是酒店整体市场营销中的一个关键环节，也是实际进入市场前的第一步。这个“定位”是否科学，是否准确在很大程度上决定了这个酒店的发展前景。

## （三）酒店市场定位的方法

酒店市场定位包括的内容很多，主要有产品定位、形象定位、产品价格定位、消费群体定位、服务标准定位、销售渠道定位。

### 1. 产品定位

产品定位是酒店根据其本身特征，确定它在市场上的位置，构成酒店产品内在特色的许多因素都可以作为市场定位所依据的原则。具体可以从以下四个方面对酒店产品进行分析。

（1）酒店规模。

酒店规模大小是以其拥有的客房数量来衡量的。按酒店客房数，可以将酒店分成大型、中型和小型三类。大型酒店的客房数多达2000间，而小型酒店的客房数少至几十间。我国大多数酒店属中型酒店，客房数在300间左右。

（2）酒店服务水准。

确定酒店服务质量标准是酒店营销人员及经营人员的重要决策之一，有关酒店服务质量标准的确定将在“酒店服务定位”中论述。

（3）酒店地理位置。

按照酒店地理位置，可以分成城市中心酒店、机场酒店、市郊酒店和风景区酒店。这四种类型的酒店的经营管理方式有一定差异，它们各自的客源市场也不相同，但它们都各自有自己的经营重点和主要的目标市场。例如，城市中心酒店有优越的地理位置，主要客源市场是商务旅游者，同时也吸引团体旅游者，零散客人及小型会议。而机场酒店一般位于机场附近，主要客源市场有商人、短时间停留的飞机乘客、因航班取消而推迟离开的客人、航班机组人员等。许多机场酒店除了为客人提供客房、餐饮、宴会、陪同等服务外，还提供室内娱乐设施。

（4）酒店集团。

世界上的酒店集团主要有两种：一种是独立性的酒店集团，另一种是连锁经营的酒店集团。独立性的酒店集团是指虽然各成员酒店都属于某一集团，但各成员彼此独立，自主经营、自负盈亏，经营不受集团的影响。而酒店连锁经营是指每个成员酒店通过授权协议或管理公司合同来经营管理酒店。

总之，酒店营销通过以上四个方面的分析，就能较全面地了解酒店产品，并能确定其产品的长处或短处，从而明确本酒店的产品定位。

**2. 形象定位**

形象定位是指酒店以何种形象面对目标市场，为消费者提供何种产品和服务，酒店的档次、星级如何。这里所说的酒店形象是酒店外观，包括建筑外观、酒店的名称、酒店标志、标准字体、标准色。所有这些视觉因素，直接影响人们酒店形象的看法。具体而言有以下几方面：

（1）建筑外观。

酒店建筑外观就是指其整个建筑的形状、式样、外部装修，这是消费者对酒店最初的视觉接触点。建筑本身就是一种艺术，它不仅体现出风格，而且影响到观赏者的心理。

（2）酒店或餐厅名称及标志。

酒店、餐厅的名称起得合适，是很吸引消费者的。酒店的名称应体现酒店经营宗旨，也有助于酒店形象的塑造。酒店名称要真实，不必哗众取宠，虚张声势。酒店标志是用特定而明确的图案、造型、文字、色彩来表示其从事的生产、经营或服务活动的符号，它不仅对酒店有指示性的作用，而且也包括了酒店的经营理念、内涵性质等。酒店的标志，要通过造型单纯、图文明确、设计完善、标准统一的视觉组合，将酒店的理念，服务态度等因素，传达给消费者，树立良好形象。

**3. 价格定位**

价格是酒店营销组合中最为敏感的一个因素。营销人员如何制订酒店价格，是定高价以吸收少数客人，还是定低价以吸引大多数客人，这是酒店价格管理中需要解决的实际问题之一。

国际旅游业通过大量调查发现，闲暇观光旅游者的需求价格弹性较大，可采取折扣低价策略，而商务旅行者对价格不敏感，需求的价格弹性大，采取低价对增加销售量没有很大刺激，因此可采取高价策略。

**4. 消费群体定位**

消费群体定位是指酒店以何种类型的消费者群体作自己的目标市场。消费群体按旅游目的的划分可分为残疾公务和会议群体、观光旅游群体、休闲娱乐群体、探亲访友群体四大类。如果按人数分还可将消费群体分为团体和零散两类。团体消费者又可进一步分为旅游团体、协会会议团体、公司会议团体等；零散客又可进一步分为单身旅客、夫妇、家庭旅客等。

通常，酒店不会只选择某一类消费群体为目标市场，而是根据其实际情况选择几类消费群体作为自己提供产品和服务的对象。

**5. 服务标准定位**

服务标准定位即酒店以何种服务标准为消费者提供产品和服务。

酒店有前厅服务、客房服务、餐厅、酒吧服务及商务中心服务等众多服务项目，每种服务项目需采用什么标准，是与酒店各细分市场的市场定位息息相关的。

**6. 销售渠道定位**

销售渠道定位是指即通过何种销售渠道将酒店的产品和服务传递给消费者。酒店的销售渠道可分成两种类型：一种是直接销售渠道，即产品直接从酒店销售给消费者；另一种是间接销售渠道，即酒店的产品经过中间商转移到顾客手中。酒店常利用的销售渠道成员有代理商、旅行社、旅游批发商、联营组织、旅游协会、旅游信息中心、航空公司等。面对众多的销售渠道成员，酒店应设计一套选择标准，包括渠道成员获利情况、渠道成员经营情、是否销售补充产品、所吸引的客源市场情况、是否为酒店做宣传、是否同时也推销竞争产品、声誉情况、是否及时付款、是否雇用别的销售人员、是否提供酒店所要求的服务、经营管理制度如何、是属于容易满足型还是唯利是图型等。

通过对渠道成员的选择、评估，酒店确定其所要使用的渠道成员，从而形成理想的销售渠道结构。

### (四) 酒店市场定位战略

市场定位战略是指酒店面对目标市场中多种的竞争对手时，如何去组合自己的产品和服务，实现自己的竞争优势。一般来说有以下几种：

**1. 市场领导者战略**

市场领导者战略就是指酒店在目标市场之中始终保持第一位的优势，无论在产品的质量、规格以及服务上都要先声夺人，始终以领袖的地位引导着这一市场的消费需求的发展方向。作为一家酒店，应该从以下几个方面做出努力：①扩大这个市场的总需求，寻找新的顾客；②保护现有的市场份额，通过扩大经营范围来实现；③继续提高自己酒店的市场占有率，提高酒店的接待客人的次数。采取这种策略的酒店应该拥有雄厚的资金，丰富的营销经验。

**2. 市场挑战者战略**

又叫“针锋相对”式定位，是向原有的市场领导酒店面对面挑战。就是把自己的酒店产品特色定位在与这个市场之中最强大竞争对手的产品相似的一个位置上，与竞争对手去争夺一个细分市场，很显然，市场挑战战略有时候是一种比较危险的战略，但是也有不少的酒店认为这是一种可以更好的激励自己奋进的可行的定位尝试。采用这种策略的酒店，一旦在市场上取得成功，便会取得很大的市场优势。但是同时，这又对酒店自己的能力有着很多的要求，比如，要求本酒店可以生产出比竞争对手更好的产品；比竞争对手有更好的实力与资源；这个位置要与本酒店的声誉与实力相符。

**3. 避强战略**

就是酒店避免与竞争对手直接进行对抗，而是着手去寻找新的，未被占领的，并为许多顾客所重视的市场位置。酒店采用这种战略的优点在于，酒店可以迅速的在市场上站稳脚跟，并可以花费比较小的代价在顾客的心目中树立比较好的形象。由于这种市场战略的风险比较小，成功率比较高，所以常为许多酒店所采用。

当酒店本身资源不足，营销力量较小，无力与强大对手挑战时，可采取这种策略。

**4. 开辟新路战略**

当酒店既没有力量与强大的竞争对手进行挑战，同时也没有找到适合自己的市场空缺时，只有开辟自己的一条新路。此时，酒店应该突出宣传自己与众不同的特色，和在某些方面取得的领先地位，这样，就会使得酒店在强手如林的竞争中获得相对的竞争优势，为酒店的发展另开辟了一条新路。

**5. 重新定位战略**

这是酒店改变市场对其原有的印象，使目标顾客对其建立新认识的过程。通常是在初次定位效果欠佳，市场反应冷淡时进行。即使酒店初次定位恰当，但一旦遇到竞争对手定位于本饭店附近，侵占了本酒店的部分市场；或顾客需求发生变化，转移到竞争对手方面时，也不得不考虑重新定位。

此时，表明原有的市场定位已经失效或者过时，为了改变困境，寻求出路，必须再次选择目标市场，重新定位。

## 第八节　市场营销组合战略

### 一、酒店营销组合概述

#### (一) 酒店营销组合概念

1964 年，美国哈佛大学鲍敦教授首先提出了市场营销组合概念，而美国教授麦卡锡将各种营销因素归纳为基于产品、价格、渠道和促销的“4P”理论。市场营销组合体现了现代市场营销观念的整体营销思想，为市场营销注入了“管理导向”。

酒店营销组合是指酒店的综合营销方案，即酒店为增强竞争力，针对目标市场的需要，综合自己可控制的各种营销因素（主要是 4P 因素），进行优化组合，以满足酒店目标市场的需要和保证酒店的营销目标顺利实现。

#### (二) 酒店营销组合构成

根据传统的“4P”理论，可以将酒店可控制的营销组合要素概括为：酒店产品、酒店价格、酒店销售渠道以及酒店促销，具体内容为：

**1. 酒店产品要素**

酒店产品要素是指酒店针对酒店目标市场，制订营销计划时所考虑的与酒店产品有关的可控制因素，它包括酒店产品满足酒店者利益的程度、酒店产品设计的合理性、酒店产品的功能与特色、酒店产品的品牌信誉、酒店服务使顾客满意的程度、酒店售后服务、酒店产品质量保证等方面的内容。制订酒店产品策略时，需重点考虑酒店消费者需求、对酒店整体利润及稳定性的贡献及竞争态势。

**2. 酒店价格要素**

酒店价格要素指酒店针对酒店目标市场，制订具有竞争力的价格策略时可控制的相关因素，它包括酒店产品的生产成本、酒店产品的营销与管理费用、反弹产品的定价政策、折扣价格、付款期限、信贷条件等方面的内容。一方面，酒店价格策略的制订必须符合酒店的目标，同时，还要符合顾客的承受能力，有利于刺激和吸引酒店消费者的购买；另一方面，还要考虑目标市场的竞争状况，以避免引起激烈的价格竞争。

**3. 酒店分销要素**

酒店分销要素指酒店产品通过有效的途径从生产者转移到消费者手中的相关因素，他包括酒店的批发商、经销商、零售商、销售网络、销售范围等方面的内容。酒店分销政策的目标是监理高效的分销系统。

**4. 酒店促销要素**

酒店促销要素指酒店为实现酒店产品向酒店消费者的转移，扩大销售量和提高市场占有率所采取的各种促进销售活动的相关因素，它包括广告信息、人员推销、营业推广、公共关系等方面的内容。酒店促销要注意赠品、手册、展销等传统促销工具与高科技促销手段的综合运用。

## 二、酒店营销组合的特点

**1. 可控性**

酒店根据目标市场的需要，决定自己的产品和服务结构、制订产品和服务价格、选择分销渠道（地点）和促销方法等，企业对这些市场营销手段的运用和搭配有自主权。但由于酒店的营销活动受酒店自身资源、酒店既定目标以及各种宏观和微观环境因素的影响，这是制约因素使得酒店对营销手段的自主权只能是相对的。因此，市场营销人员的任务就是安排适当的市场营销组合，使之与“不可控的市场环境因素”相适应，在动态的环境中生存与发展。

**2. 整体性**

酒店营销组合是酒店把自己可控的各种营销要素整合配置。整个组合是有一个或几个因素构成，甚至每个因素又是由更多具体的要素组成，这些要素不是单独发挥作用，而是相互搭配，以求最佳的营销组合，因此，整体性是营销因素组合的特点之一。

3. 动态性

由于市场瞬息万变，营销组合中的每个因素也处于动态变化之中，并且它们之间是相互影响和相互制约的，每个因素的变化都可能会引起整个系统的相应变化。因此，酒店市场营销组合也是在动态中运动和发展的。

## 三、酒店营销组合运用的原则

酒店营销组合要达到组合效果，运用时要遵循以下原则：

### （一）目标性原则

酒店营销组合首先要有目标性，即确定酒店营销组合时，要有明确的酒店目标市场，同时要求组合中各种因素都围绕这个目标市场进行最优组合。

### （二）协调性原则

协调性原则是指酒店营销组合中的各个因素要有机的联系和协调组合起来，以达到最佳的优化组合状态，为实现整体营销目标服务。要充分运用各因素的相互关联作用，如将售价较高的酒店产品与耗资巨大的广告进行组合，就可以用较高的酒店产品销售收入来弥补广告的巨额支出。

### （三）经济性原则

经济性原则主要是考虑酒店市场营销组合中的各要素对销售的促进作用，如广告费用对销售的影响，当广告费用增加时，对销售影响不大；当广告费用增加到某一点后，销售量增长较快；当广告费用增长到更高的某一点后，销售量趋于常数。因此，要发挥广告宣传对销售量的杠杆作用，在营销组合中应该考虑销售量和广告费用的关系。在能使销售量增长较快的这一阶段应采用增加广告费用的组合，若销售量趋于常数，增加广告费用的效果甚微，则应考虑其他因素对销售量的影响作用。

### （四）反馈性原则

酒店营销环境是不断变化的，市场营销组合也要随之不断进行调整，这就要求信息反馈及时，反馈效果好，酒店就可随营销环境的变化，及时重新对原市场营销组合进行分析和调整，进而确定新的适应市场和消费者需求的营销组合模式。

## 四、市场营销组合理论

随着酒店业的迅速发展，酒店产品的营销理论也在不断发展成熟。在此过程中，众多营销专家对市场营销组合的因素都有自己的见地。如美国著名的市场学家考夫曼将营销因素概括为六个“P”：人、产品、价格、促销、实施和组合。而美国康奈尔大学教授雷诺汉把市场营销组合归纳为产品与服务、表象和信息传递三个方面的组合。也有学者提出营销组合七因素理论，即服务产品、定价、渠道、促销、人员、有形展示和过程。

### 1. 服务产品

酒店产品是一种典型的服务产品。因此，在营销时必须考虑提供服务的范围、服务质量、服务水平、品牌、保证以及售后服务等。酒店产品的这些因素组合的差异相当大，例如，同样一盘清炒芥菜，大排档和五星酒店所提供的产品在这些方面就存在着显著差异。

### 2. 定价

价格方面要考虑的因素包括：价格水平、折让和佣金、付款方式、信用等。在区别酒店产品时，价格是一种识别信号，顾客可以从单项服务的价格中感受到其价值的高低，而价格与质量间的相互关系，也是旅游服务定价的重要参考因素。

### 3. 渠道

酒店所处位置极其地缘的便利性是影响酒店营销效益的重要因素。地缘的便利性不仅指实体意义上的便利，还包括传导和接触的方便程度。所以分销渠道的类型极其涵盖的地区范围都与服务便利性密切相关。

### 4. 促销

酒店产品促销是指营销人员将酒店产品的有关信息、知识，通过各种宣传、吸引和劝导等方式船体给目标顾客，以促进其了解、认同、信赖，并达到刺激需求、促成购买、扩大销售目的的一系列活动。它包括：广告、人员推销、营业推广以及公共关系。促销对象不仅限于顾客，也可以被用来激励员工和刺激中间商。酒店促销的目的在于通过沟通、说服和提醒等方式，以增加酒店产品的销售。具体讲其主要目标就是：

（1）形象认知：即建立对酒店及酒店所提供的产品和服务的认识及兴趣。

（2）竞争差异：即能够使酒店及其所提供的服务内容与竞争者产生差异。

（3）利益展示：即沟通并描述本企业服务产品带来的各种利益。

（4）信誉维持：即建立并维持酒店的整体形象和信誉。

（5）说服购买：即说服顾客选择或者使用某项服务或者产品。

通过实现这些目标，使目标顾客深信本企业的产品是他们真正需要的，是他们可以放心购买的产品、促使他们增加购买。

### 5. 人员

酒店是服务性很强的企业，产品的质量取决于服务人员服务水平的高低。因此，所有员工的业务能力、服务态度和敬业精神、精神面貌等都会影响酒店产品的质量，进而影响酒店的形象和声誉。如果酒店注重员工，加强对员工的培训，其竞争力会大大提高。

### 6. 有形展示

有形展示会影响顾客对酒店的评价。它主要包含：实体环境（如装潢、颜色、陈设、声音等）；提供服务时所需用的装备实体（如旅游汽车租赁公司的汽车）；其他是实体性信息标志（如航空公司所使用的标识、酒店干洗部将比好的衣服加上“包装”等）。

酒店产品具有无形性的特点，这给其展示带来困难。客人在选择时无法看到产品形状、质量及性能，购买时就很难做出决策。因此，就需要通过有形产品的展示来帮助客人判断。

### 7. 过程

酒店产品最终要通过人员的服务传递给顾客。这一过程是酒店销售产品的过程，也是酒店验证选择决策，消费产品的过程。在此过程中，人员的行为与服务的传递过程同样重要。例如服务过程中出现异常，就很可能会造成顾客的不满，甚至停止消费。所以，这一过程是酒店展示产品的关键环节，要特别重视这一过程中的每一个细节问题，一面因小失大，得不偿失。

## ◆复习题

1. 商务销售的基本程序与关键问题是什么？
2. 长包房销售的程序与基本规范是什么？
3. 酒店大客户关系维护方法与技巧有哪些？

## ◆实训题

以小组形式设计一个酒店商务客户的答谢联谊会方案。

教师观测点：客户联谊方案的撰写内容、方法与技巧，包括活动主题、基调、时间、地点、规模、流程、迎送、场地布置、预算、分工等。

◆拓展题

对实习酒店进行有关长包房销售的调研，对其长包房的销售现状进行评析并提出建设性的意见。

阅读材料

## 万豪酒店的目标市场策略

万豪酒店（Marriott）是与希尔顿、香格里拉等齐名的酒店巨子之一，总部位于美国。现在，其业务已经遍及世界各地。

八仙过海，各显神通，不同的企业有不同的成功之道。就酒店业而言，上述企业在品牌及市场细分上就各有特色：希尔顿、香格里拉等这样单一品牌公司通常将内部质量和服务标准延伸到许多细分市场上；而万豪则偏向于使用多品牌策略来满足不同细分市场的需求，人们（尤其是美国人）熟知的万豪旗下的品牌有“万怡旅馆（Courtyard Inn）”、“丽思卡尔顿（Ritz - Carlton）”等。

在美国，许多市场营销专业的学生最熟悉的市场细分案例之一就是“万豪酒店”。这家著名的酒店针对不同的细分市场成功推出了一系列品牌：Fairfield（费尔菲尔德），Courtyard（万怡）、Marriott（万豪）以及Marriott Marquis（万豪伯爵）等。在早期，Fairfield（费尔菲尔德）是服务于销售人员的，Courtyard（万怡）是服务于销售经理的，Marriott（万豪）是为业务经理准备的，Marriott Marquis（万豪伯爵）则是为公司高级经理人员提供的。后来，万豪酒店对市场进行了进一步的细分，推出了更多的旅馆品牌。

在市场细分这一营销行为上，万豪可以被称为超级细分专家。在原有的四个品牌都在各自的细分市场上成为主导品牌之后，万豪又开发了一些新的品牌。在高端市场上，Ritz - Carlton（丽思卡尔顿）酒店为高档次的顾客提供服务方面赢得了很高的赞誉并备受赞赏；Renaissance（万丽）作为间接商务和休闲品牌与Marriott（万豪）在价格上基本相同，但它面对的是不同消费心态的顾客群体——Marriott（万豪）吸引的是已经成家立业的人士，而万丽的目标顾客则是那些职业年轻人；在低端酒店市场上，万豪酒店由Fairfield Inn（费尔菲尔德客栈）衍生出Fairfield Suite（费尔菲尔德套房），从而丰富了自己的产品线；位于高端和低端之间的酒店品牌是Towne Place Suites（城镇套房）、Courtyard（万怡）和Residence Inn（居民客栈）等，它们分别代表着不同的价格水准，并在各自的娱乐和风格上有效进行了区分。

伴随着市场细分的持续进行，万豪又推出了 Springhill Suites（斯普林希尔套房）——比 Fairfield Inn（费尔菲尔德客栈）的档次稍高一点，主要面对一晚 75 ~ 95 美元的顾客市场。为了获取较高的价格和收益，酒店使 Fairfield Suite（费尔菲尔德套房）品牌逐步向 Springhill（斯普林希尔套房）品牌转化。

万豪一直致力于寻找其不同品牌间的空白地带。如果调查显示某细分市场上有足够的目标顾客需要一些新的产品或服务特色，那么万豪就会将产品或服务进行提升以满足顾客新的需求；如果调查表明在某一细分目标顾客群中，许多人对一系列不同的特性有需求，万豪将会把这些人作为一个新的顾客群并开发出一个新的品牌。

［简要评析］

现在，酒店服务业也像消费品行业一样正发生着剧烈的变化。作为酒店经营者，您必须经常问自己：我是准备在竞争中提升产品或服务以保护自己的市场，还是准备为新的细分市场开发新的产品？说到底，万豪的策略就是营销上的 STP 战略，即市场细分（Segmentation）、选择（Targeting）和定位（Positioning）战略。在产品和服务严重同质化的今天，在大家为同一块市场拼得头破血流的时候，我们是否应该从战略高度来考虑突破和创新呢？但愿万豪酒店的案例能给我们带来一定的启发。

# 第四章　会议和宴会销售

## 学习要求

**必须掌握节点**

- 会议与宴会销售处的工作任务
- 会议与宴会销售处的岗位设置与职责
- 会议与宴会销售处工作的程序与关键
- 酒店会议与宴会销售方案制订

**知识拓展节点**

- 宴会营销的策划

## 热身案例

### 中国酒店业拿到会议市场的23%

中国的酒店会议收入占总收入的比例平均值为23%，随着中国经济的快速发展，中国举办国际会议的数量在全球排13位，从势头看，中国举办国际会议的数量呈上升趋势，北京、上海均取得世界城市目的地酒店与城市世界会议目的地好名次，中国的会展业逐步成为了全球会展业的宠儿，中国酒店业作为会展业的支撑体系，会议酒店的发展势头强劲，甚至一些商务酒店不惜转型，纷纷扩大酒店会议功能，获取市场前端经济价值。

据统计，在中国会议市场中，政府的会议占25%，企业的会议占20%，接待会议的平均人数为90.79人，会议的平均会期是1.99天，四五星级酒店会议市场明显比二三星级好很多；全球的会议产业每年也在以10%的速度递增。会议对酒店来说，是能产生较大经济效益“一举多得”的辐射性产品，与会者除参加会议外，在客房、餐饮方面均有需求，甚至对酒店的其他服务设施都有要求，如酒店是否适合旅游度假、是否有温泉、是否有更加广泛的娱乐设施等，酒店能达到的服务项目越多，会议产生的利润空间也就越大。在中国会议市场，夏季的会议业务相对薄弱，多为淡季；商务酒店冬季的会议业务相对较多，大型集团企业、政府会议，大多选在年底或年初举办，不同的会议，对酒店的会议服务要求各不相同，会议对酒店来说，既是机遇又是挑战。

**思考题**

酒店为何如此重视加强其会议功能建设？

**◆必须掌握节点**

## 第一节　会议与宴会销售处的工作任务

随着我国经济水平的提高，经济、文化、政治、科技的交流，会议与宴会成为一种重要的社会交际形式。因此，对于酒店来说，会议与宴会市场给酒店带来了非常重要的客源和利润来源，也成为酒店市场营销的一项重要工作。在一些大型酒店专门设置了会议与宴会销售处，专门负责各种会议、宴会客户的销售、组织和策划工作。

### 一、制订会议与宴会销售计划并组织实施销售计划

会议与宴会的销售是会议与宴会处的重要工作内容之一，绝不能毫无计划随随便便去做。

（1）负责进行酒店会议、宴会销售市场调研，通过调研确定酒店竞争对手和其他酒店的销售情况。

（2）根据酒店年度销售计划和酒店会议、宴会市场调研结果，制订酒店年度销售计划和目标。

（3）分解年度销售计划，并将分解任务落实到每个销售人员。

### 二、进行会议、宴会会间服务工作

（1）及时检查会前的准备工作，与相关部门人员进行协调，及时处理会中的紧急需求，保证会议、宴会的正常进行以保证客户的会议、宴会活动顺利进行。

（2）根据客户提出的意见和建议，及时改进会议、宴会服务，使客户对服务感到满意，为酒店赢得好口碑。

## 三、客户服务管理

（1）建立客户档案，并及时更新客户档案信息，以便全面掌握客户对会议、宴会的新需求。

（2）销售人员要定期电话回访或走访各类客户，时刻关注他们他们新需求，并将酒店促销信息告知客户。

（3）跟进客户的会议、宴会需求消费活动，会后组织各种形式的留念活动。

（4）及时征求客户对酒店服务的意见，并跟进这些意见提出服务改进意见。

## 四、协助相关部门完成工作

（1）协助酒店财务部做好客户资信调查，账款结算工作。

（2）催收客户所欠账款。

（3）账款催收成功后，要及时向财务部报账。

（4）协助财务部监督酒店会议、宴会销售费用的使用情况。

## 五、其他相关工作

积极完善酒店的会议、宴会销售工作制度、规范和程序，并实施。

# 第二节　会议与宴会销售处的岗位设置与职责

在一些大型的酒店，会议、宴会服务已经占了酒店收入中一个非常重要的部分。因此，大型酒店往往成立了专门的会议与宴会销售处。设立销售主管和销售专员、销售协调员职位，专门负责会议与宴会的销售工作。

## 一、酒店会议与宴会销售处的岗位设置图

酒店会议与宴会销售处的岗位设置图见图 4－1。

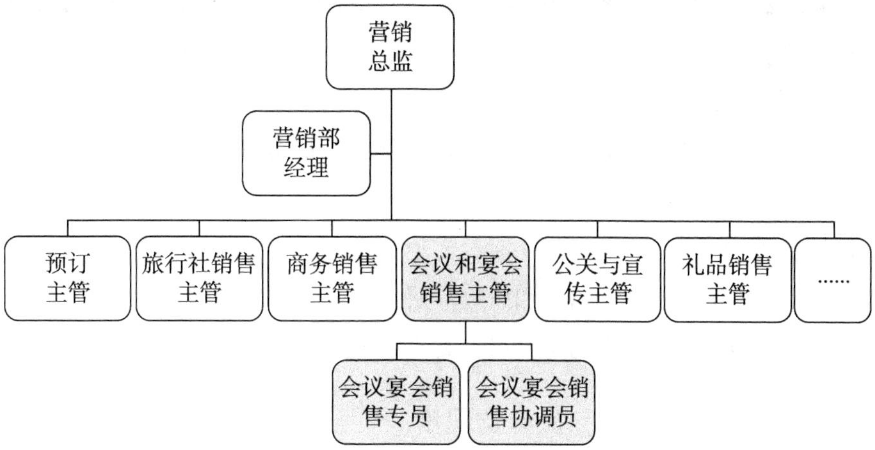


图4－1 酒店会议与宴会销售处的岗位设置图

## 二、会议与宴会销售处的岗位职责

### （一）会议宴会销售主管岗位职责

会议与宴会销售主管的直接上级是营销部经理，直属下级是会议与宴会销售专员和协调员。主要负责酒店会议及宴会服务或产品的推广、销售工作，带领团队完成销售目标。其所处的位置见图4－2。

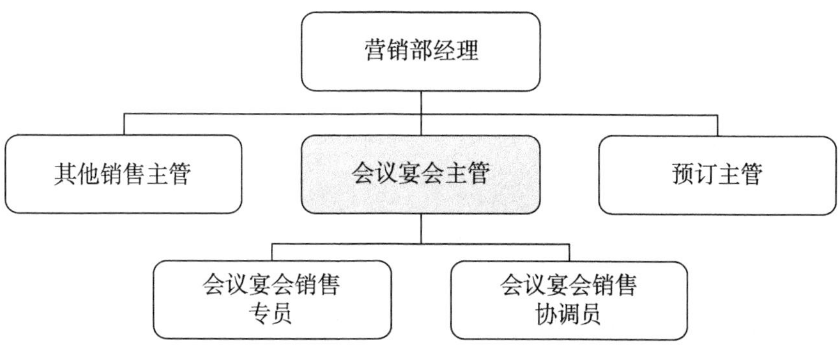


图4－2 会议宴会销售主管所处位置图

**1. 制订会议销售计划**

包括酒店会议与宴会产品的销售计划，明确年度、季度及各月度的会议销售目标。

**2. 组织开展销售工作**

（1）组织销售拜访工作，定期沟通和走访政府机构、企事业单位和各类协会组织。

（2）组织做好有意向的客户来店参观、咨询、洽谈的接待工作和努力促成合作。

**3. 客户服务管理**

（1）检查会前准备工作落实情况。

（2）及时解决会议、宴会进行中出现的问题，及时处理客户意见及建议，使客户满意。

**4. 其他工作**

（1）参与下属销售人员的培训和绩效考核工作。

（2）完成营销部经理交办的与会议、宴会销售业务有关的其他工作。

### （二）会议与宴会销售专员岗位职责

会议与宴会销售专员的直属上级是会议与宴会销售主管。主要执行酒店会议与宴会服务及产品的销售工作，维护良好的客户关系，并协助财务部收银处做好客户账款结算工作。

**1. 会议、宴会销售**

（1）按计划完成客户联系、拜访工作，根据实际情况，开展会议、宴会产品的推荐工作。

（2）在授权范围内，与客户开展会议、宴会预订的洽谈、签约工作。

（3）负责来访客人的接待工作，介绍酒店设施、服务及相关销售政策。

**2. 协助账款结算**

（1）协助财务部做好会议、宴会客户的资信调查、账款结算工作。

（2）及时催收所欠账款。

（3）做好催回账款的及时报账。

**3. 客户信息管理**

（1）及时整理会议宴会销售及服务过程中的各类文件资料、客户反馈意见，并建立客户档案。

（2）定期电话回访或走访客户，建立良好的宾客关系。

### （三）会议与宴会销售协调员岗位职责

会议与宴会销售协调员的直属上级是会议与宴会销售主管。主要执行酒店会议、宴会接待，协助会议室、宴会厅的服务工作。

（1）接待小型会议团体。

（2）协助会议服务经理工作。

（3）会场布置的现场执行。

（4）落实并定时检查会议、宴会预订的各项服务及设施、设备的准备工作。

（5）会间协调酒店各部门做好服务工作，及时处理客户意见及服务需求。

## 第三节　会议与宴会销售处工作的程序与关键

### 一、会议客户销售程序

#### （一）定位目标客户

根据酒店的星级标准、规模、服务项目等实际情况，确定会议销售的目标客户，例如，国际会议的销售对象以海外中型商业机构、公司社团、办事处等客户为主；国内会议销售对象以各省、市政府和各大中型公司等客户为主。

#### （二）联系客户

由销售专员根据会议市场的客户情况及相关信息，主动上门联系，努力争取客户在本酒店组织举办会议。在联系客户的基础上，可邀请会议组织者（包括来店洽谈会议的客户）餐馆酒店各类客房、餐厅、会议、娱乐等服务设施，展示并标明本酒店会议接待规模、规格和酒店住宿、用餐等内部环境及相关交通条件，力争客户进店。

#### （三）销售洽谈

由销售专员同会议组织者在参观后对酒店各方面有了充分了解的基础上举行业务洽谈，以进一步了解客户对会议用房、用餐等方面的需求。洽谈需要明确如下内容：

（1）用房种类、各类客房数量、会议期限、分批进入酒店的时间、大致预测离店日期。

（2）客房的会议价格。

（3）会议室的使用次数、会议室租金、应配备的设备及有关接待要求。

（4）用餐起止日期、用餐标准、用餐人数和每日早、午、晚餐的时间安排。

（5）使用娱乐设施项目、次数、租金或收费标准。

（6）预付订金。

（7）结算方式。

（8）违约责任。

### （四）签订合同

在全面了解了客户需求后，销售专员拟订会议销售合同，将双方所同意的事项记录在合同上，并请客户签字，以保护客户与酒店自身的权利。

### （五）发布会议通知单

根据合同拟订会议通知单，并将合同复印件作为附件，分别送前厅部、客房部、餐饮部、财务部，安全保卫部、娱乐部等相关部门，并留存一份。要求至少提前三天送达（详见附件一）。

### （六）再次确认

客户有时候会对会议细节稍作修改，如参加人数的增减等。为适应这种临时变更，销售专员应该在会议举办前一周，再次与客户确认会议相关事项，将发生错误的可能性降到最低。

在以电话或传真方式与客户确认后，如果没有需要变更的事项，一切准备工作即可依照会议通知单所述进行；但若客人对于会议提出任何变更，营销部就必须马上以会议变更单通知相关单位。变更单上需详细载明会议原案及修改后的变更项目，以白纸黑字清楚告知相关部门必须修改的工作项目，这样各部门即可依照变更内容调整工作，合力达成客户的要求（详见附件二）。

## 二、会议销售关键问题

### （一）会议销售准备工作

各种会议原则上由营销部负责，涉及租场、住房、宴会等方面的大型活动由营销部 会同餐饮、客房部等共同接洽承办。

销售人员在洽谈前应准备好相关介绍资料，比如会议价目表、会议宣传资料、各类菜谱、租用设备价目表与名片、洽谈记录等，并按时与客户见面。

### （二）销售洽谈

洽谈前，销售人员应明确以下注意事项：

(1) 会议的性质、名称、时间、人数、举办单位、联系人、电话号码，准确记录相关要点。

（2）确定会场的地点、形式、音响、灯光、服务、项目、所需的横幅、会标、告示牌、花草布置、签到台、迎宾台、欢迎队伍、文艺演出等要求。

（3）确定用餐标准、宴会人数、地点、日期以及会议的茶水、水果点心、饮料等要求。

（4）确定用房要求、设备租用以及其他娱乐配套设施的价格。

（5）确定场租、设备租用以及其他娱乐配套设施的价格。

（6）确定支付方式，要求会议方支付预算费用的10%作为订金。

（7）确定参会人员泊位数，司机、陪同人员用餐休息地点。

（8）尽量满足会议方的要求，若有困难需事先向客户解释清楚，以免误会。

另外，在洽谈过程中，一个很关键的问题就是对价格的协商。因此，销售人员在报价时应遵循以下策略和规范。

（1）回避客户询问单独的房价或餐饮收费标准，应结合会议的整体情况进行报价。

（2）初始报价时，争取提高餐饮标准水平，不要立即报出底价，如果是综合会议（会议、用餐、住房、礼品等服务），可以在优惠会议室收费标准的同时，提高其他项目的消费水平。

（3）防止客户进行价格讹诈，宣称其他酒店的优惠条件，如果不同意某个价格就另选酒店等，销售人员要摸清客户的真实意图，坚持酒店的产品优势以及接待过的大型、高规格会议，不得轻易让步。

（4）当客户不能接受报价要压价又超出销售人员权限时，应联系主管领导，商量相应对策。

### （三）签订合同时要注意

①协议内容除双方约定的权利义务外，还应注明解约办法，违约惩罚。②签订合同必须严密、准确、清楚，双方经办人签字、双方单位盖章。③合同一式两份，双方各执一份。

## 三、宴会销售程序

### （一）洽谈

举办宴会，客户所采取的第一步骤便是向意向中的宴会经营单位询问宴会相关信息，采取的方式大约可分为三种：来电、来信或亲自前来洽谈。

客户一般会提出以下问题：场地是否有空、宴会费用、宴会厅规模、宴会厅相关机器设备、菜单内容、最低消费额（餐食及饮料）、现场配置图、订金及宴会活动相关厂商资料的取得等。面对诸如此类的疑问，宴会部订席人员须一一为客户说明，努力掌握每一个可能的营销机会。

## （二）预约

### 1. 记录

假如客户有意预订宴会，订席人员便需问清宴会的日期、时间、名称、性质以及联络人姓名、电话，并书面记录下来。另外，菜单内容、饮料种类、赴宴人数、宴会预算、摆设方式、客户的付款方式以及其他如花饰、活动酒吧、代支费等要求也应如实记录。

当然，在预约步骤中，应提供报价单给客人，因为大多数客户在签订合同签可能还会与其他酒店进行比价。无论如何，订席员务必详细记录每次跟客户洽谈的结果，除存档备查外，也需正确无误地将资料传达给其他相关人员。

### 2. 收取订金

通常，除熟客和小型宴会不预收订金外，其他所有大型宴会在预约时都必须先交10%的订金，付完订金才表示该宴会场地确实已经被订下。否则一个大型宴会如果临时取消，对酒店势必造成重大损失，因此预收订金对宴会厅经营单位而言是一种自保方式，很有必要。

### 3. 提供各种价位的菜单

一个例行餐会、简单的宴席或是老主顾，通常只要一个电话便可将洽谈和预约两个步骤同时完成。但若是比较复杂或较为重要的宴会，则客户可能会将菜单拿回去研究。比较后，再答复酒店。因此，许多酒店都会提供各种价位的菜单供客户选择。决定菜单内容时，不但要了解客户的预算和喜好，也应考虑季节、成本、酒店厨房器材设备以及服务技术等问题，不能随便将菜单开给客户。而在考虑技术或厨房设备等前提下，有些宴会菜单可特别注明“本菜单适合50桌以下”或“本菜单适合100桌以下”，以确保宴会顺利进行。

## （三）确认及签订订席合同

预约时虽已经记下客户所有的要求，但客户日后却仍有可能改变主意，所以必须再将双方所同意的事项记录在合同上并请客户签字，以保障客户与酒店自身的权利

（详见附件三）。

## （四）发布宴会通知单

销售专员在与客户签订合约并谈妥宴会细节后，对内应发布一份类似公文的“宴会通知单”，告知各个部门在该宴会中其部门所应负责执行的工作。由于成功举办一个宴会需要靠许多部门通力合作，所以宴会通知单其实是各个部门的工作订单。各部门接到宴会通知单后必须按照通知单上的要求执行工作，工作内容大致如下（见表4－1）。

**表4－1　宴会通知单**

| 部　门 | 工作内容 |
| --- | --- |
| 餐务部 | 根据宴会通知单上所记载的菜单，准备所需的摆设器皿及厨房装菜用器皿，并安排工作人员备餐 |
| 工程部 | 依据宴会通知单上的要求，派遣电工架设装备或予以支援 |
| 厨　房 | 根据宴会通知单上客人所订菜色进货，并做好宴会前的准备工作 |
| 宴会厅 | 根据宴会通知单上的需求和设计图进行摆设，并做好宴会前的准备，包括人力需求，工作计划及服务流程 |
| 保安部 | 依据客人要求，指派安全人员至礼金台协助保护礼金，并协助疏散宴会进场和散场时人群 |
| 推广部 | 协助客人制作海报 |

总之，宴会通知单是一个部门与部门之间的沟通渠道。它在客户的要求与各单位的工作准备当中，直接搭起一座桥梁，以确保部门间彼此快速、直接传达信息，获得最佳工作效率。

## （五）再次确认

即使销售专员在与客户谈妥所有宴会细节后，客户有时候也会对宴会细节稍作修改，如参加人数的增减、桌形的改变等。为适应这种临时变更，销售专员应在宴会举办前一周，再次与客户确认宴会相关事宜，将发生错误的可能性降到最低。

如果客户修改了宴会接待相关事项，需要向各部门发宴会变更通知单，将宴会原案及修订后变更项目，以白纸黑字清楚地告知相关部门必须修改的工作项目。这样各部门可以依照变更内容调整工作，合力达成客户的要求。同时也有效避免各部门互相推诿责任。

### （六）各单位工作计划的拟订

宴会中涉及的所有工作事项，如宴会准备的前置工作、宴会进行中工作分配与人力调度，以及宴会结束的复原工作等，各单位应制订工作计划，以便开展宴会工作并明确责任。具体细节在此不细述。

### （七）追踪

宴会结束后，销售人员需拜访或打电话给客户表达感谢之意，并追踪客户对此次宴会的满意度以及酒店所需改进之处，表示对客户的一种售后服务。同时，经理也应寄一份感谢函给每一次宴会的主办人员，并请其评估该次宴会的优缺点，作为酒店工作人员改进的依据。如果客户负面反映居多，产生误解之处便应及时解释清楚，但若情况属实，则可借以得知改进方向。如果客户反映是正面的，即可作为日后推广宴会业务的卖点（详见附件四）。

### （八）建档

若专设档案来保存举办过的宴会资料，则能使曾经举办过的宴会成为将来业务来源。尤其是针对每年都固定举办宴会的公司或个人，更应该将其历年宴会举办的情况详加记录，以便能给予最恰当的服务。

## 四、宴会销售关键问题

### （一）宴会销售的关键问题

（1）接受客户的电话或上门咨询，向客户介绍酒店环境、交通、设施、菜品和服务；如果客户是电话咨询，应尽量邀请客户到现场参观。

（2）带领客户现场参观，准备现场平面图，为其解说，让客户了解场地大小与形状；同时，了解客户宴会规模、人数、性质，合理推荐酒店产品。

（3）尽早与客户确认预订，明确人数、场所，宴会菜品风味以及特殊要求；与客户保持联系，若有变化随时登记，并且注明更改日期、更改人及登记人。

（4）提前向餐饮部发送宴会预订通知，包括预订批次、人数、时间、地点、菜品以及特殊要求。

（5）在宴会准备过程中，销售负责人定时到宴会厅检查宴会的准备情况；宴会举办过程中，加强与客户的沟通，及时解决现场问题。

（6）宴会结束后跟进并感谢客户。

### （二）宴会销售洽谈的关键问题

（1）在接到客户咨询后，与客户约定具体时间来酒店参观场地和详细洽谈。

（2）现场介绍场地设施的注意事项。如根据宴会规模向客户介绍场地，并带领客户参观；询问客户意见，了解宴会的预订批次、具体人数、活动时间、菜品等信息；若酒店无法满足客户的要求，要进行解释并表示歉意，不能向客户承诺无法办到的事情。

（3）向客户报价时，要根据客户要求进行初步报价，告知客户报价是个估数，并说明可能浮动的原因。另外还要注意报价技巧，回避客户就单独项目的询价，整体报价有利于争取高标准的宴会。

（4）努力争取客户意向，并做好销售跟进工作。

### （三）宴会预订落实的关键问题

（1）接受客户预订时，明确告知客户必须按酒店规定于××天内来确认场地，否则场地不予保留；在此期间若另有客户来订场地，应告知前一位场地预订客户。

（2）在确定场地的同时，可请客户确定宴会菜单，当客户不能决定时，提供相应菜单供客户参考、回去协商，同时说明菜单确定的时限。

（3）场地、菜单确认后，与客户签订宴会合同，将免费项目、非免费项目、是否有订金、订金金额写清楚，并按有关规定一一予以说明。

（4）协议签订后，根据客户要求填写美工制作单，为避免失误，客户姓名须由客人亲自书写并留为存根，以备核对。

（5）协议签订后填写宴会通知，在一个星期前将文件发送有关宴会接待部门，并让其在宴会通知的背面签收作为凭证，宴会结束后由预订处存档。

## 第四节　酒店会议与宴会销售方案制订

酒店会议与宴会销售销售方案是为销售工作的开展制订了明确的工作目标和指导性的工作计划。这既是对销售人员工作考核的重要标准，也是鼓励销售人员积极拓展业务的工作激励手段，因此，对于会议和宴会销售处来说，一套科学的销售方案具有非常重要的作用。

## 一、销售方案制订的原则

### （一）目标性原则

目标明确是销售方案制订的关键。在销售工作中，目标是首要的、关键的问题，没有正确的目标，就谈不上整个销售工作的开展。好的销售方案，必须有利于企业整体经营目标的实现。

### （二）信息性原则

当今世界，已经进入了信息时代，信息已经成为了酒店资源的一部分。销售方案就是这一特殊资源的充分利用，缺乏信息的销售方案很可能是危险的销售方案。

### （三）系统性原则

销售方案的制订必须站在全局经营的高度来设计与实施，也就是说，酒店的会议与宴会销售的具体目标必须与酒店整体营销战略目标相一致，形成一个完整的系统。

### （四）灵活性原则

所谓灵活就是要在工作执行的过程中准确掌握工作目标、对象及其环境变化的信息，以动态的调研预测为依据，调整销售目标并修正销售方案。

### （五）可行性原则

所制订出来的销售方案必须是要具体实施的，如果方案很抽象、笼统、弹性大，或者脱离现实可能性太远、太理想化，这都会导致方案无法实施或失败。

### （六）效益性原则

如果为了实现销售目标而投入的成本与利润的比率过低，那么销售方案就失去了存在的意义，必须要注重销售所带来的利润率的增加。

## 二、酒店会议与宴会销售方案制订的程序

### （一）建立酒店会议与宴会销售组织机构

一般来说，酒店针对会议与宴会的客户专门在营销部设立了会议与宴会销售处负

责会议与宴会的销售工作。

### （二）明确销售目标

要对销售方案中所要达到的目标、宗旨树立明确的观点，作为本方案执行的动力和强调执行的意义所在，要求全体销售人员统一思想，协调行动，共同努力保证计划的执行。

**1. 财务目标**

要确立总销售额度，并使销售人员以及相关部门员工了解这个经济指标。

**2. 营销目标**

财务目标都要转化为具体的营销目标，为了实现营销目标，我们必须确定：①我们的服务质量服务项目如何提高。②是否有必要开拓新的服务项目等。

### （三）分析销售现状

俗话说："知彼知己，百战不殆。"首先，我们要深刻认识和熟知自己酒店的经营情况。其次，对同类产品市场状况、竞争状况以及宏观环境要有一个清醒的认识。它是为制订科学可行的销售方案，采取正确的销售手段提供依据。

**1. 掌握酒店现状**

包括市场形势、酒店产品状况、竞争形势以及宏观经济环境、居民经济条件、当地主要企业机构会议形势等。

**2. 收集市场信息**

所有的销售工作都以信息为基础开展，经营者需要收集与酒店的会议与宴会销售各种信息资料这些信息资料包括：宏观经济形势、政策与法律环境、目标市场特性、消费者需求特点、市场需求走向、市场竞争状况和酒店自身特点等。在这个过程当中，最重要的就是要对各种信息资料进行加工处理。要充分利用现代化的媒体手段，以科学原理为指导，大量收集信息资料。对这些信息资料收集完毕后，要以报告书的形式进行总结汇报，成为酒店营销活动的重要依据。

**3. 分析市场**

（1）分析市场内容，包括酒店会议与宴会产品的市场性、现实市场以及潜在市场状况，以及会议宴会市场的需求特征和需求偏好等。

（2）市场分析，特别是针对竞争者的分析。应当找到酒店会议与宴会产品所面对的主要竞争者，以及竞争者的特征，与竞争者之间的关系，本酒店产品与竞争者产品之间的联系与区别。

### （四）制订具体的销售方案

（1）设计方案。这是在上一阶段的充分掌握分析市场信息的基础上，根据酒店实际情况以及竞争状况，制订出适合本酒店推行的销售方案。

（2）方案优化。对上述方案经过论证后还需进行进一步的优化。主要是对以下各项内容加以明确，如销售目标、实现销售目标所需的条件、具体销售措施以及人员经费等相关方面的内容。

（3）确定进程。销售方案应该注意时间性。各阶段的销售任务何时开始、何时结束都要十分具体。

（4）预算计费。经费是保证销售方案得以正常执行的有效经济保障，也是调节和控制经营活动的重要工具。经费预算应尽可能详尽周密，各项费用应尽可能细化，尽可能真实反映销售工作实施的投入大小，力争将各项费用控制在在最低成本上，以求获得最优经济效益。

### （五）制订实施细则

当销售方案经过反复论证得以通过后，还必须要有好的行动来落实它。因此，还应当针对销售方案中各阶段的销售任务制订相应的实施细则，使之转变为具体的行动方案。当然在任何方案的执行过程中，都可能出现与现实情况不适应的地方，因此在贯彻方案时，必须随时根据市场的反馈和销售任务的具体完成情况，对销售方案进行及时的调整。

### （六）控制应急措施

这一阶段，销售人员的任务是为经过效益预测感到满意的行动方案构思有关的控制和应急措施。设计控制应急措施的目的是便于操作时对计划的执行过程、进度进行管理。典型的做法是把目标、任务和预算按月或季度分开，使销售人员能及时了解各个时期的销售业绩，找出未完成的任务、环节，并及时作出调整。

### （七）实施效果测评

当方案实施后，就应当对其效果进行跟踪测评。一是采取进行性测评。进行性测评就是在方案实施过程中进行的阶段性测评，其测评目的是了解前一阶段方案实施的效果并为下一阶段更好地实施提供反馈指导。二是终结性测评。终结性测评是在方案实施完成后进行的总结性测评，其测评目的是了解整个方案的实施效果，为以后制订方案提供依据。

## 三、会议与宴会销售方案的编写

随着市场经济的开放和发展，酒店销售工作的竞争日趋激烈。因此，以往凭经验和个人关系开展销售工作的时代已经不复存在，特别是对于会议和宴会销售市场，销售工作的目标性、计划性显得尤为重要。因此销售方案成为了酒店进行会议和宴会销售活动的蓝本，为销售工作提供行为指南。

### （一）编写原则

为了提高销售方案撰写的准确性和科学性，应该首先把握几个主要原则：

**1. 逻辑思维原则**

销售的目的在于适应市场环境的变化，实现酒店既定目的和经济效益。因此方案的编写应该是建立在现有市场环境的基础上，交代销售背景，分析产品市场现状，竞争状况，再将具体的销售计划和盘托出。

**2. 简洁朴实的原则**

要注意突出重点，抓住当前销售所面临的重要工作，深入分析，提出可行的对策，针对性强，具有实际操作指导意义。

**3. 可操作性原则**

编制的销售方案要用于指导销售工作，其指导性涉及销售工作中每个人的工作及各个环节关系的处理。因此可操行性很重要。

**4. 创意新颖原则**

销售工作不能一成不变，必须针对市场环境，顾客需求以及竞争状况的变化不断推陈出新，因此对于好的创意，新鲜的内容和新颖的表现手法都有较高的要求，要能给人以全新的感受。

### （二）销售方案文本结构

**第一部分：酒店产品概况**

这部分内容中，简要阐述酒店的设施设备，主要会议和宴会设施状况。

**第二部分：市场分析**

在进行分析时需要确定你的会议服务与竞争者的优势和劣势，酒店管理层和市场销售经理们需要考虑的因素包括：

（1）每个竞争者的地理位置、星级标准、景观、品牌效应等酒店会议市场产品具备的主观要素因素。

（2）会议功能区的规模大小、会议厅的外观美感度、音响和小舞厅以及客房类型、客房布置、餐单、特色菜、价格比较和可提供的服务类型的可用性以及竞争者的声誉等酒店会议市场产品的客观因素要素。

（3）会议竞争和价格比较表用于企业与竞争者之间的比较，记录用于区分饭店宴会服务的信息。你可能还要考虑竞争者的客户服务如何——他们如何应对客户要求，他们的销售政策，他们的宣传册以及其他促销材料和策略。

**第三部分：定位及目标**

定位要有效地展示酒店的主要卖点。定位应该向潜在的客户强调诸如：地理位置、装饰、价格、食品、服务以及与客人达成契约的愿望。为达到最大的效果，在花大量时间争取客户业务之前，应该对潜在的客户进行资格评估。在确定了当地业务资源和竞争对手情况后，部门的销售目标就可以制订了。在制订这些目标时，很重要的一点是要把销售的重点放在经营的淡季和平季。

**第四部分：具体销售措施及预算**

制订具体销售措施，是销售方案的重头戏，是对销售工作的各个环节、各个方面的工作精心设计、周密安排和逐一布置与落实，是销售活动组织和开展的脚本。

**◆知识拓展节点**

# 第五节　宴会营销的策划

宴会除了一般的喜庆宴会、团队会议、展示会、发表会、酒会之外，还需举行季节性促销活动以争取更多的客源与营业收入。同时通过促销平衡宴会部旺季和淡季的营业差额。

简单地说，营销策划就是以比较优惠的价格争取特定客源的销售活动，因此酒店便需要针对某些特定团队进行多样化的专案促销，以吸引客人消费。

## 一、年终团拜及春酒促销

许多企业习惯于通过团拜或春酒来奖励员工一年的工作。针对这项消费需求，可于每年春节前后一个月推出年终团拜与春酒促销专案，以吸引广大消费者。

为了达到促销的目的，此类专案宴席起价应比一般平常价位低一两成，并随桌附赠部分酒或饮料供客人饮用，另外还可提供特惠酒水价让客人选择。

做这种促销专案广告时，广告的文字内容不必过于详尽，应以能吸引客人注意为前提。其余宴会优惠细节曾可待与客人接洽时再详细告知，以免因优惠内容过多而引起业界的恶性竞争，或因供应条件太差而无人问津。

### 年终团拜及春酒专案范本

2012 年 12 月 20 日至 2013 年 2 月 28 日××酒店九楼国际宴会厅为您推出实惠大方的“年终团拜及春酒专案”。

由名厨精心烹调的中式酒席，分 1500 元、1600 元、2000 元 3 种，任君选择。

限 5 桌以上，每桌免费供应酒 2 瓶、果汁 3 瓶及啤酒 2 瓶。

凡订席 10 桌以上者，免费提供抽奖奖品。

提供专案特惠酒水。

特价优惠使用舞池、舞台、钢琴和 KTV。

订席专线：××××××××

酒店地址：××××××××

网站地址：××××××××

## 二、中式及西式情人节促销

每年 2 月 14 日以及农历七月七日分别为西式情人节和七夕情人节。由于受西方的影响以及媒体的炒作，近年来人们已经逐渐有过情人节的趋势。宴会厅可以锁定各个消费群，设计不同的情人节套餐或舞会等促销专案。

由于 2 月 14 日颇具纪念性，有些客人便会可以选择当天举办婚礼。而此时也正值年终时节，宴会厅可能有团拜宴举行，所以西方情人节的促销专案的伸缩弹性相对较大。也就是说，如果 2 月 14 日当天的宴会厅未被预订，或是宴会消费金额不够高，还不如举办情人节特殊活动的收益，则可举办情人节特别节目作为时令专案。例如，推出请人家舞会套餐，或结合酒店与婚纱礼服公司，除了餐食供应外，更搭配礼服公司在现场替情人拍摄纪念照。另外还可邀请相关厂商，如旅行社、航空公司等，提供奖品供客人摸彩，做联合促销。而这些情人节客户留下的资料、则是酒店及其他厂商最直接的潜在客户。

## 酒店七夕情人节促销

**一、活动方案目的**

提升餐饮酒店的知名度、品牌形象

**二、活动方案主题**

主题一："忽然遇见更美的你"为主题

此次活动的主题概念以"打破传统生活，制造浪漫惊喜"为出发点，迎合了白领们对平凡生活中浪漫的向往、惊喜的向往、人文的向往、交友的向往，因此拟订"忽然遇见更美的你"的主题，其一从字面上直观点明活动背景、时间等基本要素，其二以满足目标群心理渴望的标题作为噱头，从而达到引起消费者关注的目的，具备顺口、文化、利于传播的特点。

主题二："浪漫回味年"为主题

**三、活动方案策略**

根据七夕节日营销背景，我们将此次目标受众定位于20～40岁中高端人群；他们在进餐厅用餐除了希望餐点美味之外，也注重环境、氛围、文化等附加值因素；他们的消费期望是：餐点好不好吃？餐厅有无格调？好不好玩？有无优惠？给他们带来了哪些精神利益？

**四、活动时间**

2010年8月14日—8月16日

**五、活动地点**

暂定于餐饮酒店内外

**六、活动定位及调性**

1. 定位：一次影响力最广、吸引人群最多、参与门槛最低、最具话题性文化性，针对20～40岁中高端消费群体的七夕营销活动

2. 调性：格调 文化 时尚 广泛

**七、活动形式**

8月14日—8月15日　消费达××金额，返利代金券→以直观让利促销拉长该餐饮酒店热销周期。

8月16日　七夕夜晚主题活动→引爆全场，制造新闻话题，扩大知名度。

**八、活动内容**

以七夕当天主题活动为主线，前期返券让利促销为辅助，举行为期三天的"忽然

遇见更美的你”主题营销活动，针对8月16日当天，举办“忽然遇见更美的你”单身交友派对，及“浪漫回味年”情侣交友派对。

20～40岁单身群体——“忽然遇见更美的你”大型单身交友派对：

凡是单身人群均可参加8月16日××餐饮酒店举办的城市大型单身交友派对，以高水准的交友对象、人文浪漫的餐厅氛围、极具创意趣味的活动环节，为你寻找完美伴侣提供最舒适浪漫的平台与空间。

凡活动当天交友成功者均可享受餐饮5折优惠。(具体折扣由餐厅方视情况而定)

20～40岁夫妻、情侣群体——“穿越七夕夜·浪漫回味年”情侣主题派对：

只要你身边有伴侣，均可参加8月16日××餐厅举办的情侣主题派对，凡是夫妻、情侣在七夕当天到餐饮酒店消费，均可获得餐饮5折优惠，凡是8月16日为结婚纪念日的顾客，只要你敢于讲述你们的浪漫爱情故事，则均可享受该餐饮酒店提供的免费情侣套餐一份。

**九、现场氛围打造**

1. 餐厅外围布置

(1) 七夕鹊桥造型布置→增添餐厅文化特色氛围。

在餐饮酒店入口处创意设计大型七夕鹊桥门头，借传统七夕鹊桥会的文化习俗增添该餐饮酒店的人文格调及节日独特性。以此吸引消费者关注，并力邀当地知名摄影机构联合加入，为每一个进店消费者留下七夕最美的身影。

(2) 牛郎织女造型创意布置→制造更多宣传话题。

结合七夕鹊桥门口，布置牛郎、织女特色造型人物模型，不仅从外围环境上直观增加该餐饮酒店的格调与文化，也为消费者照相留念提供契机，借照片相传作为该餐饮酒店口碑宣传的有效途径。

(3) 古香古色宣传立柱→点明活动主题。

摒弃传统的中华立柱，根据七夕营销主题创意设计古香古色的宣传立柱，并贴上“穿越七夕夜·忽然遇见更美的你”活动主题口号，起到活动宣传及氛围营造的作用。

2. 大厅环境氛围布置

(1) 七夕中式灯笼布置。

在该餐饮酒店大厅及主要过道设置中式灯笼，增添厅内人文格调。

(2) 造型宣传吊旗布置。

按照七夕营销主题统一设计宣传吊旗画面及内容，并以创意造型有序布置，用于活动宣传及氛围打造。

(3) 摄影照片领取台造型布置。

根据实际场地设置摄影照片领取台（初定为前台），对其进行活动主题造型布置，例如签到板、造型纱幔、X展架等。

(4) 分区舞台造型布置。

根据实际餐厅场地进行分区规划设计、舞台创意造型设计，布置。

(5) 光影艺术设备布置。

根据实际餐厅场地布置活动当天所需的灯光设备，光影表演设备等。

**十、七夕当天活动安排及流程**

1.（单身区）

七夕夜美丽留影——邀请当地知名摄影机构加入，在餐饮酒店入口的鹊桥造型门头处，进行摄影拍照。其一作为七夕活动入场能快速聚集人气，制造宣传话题；其二所拍摄的照片带有该餐饮酒店特有信息，可作为目标消费群之间口碑宣传的一种有效载体。

享特色文艺盛宴——在七夕主题活动当天，安插与餐厅文化相融的文艺表演，迅速提高活动参与者的积极性。

7分钟浪漫心跳——是此区单身交友派对的主力环节，以“7分钟浪漫心跳”为名，借着餐饮酒店昏暗的灯光格调作为衬托，所有在场顾客有7分钟的“找伴时间”，此环节充满惊喜、挑战及趣味性。

七夕夜完美遇见——活动中15分钟的悠扬音乐表演，为整个活动烘托气氛。

2. 情侣区

七夕夜浪漫留影——邀请当地知名摄影机构加入，在餐饮酒店入口的鹊桥造型门头处，为每一对进店消费的情侣摄影拍照。一是作为七夕活动入场能快速聚集人气，制造宣传话题；二是所拍摄的照片的带有该餐饮酒店特有信息，可作为目标消费群之间口碑宣传的一种有效载体。

寻5个完美爱情——全城寻找5对在七夕当天结婚的情侣，在活动当天讲述自己的浪漫爱情故事，更能免费享受餐饮酒店特别提供的七夕完美情侣套餐，此环节作为情侣派对的主力环节。

七夕夜浪漫回味——活动当天只要是情侣，只要你有伴侣，到该餐饮酒店消费均可获得5折优惠，凡在七夕当天结婚的情侣均可免费享受由餐饮酒店提供的完美情侣套餐，浪漫结婚纪念日，有完美的爱情故事，更有分享与祝福。

**十一、宣传**

海报宣传主题为“忽然遇见更美的你”。

## 三、谢师宴促销

针对县、市高中以上毕业班，宴会厅可于每年5月开始进行谢师宴促销活动。为减少广告费用的开支，酒店可用寄发直邮广告的方式送达各学生家长，直接进行促销。谢师宴专案通常有中式宴席和西式自助餐的形式，并随桌附赠部分饮料。舞池、音响、接待桌等其余设备的提供则视酒店制订的优惠内容而定。

**感恩谢师宴/状元宴**

广告词：数载师恩永难忘，一杯清酒表亲情

同学情・师生情・父母情款款深情尽在城市花园酒店

活动日期：6月20日—8月30日

宏图展翅宴：1588元/桌

消费“宏图展翅宴”5桌（含5桌）以上，每桌赠送饮料各一瓶（大可乐/大雪碧）、现场纪念拍照、免费制作指示牌、主桌赠送蛋糕一只。

金榜题名宴：1888元/桌

消费“金榜题名宴”5桌（含5桌）以上，每桌赠送饮料各一瓶（大可乐/大雪碧）、啤酒2瓶、现场纪念拍照、免费制作指示牌、主桌赠送蛋糕一只、酒店“花园健身俱乐部”一周体验卡2张。

师恩难忘宴：2888元/桌

消费“师恩难忘宴”5桌（含5桌）以上，每桌赠送饮料各一瓶（大可乐/大雪碧）、啤酒2瓶、现场纪念拍照、免费制作指示牌、主桌赠送蛋糕一只、酒店房间1间。

状元及第宴：2588元/桌

消费“状元及第宴”5桌（含5桌）以上，每桌赠送饮料各一瓶（大可乐/大雪碧）、啤酒3瓶、酒店房间1间或四星级异地房1间、现场纪念拍照、免费制作指示牌、主桌赠送蛋糕一只。

预订热线：××××××××

## 四、特殊餐宴促销

除了推出季节性专案外，宴会厅还可根据业务状况适时推出特别餐宴促销。除了在菜品上需要精心设计外，还可以辅以精心设计的音乐节目表演，营造现场气氛，将整体用餐气氛提升到身心享受的境界。

### ◆小知识：常见会议类型

#### 一、销售会议

销售经理及工作人员经常举行全国或地区性活动会晤代理商或分销商。有人人都要出席的全国性销售会议，地区销售经理出席的会议，也有地区销售经理举行的地区性销售会议。销售会议有以下特点：

1. 参会人数

人数较多，持续时间长。全国性销售会议平均与会代表约150人，一般持续3~4天。地区性销售会议规模较小，一般50人，通常持续2~3天。

2. 销售会议目的

召开销售会议原因是多样的，销售会议通常有好几个目的。年度销售会议可能涉及新产品发布或仅仅是总结一年以来取得的成绩并为开始下一年的工作打气鼓劲。

3. 会场布置要求

由于销售会议人数较多，销售会议场地布置一般都采用礼堂型的格局。

如果是总结会议，这种会议一般都带有奖励性质，会议现场要体现出喜庆的气氛，多利用气球、丝带等装饰物品。

如果是新产品发布会，会场的布置一定要体现出产品特色，整个会场的风格要与产品一致，而且在会场内一定要张贴与产品有关的海报或悬挂有关的条幅。此外，还要设立专门的产品展示区。

#### 二、研讨会

研讨会的类型很多，从主办单位来看，可以是企业、行业协会、社会团体、国家政府等，讨论的内容也各有差异，可能涉及经济、技术、政治、文化等各个方面。研讨会特点如下：

1. 规模较小

研讨型会议通常专业性较强，除非是行业性质或政府级的研讨会，研讨会的规模参与的人数不是很多，一般不会超过100人。

2. 规格较高

参加研讨会的人一般都是某行业或某领域专家，因此，接待规格较高，酒店人员的服务意识和服务水平非常重要。

3. 会场布置要求

研讨会对会场的选择和布置要求较高除一般性的主会场外，通常需要一些小型会所以便分组讨论。主会场的布置除保留主持人外，其他座位应体现平等精神，发言用的麦克风应该每个座位都有，除非人数少于15人。如果是麦克风数量有限，应事先提醒会议主办单位。

**三、奖励会议**

每年，公司都奖励超额完成任务的员工出去旅游，约80%的奖励旅游包括会议，这些会议称为奖励会议。奖励会议游客可能是供应商、分销商、客人、销售人员或其他各种雇员。他们必须工作出色才能参加。奖励会议特点如下：

1. 对服务水平要求较高

奖励会议的客户要得到的是什么呢？他们首先要的是一流的服务。公司向业绩出色的员工提供这种旅游作为一种奖励，所以他们希望以特别方式举行这种回忆。能够提供客人所要服务的酒店，可以得到巨大的好处，可以保证预订。而且与其他市场相比，更易达到收支平衡。

2. 消费具有综合性

奖励会议参与者一般都适用各种酒店设施，如餐厅、酒吧和送餐服务。所以，酒店应事先做好相关介绍工作，为客人消费提供多种参考意见。

3. 消费金额较高

奖励会议意味着更高的收入。平均房价更高，双人入住更普遍，而且会议参加者比其他会议人员在宴会上消费得更多。

**四、培训会议**

培训会议通常是企业内容或者教育部门或者专业培训机构主办。特别是大公司，人员培训是其一项重要的工作。很多培训活动，尤其是针对办公人员和蓝领员工的培训，一般都在公司内部进行，很多就是在职培训。大约一半的培训总监也在公司以外的地方定期举办培训。培训会议的特点有：

1. 规模不大

很多培训参加人数不到50人，大部分30人左右。10～15人也很常见。这些会议一般持续3天。

2. 看中酒店的地理位置和服务

培训总监不需要著名的酒店和优越的周围环境。他们更愿意选择距离机场、高速公路和停车场就近的酒店。他们是很好的客户，因为如果酒店将这次活动办得很好，他们就会再来；培训总监不需要为了刺激与会代表人数或兴趣而不时改变会址。可靠性、合理的价位和良好服务对吸引回头客都很重要。

3. 对场地要求高

培训会更多的是技能交流和知识传授，所以培训会议对场地的要求相对较高。他们想要有固定的墙而不是可拆卸的隔板会议室，适于使用音响设备的房间，会议室方便到达却不受酒店其他活动的干扰，以及快捷的餐饮服务，如茶点和午餐。对于培训会议策划者来说，教室座位或U形座位安排，照明良好、通过风良好的房间和有良好照明的工作空间的客房都极具吸引力。除此以外，酒店还应有各类拓展训练设施或者场地，可能的话还应该有高品质的休闲放松场地。

**◆复习题**

1. 会议与宴会销售处的主要工作任务是什么？
2. 会议与宴会销售处工作的程序是什么？关键问题有哪些？
3. 宴会有哪些基本类型？各有何特点？

**◆实训题**

以小组为单位，制订一个宴会策划方案（寿宴、婚宴、谢师宴任选一个）。

教师观测点：方案基本架构、特色、分工、预算、预期效果等。

**◆拓展题**

实地或电话采访实习酒店的宴会主管，请他详细介绍宴会举办的程序与注意事项。

**阅读材料**

## 奥米茄大酒店销售方案

### 一、宴会部概要

奥米茄大酒店拥有可容纳400多人的多功能宴会厅、商务中心、贵宾休息室不同规格商务会议室七个，定位为高端商务会议室，有多媒体系统、投影仪、幻灯机、电视机、录音机、专业调音室、高保真音响及无线麦、LED显示屏等专业的会议设施。

### 二、市场分析

（一）市场分析

市场主流：华天大酒店、雄森大酒店

消费特点：入驻本地市场的时间长，都是以五星级的标准定位，场地正规，宴会和会议接待成熟，在政府及高端商务客源中建立了一定的知名度，所以大部分商务客源将宴会的接待安排在星级档次较高的酒店，我们的宴会将以这些人群为主。这就是我们的市场。

（二）主要竞争对手

华天和雄森宴会部是主要能与我们竞争的类似的酒店，品牌经营较长，酒店的位置都处于郴州闹市区中心区域范围内，也是政府部门和高端商务客源会议和宴会接待的首选。

表 4－2　　郴州市餐饮市场调研一览表（2011 年 7 月）

| 项目 \ 名称 | 华天 | 雄森 |
| --- | --- | --- |
| 容客量 | 600 多人 | 近千人 |
| 设施 | 设施齐备、功能先进 | 各会议室皆配有互联网端口、多媒体系统、投影仪、幻灯机、电视机、录音机、专业调音室、高保真音响及无线麦、LED 显示屏等专业的会议设施 |
| 宴会标准 | 868 元起 | 888 元起 |
| 宴会厅标准 | 良好 | 良好 |
| 经营优势 | 品牌进驻早，知晓度高<br>场地正规，宴会接待成熟<br>服务规范，客户认可程度强 | 硬件较新、规格高 |
| 经营劣势 | 装修陈旧，对于现增长的高端会议吸引力不大 | 宴会接待不专业，业务不熟悉 |

## 三、市场定位

（一）客源

（1）政府职能部门：以高端的硬件设施吸引其会议及宴会接待。

（2）公司客源：拜访一些时代性产业的代表公司做一些优惠推广措施，一些团队的优惠活动。

（3）社会客源：以大量的宣传手段作为方式，给予一定优惠，以推广知名度，加大顾客流量为目的。

（二）产品

（1）大中小型宴会及多功能商务会议厅。

（2）商务中心、贵宾休息室。

（三）服务

高标准、高质量、高效益的服务。

## 四、经营概念

（一）经营总策略

（1）推出特别的会议包价，其中包括会议，茶点（水果、点心、茶水、饮料）。

（2）定期走访客户、建立信息销售的管理模式、根据客户消费需求、建立有效的客户档案。以良好的对客交流的服务形象，取悦客人。

（3）以优惠的价格向本地客人提供在会议谈判期间的用房。（比如在些社会活动期间，人们不愿意花时间驾车回家）

（4）与婚礼用品商店、化妆品店、婚纱摄影公司等与婚庆有关的企业合作，以满足顾客的要求，提供完善的婚宴服务，如婚宴蛋糕、婚礼装饰、拍照与录像及婚礼用车服务。

（5）向大型宴会活动的主办者提供两人享用的免费用餐以表谢意，并附上一封感谢信，以此争取回头客并推销我们的餐厅。

（6）定期走访客史档案中的顾客，以良好的对客交流的服务形式，提升客户满意度，为酒店培育一批忠诚的客户。

（7）定期从同类竞争酒店那里获取在他们酒店举行会议的公司名称，并以邮件方式与他们取得联系，争取吸引他们将下次会议放在我们酒店进行。

（8）因现有酒店所处的位置原因，可为婚、寿宴消费到一定额度的客户提供免费租车和客房的增值服务。

（9）会议商务中心，接收传真服务、复印服务、打印服务、幻灯片制作服务、机票代订及车票问询服务、质料寄存、保管服务、邮政服务、会议设备租赁服务、宽带、无线上网服务、电子商务词典翻译服务。

（10）会议服务专员，高效、快捷地为客人完成店内会议的协调、沟通全力解决一切服务问题。

（二）经营概念

宴会部

地点：一楼：宴会厅　二楼：多功能会议中心　五楼：会议

营业时间：根据客人所需来定

餐位：一楼宴会厅：圆桌型：400 人

　　二楼多功能会议中心：圆桌型：240 人

　　五楼会议厅：课桌式：600 人

经营概念：

（1）提供各类大、中、小型宴会和会议接待。

（2）为了提高宴会部营收一楼大厅可以用活动屏风隔一个区域作为中餐散餐的零点。

优惠政策：开业期间宴席享受 8.8 折优惠

价格政策：不高于竞争对手酒店的最高价格

宣传手段：结合酒店客房销售宣传作捆缚式互动宣传

宴会厅开业前 3 个月上座席数：200 席；开业后 3 个月上座席数：250 席

多功能会议中心开业前 3 个月上座席数：100 席；开业后 3 个月上座席数：150 席

会议厅：开业前 3 个月一周使用率：0.3%；开业后 3 个月一周使用率：0.5%

（三）各月份销售推广活动

**表 4－3　　2011 年 10～12 月销售推广活动表**

<table>
<tr><td colspan="3">2011 年 10 月</td></tr>
<tr><td>本月节日</td><td colspan="2">国庆节</td></tr>
<tr><td>本月大事</td><td colspan="2">开业大酬宾</td></tr>
<tr><td>推广主题（1）</td><td colspan="2">婚、寿宴 8.8 优惠</td></tr>
<tr><td>推广主题（2）</td><td colspan="2">签订酒店协议价格</td></tr>
<tr><td colspan="2"></td><td>预算费用</td></tr>
<tr><td>活动内容（1）</td><td>a. 开业活动期间婚、寿宴可享受 8.8 折<br>b. 活动地点：一楼宴会厅、二楼多功能厅</td><td></td></tr>
<tr><td>活动内容（2）</td><td>具有一定消费水平的企业单位、政府部门餐饮、会议均享受 8.8 折</td><td></td></tr>
<tr><td colspan="2">本月推广费用合计：</td><td></td></tr>
<tr><td colspan="3">2011 年 11 月</td></tr>
<tr><td>本月节日</td><td colspan="2">感恩节</td></tr>
<tr><td>本月大事</td><td colspan="2"></td></tr>
<tr><td>推广主题（1）</td><td colspan="2">饮品大赠送</td></tr>
<tr><td>推广主题（2）</td><td colspan="2">特价菜式、散客套餐</td></tr>
<tr><td colspan="2"></td><td>预算费用</td></tr>
<tr><td>活动内容（1）</td><td>a. 活动期间：宴席满 1288/席（十桌起），每席赠送大瓶饮料一瓶<br>b. 活动地点：宴会厅、多功能会议中心</td><td></td></tr>
<tr><td>活动内容（2）</td><td>a. 每桌限一到两个<br>b. 4～6 人　8～10 人　AB 两款菜单提供选择</td><td></td></tr>
<tr><td colspan="2">本月推广费用合计：</td><td></td></tr>
</table>

续 表

| 2011年12月 | | |
|---|---|---|
| 本月节日 | 圣诞节 | |
| 本月大事 | | |
| 推广主题（1） | 相约奥米茄，欢乐在圣诞 | |
| | | 预算费用 |
| 活动内容（1） | a. 活动期间，宴席满1288/席（十桌起），每席赠送精美点心一份，大瓶饮料一瓶<br>b. 活动地点：宴会厅、多功能会议中心 | |
| | 本月推广费用合计： | |

[简要评析]

郴州奥米茄大酒店在强手如林的餐饮市场中目标市场清晰，除了加强酒店的硬件建设外，还在酒店的软件建设、活动促销中狠下功夫，该酒店的宴会销售最后能脱颖而出也就不足为怪了。

**附件一　会议/团体接待通知单**

| 会议内容： | 单位名称： |
|---|---|
| 联络人：　　　　　电话： | 日期： |
| 接待人数：　　人 | 销售经理：　　　　　电话： |

前厅部接待内容：　　联络人：　　　　电话：

| 房　型 | 房　价 | 入住时间 | 离店时间 | 早餐份数 | 备　注 |
|---|---|---|---|---|---|
| 高级标准间 | | | | | |
| 高级单人间 | | | | | |
| 商务标准间 | | | | | |
| 商务单人间 | | | | | |
| 豪华标准间 | | | | | |
| 豪华单人间 | | | | | |

注：1. 房间消费品__________　长途电话__________

2. 拿房人（签单人）__________

3. 特殊要求：__________

续 表

4. 费用结算：房费__________杂费__________

5. 保底房数：__________

6. 礼宾部：客人大约集中抵店时间为__________，请按照客人要求，将行李及礼品送至各房间

7. 叫醒服务：__________

8. VIP 客人请大堂提前检查各点准备情况（欢迎信、水果、用餐餐厅等）

VIP 重要客人：

姓名：______职务：________抵店日期：________离店日期：________特殊喜好：________

VIP 酒店迎接人员__________在一楼大堂集合；VIP 酒店欢送人员__________在一楼大堂集合

总经理 □ 总经理助理□ 销售部经理□ 前厅部经理□ 销售经理□ 大堂经理□ 值班经理□

餐饮部接待内容： 联络人： 电话：

| 日 期 | 时 间 | 活 动 | 地 点 | 人 数 | 要 求 |
|---|---|---|---|---|---|
| | | | | | |
| | | | | | |

1. 请安排__________迎宾与__________在__________迎候客人

__________迎宾与用餐结束前（具体时间由该楼层主管通知）在__________送客人

2. 所有客人凭房卡免费用早餐

3. 主桌布置□ 鲜花□ 费用__________

4. 菜单：已定□ 待定□；冷菜上齐时间__________

5. 酒水客人自带（酒水送到时间__________），请安排人员协助搬运□；酒店准备（请于______前准备好以下酒水、饮料__________）

6. 客人特殊要求及喜好：________________

7. 制作席卡：大□ 小□ 收费：__________名单：__________

8. 制作桌号牌 □ 数量：__________

9. 音响话筒：不需要□ 需要□（请于__________前在__________厅准备__________）

10. 用餐有效签单人：

11. 结账方式：

会议中心接待内容： 联络人： 电话：

| 日 期 | 时 间 | 地 点 | 人 数 | 场 租 | 备 注 |
|---|---|---|---|---|---|
| | | | | | |
| | | | | | |

续 表

要求：

1. 台型图________每排________人，共________排
2. 提供常规茶水、纸、笔等服务
3. 演讲台□ 鲜花□ ________份 收费________元/份
4. 主席台□ 鲜花□ ________份 收费________元/份；主席台人数________要求________
5. 签到台□ 鲜花□ 收费________元/份
6. 签到台 1桌2椅□ 2桌4椅□ 放置时间：________放置地点：________撤离时间：________
7. 茶点 人数________ 标准________元/人；时间：________内容：________放置地点：________
8. 提前布场 客人于________月________日________点在________厅布场，布场时间为________，超过按________元/小时收费
9. 白板□，白板笔________支
10. 投影仪□ ________台；收费________元/场
11. 礼仪□ 人数：________人收费________元/人；到位时间：________地点：________其他：________
12. 万福厅 □ 用途：________ 领导名单：________使用时间：________收费：________
13. 大宗物品搬运 □ 无，□ 有，搬运时间________，请做好关注，确保酒店设施设备不受损坏

工程部接待内容： 联络人： 电话：

| 日 期 | 时 间 | 地 点 | 有线话筒 | 无线话筒 | 投影仪 | 幕 布 | 网 线 |
|---|---|---|---|---|---|---|---|
| | | | | | | | |
| | | | | | | | |

要求：

1. 请提前做好设备的调试工作（销售部提前通知）
2. 做好室内温度的调节工作
3. 做好会场灯光的配合工作
4. 请于________协助客人悬挂________横幅，于________拆除

其他要求：

________月________日________点在________厅播放________音乐

续 表

安保部接待内容：　　联络人：　　电话：

要求：

1. 请于__________提供__________车位__________个，做好车辆的指引工作

2. 会议用餐团队散场做好安全指引工作，具体时间销售部提前半小时通知 8808（芮经理）

3. 做好客人的人身及财产安全工作，保证安全通道的通畅

4. 其他：____________________

5. 大宗物品搬运 □ 无 □ 有，搬运时间_________，请做好关注，确保酒店设施设备不受损坏

客房部接待内容：　　联络人：　　电话：

| 日　期 | 时　间 | 地　点 | 绿化要求 | 收费情况 |
|---|---|---|---|---|
| | | | | |
| | | | | |

要求：

1. 请做好公共区域及卫生间的清洁工作

2. 如客人自带水果请根据要求协助摆放

美工制作内容：

□ 横幅　悬挂地点：　　悬挂时间：

制作内容：

□ 大堂指示牌　完成时间：

制作内容：

□ 会场/用餐指示牌 数量：　　摆放地点：　　摆放时间：

制作内容：

□ 喷绘/背景贴字　地点：　　完成时间：

制作内容：

制作要求：

检查人：

请各部门此会议联络人于____________________在____________________与会议接待的销售人员____________________召开会议协调会。

财务部

1. 结账方式：

2. 签单人：

抄报：

抄送：

## 附件二　宴会变更通知单

<table>
<tr><td colspan="2">发文日期：　　年　　月　　日</td></tr>
<tr><td colspan="2">填写人：　　　　　　　　变更（　）　取消（　）</td></tr>
<tr><td colspan="2">宴会名称：</td></tr>
<tr><td>日期：</td><td>场地：</td></tr>
<tr><td>联络人：</td><td>电话：</td></tr>
<tr><td colspan="2">变更项目：　　原案　　　　修定为<br>日期<br>时间<br>人数/桌数<br>场地<br>餐价</td></tr>
<tr><td colspan="2">其他变更项目　　　　　　增加项目<br><br>宴会销售组</td></tr>
<tr><td colspan="2">□总经理　□餐饮部　□宴会部　□财务部　□工程部<br>□西　厨　□保安部　□采购部　□中　厨　□采购部<br>□花　房　□美　工　□前厅部</td></tr>
</table>

## 附件三　×××大酒店宴席服务合同

合同编号____________

甲方：______________

乙方：______________

一、服务事项：

<table>
<tr><td>宴席时间</td><td>年　月　日　时</td><td>宴席场地</td><td></td><td>宴席名称</td><td></td></tr>
<tr><td>酒水情况</td><td></td><td colspan="4">酒水价格：¥：　　元，合计：¥：　　元</td></tr>
<tr><td>宴席桌数</td><td>桌，每桌　人，另备　桌</td><td colspan="4">每桌菜价：¥：　　元，合计：¥：　　元</td></tr>
<tr><td>其他服务项　　目</td><td colspan="2"></td><td>其他服务项目费用</td><td colspan="2">¥：　　元</td></tr>
<tr><td colspan="6">预计总价款：¥：　　　　元，（大写）：</td></tr>
</table>

二、支付方式：

<table>
<tr><td>预付</td><td>□　定金。甲方应在__________年__________月__________日前向乙方支付预计总价款的 10% 即人民币__________元。定金收据号：__________。</td></tr>
</table>

续 表

| | |
|---|---|
| 预付 | □ 预付款。甲方应在宴席前一周，即__________年__________月__________日前向乙方支付预计总价款的40%即人民币__________元。如果乙方没有收到预付款，乙方将在三天内宣布合同无效。预付款收据号：__________。 |
| 结算 | 甲方用餐完毕后当场将总价款一次性付给乙方，定金和预付款冲抵总价款。 |

三、双方权利义务：

1. 甲方应按约定用餐，妥善使用乙方提供的设施设备及餐具。
2. 乙方应按照相关法律法规的要求，保证提供的食品、用餐场地及服务的安全与卫生。
3. 乙方应向甲方提供结算清单。
4. ________________________________________。

四、违约责任：

1. 甲方未按合同约定支付价款的，应每天按照未支付金额的3%向乙方支付违约金。
2. 甲方未按合同约定在乙方处就餐的，或乙方未按合同约定提供甲方就餐的，应赔偿由此给对方造成的损失。
3. 乙方未按合同约定提供安全、卫生的食品及服务的，应赔偿由此给甲方造成的损失。
4. ________________________________________。

五、合同变更与解除：

| | |
|---|---|
| 合同变更 | 1. 服务事项如有变更，应在就餐日前__________天内与对方协商，并签订补充协议。<br>2. ________________________________________。 |
| 合同解除 | 一方提出解除本合同的，须在就餐日前__________天内提出，双方协商按以下方式处理：____________________；否则，按照以下方式处理：____________________。 |

六、其他约定：

1. 甲方宴席前至少24小时通知乙方确切的桌数，这个数将作为保证的最低桌数；甲方在宴席开始前1小时减少的桌数乙方按每桌菜价的50%收取损耗费。
2. 甲方参加宴席的任何人不得自带食品、酒水或饮料，否则乙方按100～200元/桌收取甲方相应的服务费。
3. 参加甲方宴席活动的任何人造成乙方设施设备的损坏，甲方应承担全部责任。
4. 乙方为保障宾客的生命及财产安全，禁止甲方燃放烟花爆竹（指能产生烟光、声响的烟花、鞭炮、爆竹、礼花弹等）、如有不慎，甲方应承担全部责任。
5. 用公司或单位名义在本合同上签字时，签字人必须拥有这样的权力，否则其个人对本合同的实施负责。
6. ________________________________________。

七、争议解决方式：

本合同项下发生的争议，双方应协商解决，协商不成也可提请有关部门调解，或者选择以下一种方式解决：

□ 向人民法院提起诉讼。　　□ 向开化县仲裁委员会申请仲裁。

八、本合同未尽事宜，双方另行协商解决。本合同正本一式两份，双方各执一份，签字或盖章后生效。

| 甲方： | 乙方： |
| --- | --- |
| 联系地址： | 联系地址： |
| 联系电话： | 联系电话： |
| 联系人： | 联系人： |
| 合同签订日期：　年　月　日 | 合同签订日期：　年　月　日 |

附　菜单

| 菜点名称及具体要求 |
| --- |
| |

**附件四　感谢函**

亲爱的客户：

感谢您使用××酒店××宴会厅，希望我们的各项设施和服务确实让您无后顾之忧。现占用您一分钟时间，我们很想知道您对本酒店宴会厅的满意程度，您珍贵的意见将是我们改进的目标。

顾客姓名：
公司名称：
联络电话：
联络地址：
宴会日期：
宴会类型：

请在□打√：

续 表

| | 十分满意 | 满意 | 不满意 |
|---|---|---|---|
| 订席接待 | □ | □ | □ |
| 服务品质 | □ | □ | □ |
| 服务态度 | □ | □ | □ |
| 食物品质 | □ | □ | □ |
| 场地设施 | □ | □ | □ |
| 整体满意度 | □ | □ | □ |
| 其他建议： | | | |
| 您是否会再次光临，或将本宴会推荐给您的亲友？ | | | |
| | □十分乐意 | □可以考虑 | □不会 |
| 感谢您的批评与指教，××竭诚欢迎您再度光临。 | | | |
| | | | 宴会部经理 |

# 第五章　礼品销售

## 学习要求

**必须掌握节点**

- 酒店礼品销售处的工作任务
- 礼品销售处的岗位设置与职责
- 礼品销售处工作的程序与关键
- 酒店礼品销售的作用与分类
- 礼品销售方案的制订与礼品设计要求
- 酒店礼品的采购方法与渠道

**知识拓展节点**

- 酒店全员销售节日礼品的奖励办法

## 热身案例

### 小月饼撑起大酒店

中秋前一两个月是月饼热销旺季，各个月饼商家都铆足了劲要分一杯羹。不少商家都感慨“月饼生意越来越难做”的今天，珠海某五星级酒店的月饼销售额却高达数千万元，营业额占了酒店收入的大部分，支撑起了整个酒店。

该酒店的公关部经理方某接受记者采访时说，他们的月饼销售主要还是以本地为主，珠海客源占95%，许多本地客买了月饼后会寄往全国各地。“北方不做广式月饼，而我们的月饼以广式月饼为主，所以在北方的很多南方人会托朋友来这边买月饼。另外，有些企业在全国都有办事点，一买就买几百盒分寄到全国的办事处，2012年就有客人买了几百盒寄到新疆，河北、上海等地。”

方经理认为，他们的月饼之所以保持相对其他酒店较高的销量，一方面与中秋节的传统文化有关，“中国还是很注重中秋节的，一年才一次，购物卡什么时候都能用，但月饼只在中秋节送。很多人还是会选择在中秋节买月饼送人的，送人一般也都会带上月饼券。月饼的需求量处于平稳上升状态。”另一方面，与他们月饼的口碑有关。“酒店 1997 年开始做月饼，那时珠海还没有五星级酒店做月饼，我们的月饼馅料比较实在，口感很好”。一位知情人说，该酒店的月饼胜出，主要是胜在先机。“月饼口味其实相差不大，但品牌效应很重要。作为最早推出的五星级酒店月饼，市民的观念不可避免带有‘先入为主’的影响，已经认准了这个牌子，所以它的月饼就卖得好。”

该酒店实行月饼全员销售，每个部门都有销售任务。一位销售人员说：“七八个部门都有任务，有的是 200 万~300 万元，有的 400 万~500 万元，没有统一标准。”表面上看酒店人员销售压力大，但推销得多，赚得也多。

据悉，某大企业也在该五星级酒店定做大量月饼，他们所定的两款月饼定价标准由该公司制订，“价位定得高点，该公司员工或客户来兑换点换月饼时，会感觉公司送的月饼价值挺高，心里也有满足感。”

该酒店每年农历七月左右就开始卖月饼，卖到中秋节截止。目前全市有 3 家连锁店，有自己的生产车间，“自己生产自己包装。”记者从印刷该酒店月饼包装的公司了解到，该酒店月饼盒印刷量很稳定，“有三四十万盒，一年至少几十万盒。”据一位内部工作人员透露，该酒店每年月饼的销售额约两三千万元，“这十几年来，销量一直都这么好，每年都在增长，高峰时期每天能卖到几百万元的营业额。”而据业内人士透露，该酒店的客房、餐饮都不赚钱，月饼收入成为该酒店的支柱，一年的支出就落在月饼上。

（摘录整理于《羊城晚报》）

**思考题**

小小月饼为何能成为一些星级酒店的经济支柱？

**◆必须掌握节点**

## 第一节　酒店礼品销售处的工作任务

现代酒店的营业内容与传统式的经营已大为不同，不仅营业项目包括了客房、餐厅之外的宴会及会议业务，而且在产品项目上也是经常推陈出新，甚至在软、硬设备及服务品质方面也要不断力求新颖出众。此外，酒店在礼品销售方面更是各展身手，服务类型和方式也不断地推陈出新。酒店礼品营销是酒店适应市场需求、以灵活适度的礼品销售或馈赠与客户建立良好关系，从而吸引客户，来获取更大的酒店服务市场份额的营销方案。

酒店礼品销售目前主要配合酒店会议市场以及节庆市场的形式出现，通过会议礼品营销、节庆礼品营销可以为酒店聚积人气，做大酒店会议市场，带动全酒店其他产品销售。

## 一、酒店礼品的采购和定制

酒店礼品可以自行设计并采购，或请礼品公司代为设计礼品，并由礼品厂家供货，饭店摆放样品供客户选择。通过调查确定酒店会议市场及节庆市场的主要客户群，并对主要客户群进行分析，然后确定礼品形式并进行设计、采购或定制。

## 二、酒店礼品销售的组织

酒店常见的礼品销售如端午节的粽子、中秋节的月饼、春节的年货等产品等的销售普遍具有销售周期短，任务重的特点，单靠销售部的几个销售员显然力量过于单薄，必须依靠全体员工的力量，实行全员销售，才能有所成就。因此，酒店礼品的销售，特别是在节假日的礼品销售时，要求销售部牵头组织、统筹协调酒店其他各部门，如餐饮部、客房部等，同心协力，才能达成销售目标。

## 三、酒店礼品的市场推广

### （一）团购客户的政策申请与推广

团购客户是酒店礼品购买的主力军，礼品销售处要处理好老顾客的维护与新顾客的开发，制订切实可行的团购政策，用利益打动客户，靠品牌维系客户。同时，注意做好团购客户的结算与回款工作。

### （二）零散客户的政策申请与推广

散客是酒店礼品销售的有益补充，通过适当的广告投入，积极引导散客信赖购买本酒店礼品，进而利用其口碑效应，连锁介绍，在消费者心中形成酒店礼品的品牌。

### （三）全员销售的培训与奖励政策的制订

在节假日开始之前一两个月，分阶段、分级别对酒店全体员工进行培训，并阐述全员销售的具体任务和奖励政策，提高全员的销售积极性。

## 第二节 礼品销售处的岗位设置与职责

### 一、酒店礼品销售处的岗位设置图

酒店礼品销售处的岗位设置图见图5－1。

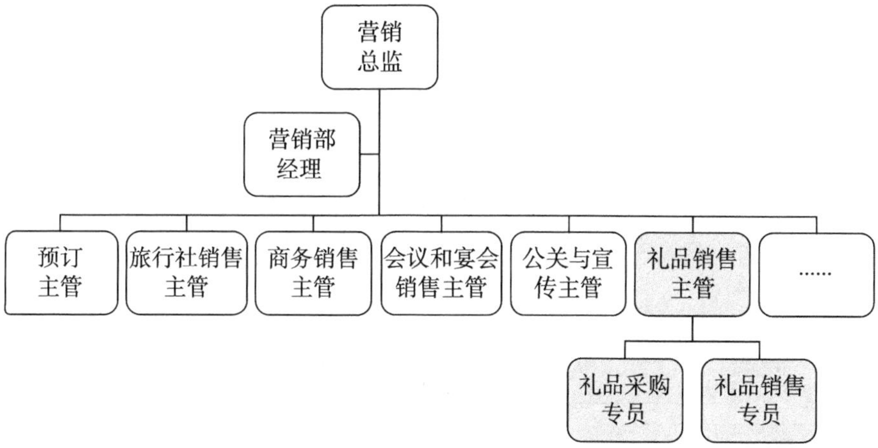


**图5－1 酒店礼品销售处的岗位设置图**

### 二、礼品销售处的岗位设置

### （一）礼品销售主管岗位职责

礼品销售主管的直属上级是营销部经理，下级是礼品采购专员和销售专员。主要负责酒店礼品的采购、销售及设计等工作。其所处位置见图5－2。

（1）根据酒店营销战略组织制订酒店礼品销售的年度规划。

（2）定期、准确向酒店营销总监和相关部门提供酒店礼品销售情况、费用控制、应收账款等反映礼品销售工作现状的信息，为酒店的重大决策提供信息支持。

（3）领导酒店销售处员工完成市场调研、市场开发、市场推广、销售、客户服务

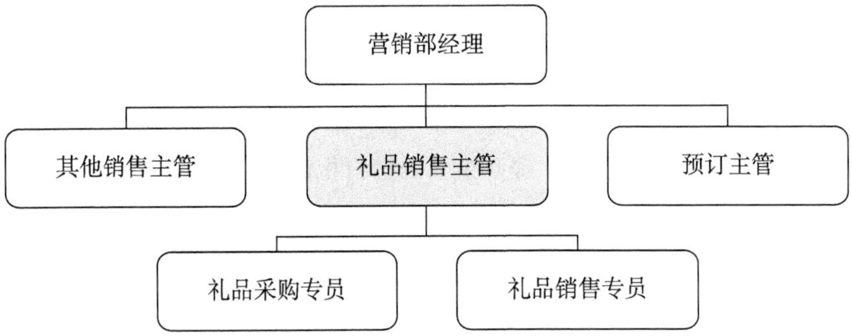


**图5－2　礼品销售主管位置图**

等工作。

(4) 组织客户管理工作，负责维持重要客户，与客户保持良好关系。

(5) 负责审核产品报价，参与合同谈判、合同签订等工作。

(6) 负责酒店销售处行政管理工作。

### (二) 采购专员岗位职责

采购专员是礼品销售主管的下级，主要负责酒店各种礼品的采购、联络工作。要求熟悉并理解酒店礼品采购基本流程和支付流程。其所处的位置见图5－3。

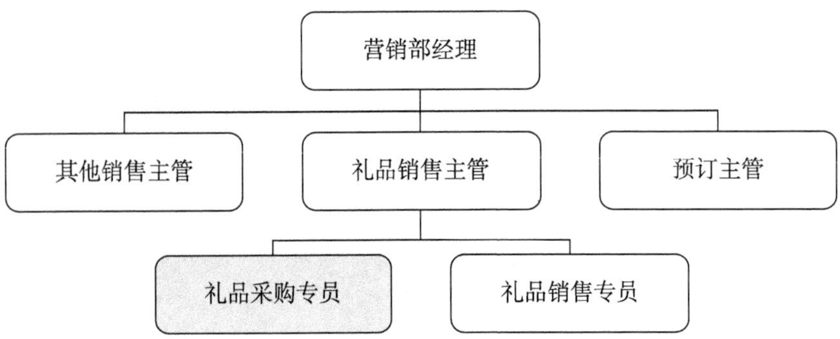


**图5－3　礼品采购专员位置图**

(1) 参与制订酒店礼品的采购计划。

(2) 根据酒店销售处的礼品采购计划履行采购任务。

(3) 定期、准确向酒店礼品销售处主管汇报采购情况、进展、风险和问题等。

### (三) 销售专员岗位职责

销售专员是礼品销售主管的下级，主要负责酒店各种礼品的销售推广工作。要求熟练掌握酒店销售技巧。其所处的位置见图5－4。

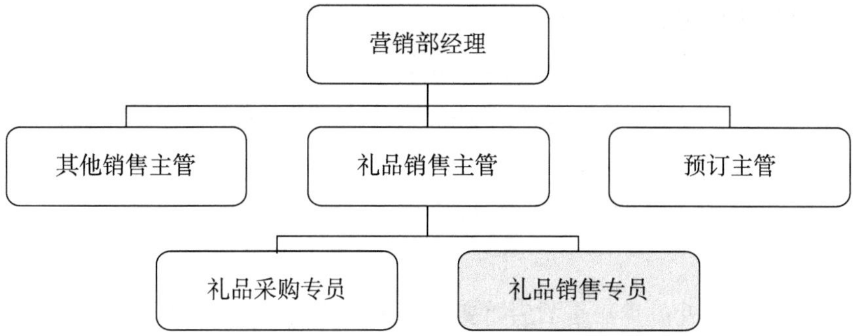


**图5－4 礼品销售专员位置图**

（1）负责酒店礼品销售的市场拓展，产品推广和新客户开发。

（2）负责酒店礼品和其他部门捆绑销售的具体方案制订。

（3）参与酒店礼品的采购计划制订。

（4）参与酒店礼品的设计和定制计划的制订。

## 第三节 礼品销售处工作的程序与关键

### 一、酒店会议礼品服务的工作程序

会务组礼品服务一般实行浮动金额赠送办法即提取会议消费总额的一部分作为礼品赠送金额，酒店可以灵活根据客人需求选择购买礼品。主要程序如下：

（1）前期准备。

1）确定参与会议的人员数量、规模、人员年龄分布、人员背景、人员特点。

2）根据会议消费总额和礼品金额所占比重确定礼品赠送金额。

3）进行礼品选择和设计。

（2）礼品采购制订。

1）根据礼品选择和设计结果进行采购或者定制。

2）如果需要定制，择由礼品设计人员协调礼品公司沟通礼品设计方案。

3）确定礼品交货时间。

（3）会议结束时，赠送给客人。

### 二、酒店会议礼品服务的关键

（1）确定礼品金额在会议消费金额中所占的比例，需要参考以往会议经验，结合当前客户的情况来确定。

（2）根据客人需求，进行礼品选择和设计。

（3）根据领导的喜好选择可以代表酒店文化内涵的礼品。

### 三、节假日礼品销售的工作程序

酒店在节假日的礼品销售是酒店重要的利润来源之一，必须引起足够的重视。

（1）前期准备。

1）根据节假日的不同主题确定礼品的类型。

2）进行礼品选择和设计。

（2）礼品采购制订。

1）根据礼品选择和设计结果进行采购或者定制。

2）如果需要定制，由礼品销售专员协调礼品公司沟通礼品设计方案。

3）确定礼品交货时间。

（3）在节假日开始之前一个月进行销售。

### 四、节假日礼品销售的关键

（1）根据节假日的不同主题确定礼品的类型。如中秋节、端午节、春节等。

（2）产品的特色与销售服务是产品销售的重要环节。

## 第四节　酒店礼品销售的作用与分类

随着人们生活水平的提升，假日经济近些年呈现出增长的态势，各家酒店更是八仙过海各显神通，出台了一系列的营销活动来吸引宾客，都想在这个大商机里分得更大的一杯羹，酒店礼品销售也随着大环境火爆起来。节庆礼品的销售在酒店利润中所占比例也越来越大。

### 一、酒店礼品销售的作用

#### （一）通过良好的祝愿，加深客户对酒店品牌的印象

酒店礼品，在答谢客户、发展业务方面非常有效。带有酒店独特气息的礼物，不

仅加深了客户对酒店品牌的印象，同时还会巩固加强酒店与客户之间已有的良好关系。合适的礼物及表达了酒店对客户的感激，又让对方不自觉地接受了酒店广告，达到了宣传和促销的效果。

### （二）传播异域文化

酒店是一个特殊的文化载体，是具有不同文背景的人们共同营造的特定的生活空间。不同地域的人们第一时间接触到的异域文化，最直观的就是客人入住的酒店。作为一个有使命感、责任感的酒店，非常有必要利用酒店这个平台，传递不同文化赋予人们的思想内涵和精神追求。不同文化特质的礼物会直接吸引异域宾客的眼球；恰当的推销会使客人在简单入住的同时，体会并提升自己的文化潜质，因此享受到酒店超值服务，进而成为酒店的忠诚客户。比如在中国传统节日端午节，购买酒店销售的礼品粽，既可以让入住客人品尝到精美的中国美食，又增加了客人对中华文化浪漫气息的体味，同时也是客人带给亲人的一份浓浓的情意。同样，圣诞欢歌之时，具有浓郁西方色彩的圣诞礼物伴随着酒店的圣诞活动又会深入到东方客人的文化意境中。

### （三）为酒店带来丰厚利润

酒店礼品通常设计独特，包装新颖，在同类产品的市场价格相对较高，礼品销售与客房、餐饮及其他活动销售最大的不同在于它的集中回报和其相对的高额利润。

### （四）树立酒店形象，尤其是文化形象

酒店礼品在设计和包装中通常要体现酒店企业文化的外显形象，同时还会体现酒店文化的内涵。比如酒店礼品中的工艺品可以酒店楼体外观为式样，节庆礼品的包装一定带有酒店 Logo 或名称的色彩、图案等。这样让消费者一看到礼品就知道是谁送的，就会不断强化酒店在消费者脑海中的印象。

### （五）提升酒店员工的文化素养，提高服务质量

酒店礼品销售通常是全员性的，酒店员工进行礼品销售要通过各种培训，其中最重要的就是礼品设计内涵和文化符号的阐释。员工只有理解并把握这些文化信息，才能更好地完成其销售任务。而每一次培训，必定会提高员工的文化素养，从而使员工自觉不自觉地提高服务质量。

### （六）带动酒店其他产品的销售

酒店礼品销售有很多时候都是与酒店的各种活动交织在一起的。独特的礼品有时

候会成为吸引客人参与活动的契机，从而带动了酒店活动的销售。

## 二、酒店礼品的分类

### （一）酒店礼品从内容上分

**1. 节日礼品**

节日礼品就是指在中西传统年节中，承载节日传统文化理念与习俗的礼物。比如春节的年货、端午节的粽子、中秋的月饼、圣诞节的礼物等。

**2. 商务礼品**

商务礼品是指是指企业或团体对外进行商务交流活动、加强协作和联系时使用的礼物。商务礼品受礼者多为外部企业或团体和个人，以互助、合作、共赢为目标，因此价值和文化特性的需求比较明显。根据细分需求的不同，商务礼品可以进一步细分为标志性礼品、交际性礼品两类。

（1）标志性礼品。主要用于品牌形象的展示和宣传，重大对外活动的商务礼品也可以为标志性礼品。这种礼品多为团体对团体的赠送形式，侧重企业理念用形象展示。标志性商务礼品基本不需要考虑受礼者的礼品需求，而是具有强烈的企业礼品定做特色。比如企业要定做某款特色产品的金质模型、要刻有某团体标志的玉质印章等。

（2）交际性礼品。这是我们常说的狭义的商务礼品。主要用于日常的各种商务交际场合，用来提升送礼人与受礼者关系和情感的商务礼品，受礼者主要为商务合作伙伴。定做这类礼品要侧重表达对受礼者的尊重与关爱，重点考虑受礼者对礼品个体需求，较为雅致又具有实用性的礼品一般都会受到欢迎，比如红酒、紫砂壶、茶叶、字画等。

**3. 会议礼品**

会议礼品是指政府机关或企事业单位进行各种会议、周年庆典或年度表彰时使用的礼品。会议礼品的受礼对象一般为内部员工或企业团体和会议贵宾等，在会议交流之余，主办单位更希望借此会议契机，通过富有特色的会议礼品表示对与会者的关心与祝福。受礼者多为活动或事件的参与者。通常要根据会议的需求和参与者的需求确定礼品。而温馨的会议纪念礼品可分为三类。

（1）庆典纪念礼品。主要用于开业、单位周年庆典、开工典礼等重大事件。它让庆典更加隆重，烘托庆典气氛，让更多的人记住庆典、感念庆典，是表达庆典情感的载体。这类礼品希望对于参会人员来说不仅是简单的礼品，还可以在日常生活中切实记得住、用得上。

（2）表彰性会议礼品。主要用于企业年会、年终表彰奖励，或对于先进人物进行表彰。主要以回馈系统内部员工为主。这类礼品最终是被受礼者带回家的，因此以贴心实用型礼品当仁不让。

（3）商务会议礼品。主要用于论坛、讲座场合，以表示感谢、拉近关系、巩固关系等。会议多为高端的研讨会或半公开的高端学习形式，与会人员为同一领域的专业人士，定做这样的礼品应侧重于品位与实用性。

**4. 个人活动礼品**

个人活动礼品是指个人在以自我为主体的各类活动中，为表达良好祝愿，回报亲友而准备的礼物。比如婚宴礼品、特殊纪念日礼品等。

## （二）酒店礼品从用途上分

**1. 福利礼品**

酒店福利礼品主要是指酒店提供的企业为了保留和激励员工，增强本企业员工的凝聚力，体现对员工的关怀，在主要传统节日和员工个人主要日子以及绩效达成时发放给员工的物质礼物。如酒店的各种特色节日礼品就是福利礼品的最佳选择。

**2. 纪念礼品**

纪念礼品主要是指客户在酒店进行的所有商务活动（包括酒店自己组织的商务活动）中，赠与参与人员的有一定的象征与关联意义的，对活动有所纪念而专门定制的礼物。如会议纪念礼品。

**3. 促销礼品**

促销礼品是指企业为推广产品、增加产品销量、传播品牌、提升品牌忠诚度而对消费者赠送的礼品。受礼者为企业产品或服务的消费者。以促销、增值，品牌传播为目的；对礼品的表现力或者说服力、定制性需求明显。

## （三）酒店礼品从礼品载体上分

（1）食品类礼品：如粽子、月饼、春节套菜等。

（2）工艺品类礼品：如特色吉祥物、传统扇子、工艺摆件、丝绸书画、竹筒木雕等。

（3）都市工业品类礼品：如家纺产品、企业化办公用品等。

（4）保健类礼品：如健身器材、按摩产品、保健食物等。

（5）科技化礼品：如移动硬盘、MP4、计算器、收音机、电子万年历、PDA、电子保健产品等。

## 三、酒店选择礼品时的注意事项

### （一）选择节日福利礼品要点

**1. 要实用实惠**

福利礼品的受礼对象是各单位的员工，企业在礼品选择上特别注意关爱和务实。因此，酒店在产品设计时要考虑选用产品丰富的大包装，这样收到礼品的员工不仅会感受到领导的关爱，还能感受到单位积极务实的工作作风。

**2. 精致的元素不可少**

福利礼品设计时也不能走实用实惠的极端，对产品包装等不重视。福利礼品本身是各单位对员工的一种人性化关怀，粗糙的产品却会给员工带来负面的影响；所以酒店在提供福利礼品时，应当在相同价位的基础上，设计好独特的产品形状及包装。细节精致的产品，更显出企业对员工细致周到的关爱。

**3. 既有创意又有新意**

虽然员工对福利礼品尤其是节日福利礼品的期望并不高，但年年发粽子、发月饼，也会审美疲劳。节日福利礼品不仅仅是发完粽子、月饼，回家吃就完了，还有一些更有意义的风俗习惯，比如端午节佩香囊、挂钟馗、悬艾草、洒雄黄、竞龙舟，中秋节赏月、作诗、做兔儿爷、玩花灯、舞火龙等。因此，在酒店礼品设计中应包含这些文化内涵，这样的产品既满足了人们对传统习俗的承袭，又传播了酒店对传统文化传承的企业形象。

### （二）选择商务礼品要点

**1. 定制**

企业通过商务礼品定制不仅可以将自己企业中具有代表性的标识，宣传口号印在礼品上，更从另一方面促进了赠、收双方的友好关系，体现了企业的实力，对企业自身良好的形象也做了有效的传播。定制时商务礼品的包装要精致美观，吸引人。

**2. 专一性**

酒店为企业设计或采购商务礼品时，根据不同的受礼对象选择不同价值的礼物；根据受礼对象的趣味不同，精心挑选礼品；还可以考虑是否在礼品上刻上受礼者名字，这样使礼品更具有私人性和专一性。如有可能，亲自或者让信使分发礼品。何时以何种方式分发礼品等。

**3. 要有文化气息**

商务礼品不同于个人礼品，它首先必须是企业形象的代言人。处于不同行业的企业都有不同的企业形象，有的注重公司创新形象，有的力图表现雄厚实力，但有一个是共同点，即必须体现公司的文化底蕴。酒店礼品只有理解受礼对象的整体性和个性变化，有可能将自己的礼品活动上升到文化的层次。

### （三）选择会议礼品的要点

**1. 保存时间长**

会议礼品适宜选择保存时间长，适合在桌子上或墙上进行陈列，有一定的价值或使用价值，最好有一定的象征与关联意义的礼品。

**2. 有实用价值**

任何会议参加者喜欢有实用价值的礼品，尤其是适合家庭和个人都能使用，最好是家庭和个人需要而没有的耐用礼品。

**3. 价值高，著名品牌**

针对企业重要经销客户的会议适宜选择各类适合个人、家庭、办公场所或专卖店使用的高档名牌产品，高档的案上工艺摆设，高档文具摆设等，最好能有一定发财的象征意义。这样能够提高与会者对会议相关人员和会议要素的重视程度，从而形成更好的合作。

# 第五节　礼品销售方案的制订与礼品设计要求

## 一、酒店礼品销售方案的制订过程

**1. 酒店礼品市场调查**

（1）酒店礼品市场调查的主要内容。

酒店礼品市场应当主要围绕下面几个方面进行调查。

1）消费者需求：文化背景、年龄、喜好、习惯、消费能力等。

2）酒店自身条件：酒店理念和品牌理念、促销目标、管理状况、拟投入资金、人员条件等。

3）市场因素：销售渠道、产品进入时期、成熟状况、地域特点等。

4）礼品本身因素：外观、材质、工艺水平、工作质量、使用性能等。

5）时间因素：销售时机、设计周期、生产周期、运输周期、季节特点等。

6）竞争者：竞争者的数量、竞争者的特点等。

通过调查，重点分析消费者对礼品的倾向程度和节日的消费行为，以及对礼品促销办法的接受程度，对相似竞争性的礼品、价格、渠道的市场态度等（调查样表详见附件一）。

（2）酒店礼品市场调研程序。

1）确定调研目的。首先，要确定所要解决的问题是什么，这里需要注意的是调查范围要有一定的限制，调查目的不能含糊笼统；其次，确定调查是否可以达到解决问题的目的，以及调查所需的各种条件是否具备，如人力、财力、时间等。

2）制订调研计划。指定的计划中应该包括调查目的、调查对象、调查内容、调查方法、调查时间、调查费用等。通俗而言，就是说明为什么调查、对谁进行调查、调查什么、怎样调查、花多长时间和多少钱。

3）收集调研信息。在实地调查过程中，调查人员的职业素质与岗位培训非常重要；否则，调查结果的准确性将受到影响。

4）分析调研信息。这个步骤一般是通过筛选分类、统计计算、鉴定分析等方式，达到去粗取精、去伪存真的目的。

5）撰写调查报告。根据对调查数据的整理分析结果，写出调查报告。这里有一点需要强调，即使调查结果与调查初衷相距甚远，调查报告的结论也必须如实地反映调查结果。

**2. 论证酒店礼品销售的可行性**

在充分调查的基础上，营销人员写出市场调查报告，提出礼品销售的具体建议。礼品销售专员、酒店各部门高层管理人员、礼品行业专家等将进一步论证调查报告中提出礼品销售内容的可行度，从而做出礼品设计和销售的决策。

**3. 研究设计销售产品**

研究设计销售产品是指酒店有关部门对酒店礼品的研究、构思、设计、生产（或购买）和推广，其目的在于扩大酒店礼品品种，提高礼品质量，进一步诱导和满足消费市场的需要。

饭店可自己设计或请礼品公司代为设计礼品，并由礼品厂家供货。设计出的礼品和其他新产品一样，未必都是全新的产品。产品在其形式上可分为完全创新的产品、改进的新产品和仿制的新产品。如果能够创造出人们前所未见的酒店礼品——包括有形产品和无形服务当然最好不过，但创造全新礼品毕竟不容易。因此，在更多情况下，人们对于产品的仿制与改进会给予更多的关心。相比之下，仿制与改进礼品具有以下优越性：投入少（从人力、物理、财力来考虑），产出多（从经济效益来考虑），收效快（以投资到获利所经历的时间来判断）。

**4. 采取合适的定价策略**

从战略角度出发，选择最有利的价格度量和形势，是一种提高效益的有效手段。价格因素是营销策略组合中灵活性最强的因素之一。对于新设计的礼品，我们可采用以下定价策略：

**5. 拟订销售目标，安排具体的销售任务和销售进度**

拟订销售目标是酒店礼品销售方案的核心内容。在市场分析的基础上对销售目标作出决策。销售目标应建立财务目标和营销目标，且目标要用数量化指标表达出来，要注意目标的实际、合理，并有一定的开拓性。销售任务和销售进度需根据具体的部门和人员以及分工来制订。

**6. 选择合适的销售方法、措施、步骤**

酒店礼品销售可采用销售会议、销售培训、销售过程控制、组织协调、激励奖励等方法措施，适时安排好销售前的培训、销售期间的有效沟通和售后收尾总结的工作。

**7. 形成销售方案，安排部署实施。**

## 二、礼品销售方案的结构、写法及注意事项

### （一）标题及其写法

（1）单位名称 + 时间 + 事由 + 文种。如《××酒店 2014 年月饼运营方案》。

（2）时间 + 事由 + 文种。如《2014 年春节年货销售方案》。

（3）单位名称 + 事由 + 文种。如《××酒店圣诞礼品销售方案》。

（4）事由 + 文种。如《中秋国庆两节礼品促销方案》。

### （二）正文

**1. 前言**

这是方案的开头部分。简明扼要地概述制订方案的指导思想、依据、意义、本酒店情况及总目标等。

### 2. 主体

包括三部分。

（1）目的和任务。明确地写出要达到的目标、指标和数量上、质量上的要求，即“做什么”。

（2）措施和步骤。说明完成任务的具体措施和行动步骤，时间分配，人力、物力、财力安排等，即“怎么做”。

（3）其他事项及应注意的问题。

### 3. 结尾

可以提出执行的要求，也可以展望方案实施的前景。有的方案主体内容表述完毕全文就结束，因此，写不写结尾，要根据内容表述的需要确定。

### 4. 尾部

包括落款和成文日期两项。

落款写上制订方案的单位名称。标题中已标明单位名称的，这里可以不写。

成文日期写方案通过或批准的日期。有附件的方案，附件名称并标注于正文之后，落款的左上方。

## 三、礼品销售方案写作注意事项

（1）注意从本部门的实际情况出发，不脱离实际，不把任务指标订得过高或过低。

（2）方案的目的、任务、指标、措施、步骤要具体明确，以便于落实和监督检查。

（3）语言简洁明了，朴实自然，表达方式以说明、叙述为主，行文中不夹杂不必要的议论。

## 四、酒店节庆礼品的设计要求

### 1. 情感化

随着物质生活的极大丰富，人们在传统节日礼品的选择上对礼品使用价值的眼球慢慢淡化了，更多期望得到的是情感的互动和体验。显而易见，对礼品使用价值需求的弱化必将带来对其精神文化内涵关注的提升。消费者更多需要的是在礼品中得到感情及其他象征性体会、认同和满足，传递彼此的祝福、崇敬、关怀、爱慕、思念等情感。正如美国著名认知心理学家唐纳德·A. 诺曼所言，“如果物品具有重要的个人相关性，如果带来舒适的心境，那我们就会依恋它们，我们所依恋的实在不是物品本身，而是与物品的关系及物品代表的意义和情感”。

21世纪人类已进入一个信息时代，由于网络的冷漠、隔膜和快节拍的社会生活，人们关于礼品不只需求完成其功用性，对有归属感、亲切感、意味特质礼品具有剧烈的愿望，特别需求经过某种亲切、熟习的言语来传递情感信息，构成人与物、人与人之间的交流，直至融合。

**2. 个性化**

在我们一般的送礼中，走亲访友，传统节日，亲友生日等，礼品大都是一般性的大众商品。我们在电视广告上看到的礼品，或是超市里所摆放的包装礼品，都不过是一般性的普通的商品而已。这些礼品同质化严重，并不能满足人们对于个性礼品的需求。而在大众节日中，很多的消费者根本就不知道要送什么有个性的礼物，随着大众走，别人说送什么就送什么，没有自己的主张，当过完节时便发现，收到的礼物都是一样的，没有有个性的礼物。

因此，受消费者的独特青睐的个性化突出的礼品，在未来一段时间必将成为礼品设计的重点要求。

## 五、节庆礼品的设计要求

### （一）礼品主题设计要明确

当今社会，人们生活步伐加快，平时难得有时间与亲朋好友相会，只有一些大型节日的假日给人们提供了联络情感的机会。因此，酒店节庆礼品的设计应当围绕节日的文化，侧重休闲化、营养化和主题化来展开。根据不同节日情况、节日消费心理行为、节日市场的现实需求和每种产品的特色，研发推广适合节日期间消费者休闲、应酬、交际的新礼品，这是顺利打开节日市场通路，迅速抢占节日广阔市场的根本所在。

### （二）礼品设计返璞归真

礼品设计在造型上，要传承中国特有的造型艺术体系来展开头绪，这个头绪就是“形”的衍生、“意”的延伸和“神”的承传，现代的礼品设计应当跟随生活的返璞归真，尝试在自然、历史、传统文明的元素中寻求新的艺术思想和审美层次，使设计变得愈加贴近生活、贴近自然、贴近传统、贴近民族文明，尤其注重在立足于几千年华夏文明沃土的基础上，显示出一种独树一帜的作风言语及设计特征。

另外，在传统节日礼品包装中采用天然的竹木、布麻、陶瓷类等具有情感色彩的材料，不仅触动人的情感带来生理的愉悦感，更能体现悠久、厚重的文化气息。比如用竹木材质包装种子，竹木清新宜人，色彩自然、舒适，且便于取材和加工成形。竹木不仅具有天然材质的物质属性，其意义还表现在文化意味上，让人联想到独特的中国文人气质内涵。

### （三）酒店礼品设计要突出自己的特色

酒店在节庆礼品设计生产销售时，尽量不要和强势厂家正面对抗，尤其是不要和强势对手打礼品战，应该独辟蹊径，突出自己的优势和卖点。虽然不少人在节庆期间愿意出去走走看看，吃吃玩玩，购物消费，但还有更多的人则愿意在家里度假。如果酒店找准自己的市场，设计并生产出与众不同的节庆礼品，在包装上别具一格，使自己的产品从千篇一律的金黄红紫的节日包装中跳出来，让其好看又实用时尚，就能够满足这部分人在家里掏钱消费礼品的需求，给酒店带来更高的收益。

### （四）礼品包装要体现情感化

优秀的礼品能够对受礼者倾吐心声，述说礼品的内涵、特点和属性，表达送礼着的情意，激发受礼者的感情回应，拉近两者之间的距离。优秀的礼品包装还可以提高礼品的身价，既表达受礼者的尊贵，也体现送礼者的身份，补充、丰富送礼者的心意，使受礼者获得意料之外的精神上的享受和满足。礼品重礼，不重品。一件产品被作为礼品的时候，一定要产品的某种文化属性起关键作用。

### （五）礼品具有价值感

价值感就是你选择的节日礼品虽然成本不高，但对消费者来说，心理感觉价值很高。比如让企业老总签名的家庭摆设赠品，明星签名的物品等，这些无形中就给消费者造成了一个高价值的观念。同时需要注意的是，礼品的真实价值不能太高也不能太低。太低对消费者没有吸引力，价值太高了，直接增加了销售成本，消费者也会因为有“羊毛出在羊身上”而放弃购买。

## 第六节　酒店礼品的采购方法与渠道

酒店礼品采购指的是从最合适的来源、获得满足质量、数量和价格要求的合适产品和服务的全过程。采购是外部导向的，是从外部供应市场获取资源的过程，通过物流手段实现交易。由于经济全球化的深化，电子信息技术和互联网的迅速发展，现代采购面向的是全球的供应市场，在全球范围内寻求资源的最有利、最高效的配置。

酒店礼品采购是价值交换的过程，对酒店的财务有着重大影响。而且采购涉及技术、产品、市场、竞争、价格，需要运用各种市场手段和策略，实现采购在酒店中的战略价值。

## 一、酒店礼品的采购方法

酒店礼品的采购方法种类很多，可从中选取最方便最有利的方法进行采购，然而采购对象不同，所采用之采购方法亦不相同，常见的礼品采购方法有：

### （一）招标采购

指酒店作为招标方，事先提出礼品采购的条件和要求，邀请众多企业参加投标，然后由酒店按照规定的程序和标准一次性的从中择优选择交易对象，并提出最有利条件的投标企业签订协议等过程。整个过程要求公开、公正和择优。

招标采购可分为竞争性采购和限制性招标采购。它们的基本的做法是差不多的，其主要的区别是招标的范围不同，一个是向整个社会公开招标，一个是在选定的若干个供应商中招标，除此以外，其他在原理上都是相同的。

一个完整的竞争性招标采购过程由供应商调查和选择、招标、投标、开标、评标、决标、合同授予等阶段组成。

### （二）询价采购

询价采购是指对几个供货商（通常至少三家）的报价进行比较以确保价格具有竞争性的一种采购方式。

（1）询价采购范围：临时紧急采购且不属于招标范围的礼品。

（2）询价采购特点：邀请报价的数量至少为三个；通常只允许供应商提供一个报价。每一供应商或承包商只许提出一个报价，而且不许改变其报价。不得同某一供应商或承包商就其报价进行谈判。报价的评审应按照买方公共或私营部门的良好惯例进行。采购合同一般授予符合采购实体需求的最低报价的供应商或承包商。

（3）询价采购要求：货比三家，“三家”是指可以比较的“三家”，是具备可比性的三家。一级批发商、二级批发商、三级零售商之间是不具备可比性的。应该选择同种品质、不同品牌及供应商的物品进行比较。

### （三）指定采购

（1）适用范围：来源渠道单一或属专利的礼品、首次制造出来的特色礼品、合同追加的、原有礼品采购项目的后续扩充、发生其他紧急情况（如礼品发放出现短缺）不能从其他供应商采购的产品。

（2）指定采购注意事项：成本往往比正常采购偏高；要注意区分采购的需求，确保价格和质量一致性；通常要避免经常发生此类采购行为。

## 二、酒店礼品采购的渠道

酒店礼品采购渠道即酒店通过何种环节、什么路线将礼品采购回来。常见的礼品采购渠道有：

### （一）直接渠道策略

直接渠道策略就是要找到商品的原生产厂家，直接从厂家进货。这一渠道策略的优点是：可以降低进货价格，防止假冒伪劣商品进入自己的企业。但采用直接渠道策略要考虑到原生产厂家距离的远近，若因距离过远造成商品运输成本过大则要调整策略。

### （二）固定渠道策略

固定渠道策略就是要选择资信好、生产能力强、商品质量高的供货商，与他们建立长期的合作关系，固定进货渠道。这一策略通常适用于日常生活用品、需求量稳定的商品和厂家生产质量稳定的商品。其优点是：可以通过良好的合作关系规范采购活动，适时保障市场供应，并可通过长期的合作关系使买卖双方受益。

### （三）区域渠道策略

区域渠道策略就是有针对性地选择货源市场。在目前市场商品极大丰富的情况下，很多商品因其特殊的生产环境和经营条件，形成了一些独具特色的商品货源产地或货源市场，采用区域渠道策略就是根据自身的经营需要，选择有特色的商品货源产地或货源市场作为进货渠道。这一策略的优点是商品采购选择余地大，便于专门化经营。

### （四）名优渠道策略

名优渠道策略就是选择名优商品厂家或供货商作为进货渠道。选择这一策略必须和企业的整体经营战略、目标市场定位相一致。这一策略的优点是：可以通过名优商品树立企业良好形象，提高企业经营档次，增加消费者对企业的信任度。但该策略通常只适用于大型商业企业。

### （五）动态渠道策略

动态渠道策略就是不断根据市场变化选择新的、有发展潜力的进货渠道。采用这一渠道策略难度较大，它不仅需要充分的、及时准确的市场信息，还要有敢于开拓市场的胆量和魄力。其优点是：能灵活地适应市场变化，不断推出新商品，但不利于建立和谐的合作关系，一般只适用于市场变化较快的商品。

总体来讲，每个酒店都有各自不同的特点，所以酒店礼品采购的渠道也不一定完全相同。但在一般情况下，选择商品采购渠道时要注意以下几点：

（1）环节精简：尽量压缩进货环节，加快采购速度。

（2）路线最短原则：在商品价格相近的情况下，就近采购。

（3）省时原则：尽量减少中转手续，节约时间。

（4）经济节约：从各方面节省采购成本。

## 三、选择酒店礼品采购的总体要求

酒店礼品采购工作必须要围绕“价”、“质”、“量”、“地”、“时”等基本要素来开展工作。

### （一）适价

价格永远是采购活动中最核心的焦点，一个合适的价格往往要经过以下几个环节的努力才能获得。

#### 1. 多渠道获得报价

报价就是向供应商询价，根据“货比三家”的采购原则，酒店礼品采购部门在礼品采购时依据所要购买礼品的具体采购要求，通过多种渠道向多家供应商发出物品采购要约，从而获得来自不同供应商的多方面报价。

#### 2. 比价

由于供应商报价单中所包含的条件往往不同，因此采购人员必须将不同供应商报价中的条件转化成一致后才能比较，只有这样才能得到真实可信的比较结果。

#### 3. 议价

经过比价环节后。筛选出价格最适当的两三个报价（注意：是适当价格，不是最低价格），然后进行议价环节。随着进一步的沟通，不仅可以将详细的采购要求传达给供应商，而且还可进一步“杀价”，供应商的第一次报价往往含有“水分”。但是，如果礼品为卖方市场，即使是面对面地与供应商议价，最后所取得的实际成绩可能要比预期的要低。

#### 4. 定价

经过上述三个环节后，双方均要接受的价格便作为日后的正式采购价，一般需保持两三个供应商的报价。这两三个供应商的价格可能相同，也可能不同。

### （二）适质

并不是最低的价格就是最可取的，采购礼品应考虑价格对应的质量，并同时考虑与供应商的长远合作关系和其他采购等因素，使礼品的质量在合适的前提下，采购价格达到最低最优水平。一个优秀的采购人员不仅要做一个精明的商人，同时也要是一个精通业务的品质管理人员。在礼品采购时，价格是第一，但质量同样不可忽视。品质达不到使用要求的严重后果是价格差异永远无法弥补的。

### （三）适时

酒店礼品的采购到位时间，必须根据使用要求确定。若未能如期购到，则将会影响酒店的正常经营运作；如会议礼品。若礼品提前太多时间买回来放在仓库里，一方面会造成礼品款式、质地、表达诉求等的过时，另一方面将造成采购资金的积压。故采购人员应该严格按照采购要求，把握礼品交货期限。

### （四）适量

批量采购虽然可以获得数量折扣，但会积压采购资金，太少又不能满足经营需要，故合理确定采购数量相当关键，原则上酒店需根据礼品销售订购量采购。采购人员不仅要监督供应商准时交货，还要强调按订单数量交货。

### （五）适地

酒店在选择供应商时首先必须考虑最近的供应商来实施，近距离不仅使得沟通方便，处理事务更快捷，亦可降低采购物流成本。

◆小知识

1. 传统采购

传统采购是酒店一种常规的业务活动过程，即酒店根据礼品销售需要，首先由各需要单位在月末、季末或年末，编制需要采购物资的申请计划；其次由酒店物资采购供应部门汇总成酒店礼品计划采购表，报经主管领导审批后，组织具体实施；最后，所需物资采购回来后验收人库，组织供应，以满足礼品销售的需要。

2. 现代采购

现代采购是指运用现代科学的采购技术和方法，通过计算机网络实现信息收集、供应商选择、采购、运输、库存，全过程使用信息化、网络化，最大限度地满足生产需要，降低采购物流成本，实现采购目标的过程。科学的采购技术和方法主要有：经济批量采购法、MRP 采购法、JIT 采购法、ERP 采购技术、供应链采购技术、网络采购技术等。

(1) MRP 采购。

即物资需求计划（Material Requirement Planning，MRP），是指根据产品结构各层次物品的从属和数量关系，以每个物品为计划对象，以完工时期为时间基准倒排计划，按提前期长短区别各个物品下达计划时间的先后顺序，是一种工业制造企业内物资计划管理模式。MRP 是根据市场需求预测和顾客订单制订产品的生产计划，然后基于产品生成进度计划，组成产品的材料结构表和库存状况，通过计算机计算所需物资的需求量和需求时间，从而确定材料的加工进度和订货日程的一种实用技术。

其主要内容包括客户需求管理、产品生产计划、原材料计划以及库存纪录。其中客户需求管理包括客户订单管理及销售预测，将实际的客户订单数与科学的客户需求预测相结合即能得出客户需要什么以及需求多少。

(2) JIT 采购。

JIT 采购又称为准时化采购，它是由准时化生产（Just In Time）管理思想演变而来的。它的基本思想是：把合适的数量、合适质量的物品、在合适的时间供应到合适的地点。

JIT 采购的特点：

1）订单驱动（拉式）。JIT 采购是个“拉式”的概念，即以客户订单为驱动力。订单拉动产品朝市场方向移动，生产产品的原材料的流动也取决于同一需求。

2）供应链关系。采购方和供应商建立了战略合作伙伴关系（供应链关系），双方基于签订的长期协议进行订单的下达和跟踪。

3）信息同步。在电子商务、EDI等信息技术支持和协调下，双方的制造计划、采购计划、供应计划能同步进行，实现需方和供方之间的外部协同，提高了供方的应变能力。

4）质量零缺陷——JIT生产和JIT采购的生命。需方和供方是供应链上的合作伙伴关系意味着供应商的资格认证、产品质量、信用程度都是可靠的，值得信赖的。质量标准经过双方共同参与，由供方完全负责保证，不需要两次检验。既降低了质量成本，也避免了检验成本。

5）零库存——JIT的最高境界。信息代替库存：信息同步、无缝连接，使节点上的需求和库存透明化、能见度增高。

表5－1为准时制采购与传统模式采购的比较。

**表5－1　　准时制采购与传统模式采购的比较**

| 项　目 | 准时制采购 | 传统模式采购 |
| --- | --- | --- |
| 双方关系 | 合作伙伴 | 相互对立、竞争、博弈 |
| 采购批量 | 小批量、送货频率高 | 大批量、送货频率低 |
| 供应商选择 | 长期合作，单源供应 | 短期合作，多源供应 |
| 供应商评价 | 质量、交货期、价格 | 质量、价格、交货期 |
| 检查工作 | 逐渐减少，最后消除 | 收货、点货、质量验收 |
| 运　输 | 准时送货、买方负责安排 | 较低成本、卖方安排 |
| 信息流 | 快速、可靠 | 一般要求 |

（3）供应链采购。

供应链采购是指供应链内部企业之间的采购。供应链内部的需求企业向供应商企业采购订货，供应商企业将货物供应给需求企业。

供应链采购与传统的采购相比，物资供需关系没变，采购的概念没变，但是，由于供应链各个企业之间是一种战略伙伴关系，采购是在一种非常友好合作的环境中进行，所以采购的观念和采购的操作都发生了很大变化。

1）从采购性质看：①供应链采购是一种基于需求的采购；②供应链采购是一种供应商主动型采购；③供应链采购是一种合作型采购。

2）从采购环境看：供应链采购是一种友好合作的环境，而传统采购是一种利益互斥、对抗性竞争环境。

3）从信息情况看：供应链采购一个重要的特点就是供应链企业之间实现了信息连通、信息共享。

4）从库存情况看：①用户零库存，可以大大节省费用、降低成本、专心致志地搞好工作，发挥核心竞争力，可以提高效率。②供应商掌握库存自主权，可以根据需求变动情况，适时地调整生产计划和送货计划，既避免盲目生产造成的浪费，也可以避免库存积压、库存过高所造成的浪费以及风险。

5）从送货情况看：供应链采购是由供应商负责送货，而且是连续小批量多频次地送货。

6）从双方关系看：供应链采购活动中，买方企业和卖方企业是一种友好合作的战略伙伴关系，互相协调、互相配合、互相支持，所以有利于各个方面工作的顺利开展，提高工作效率、实现双赢。

7）从货检情况看：传统采购由于是一种对抗关系，所以货物会常常以次充好、低价高买、甚至伪劣假冒、缺斤少两，所以买方进行货检的力度大，工作量大，成本高。而供应链采购，由于供应商自己责任与利润相连，所以自我约束、保证质量，所以可以免检。这样大大节约了费用、降低了成本、保证了质量。

（4）电子商务采购。

电子商务是指交易双方利用现代开放的互联网络，按照一定的标准所进行的各类商业活动，是商务活动的电子化。电子商务的产生使传统的采购模式发生了根本性的变革。这种采购制度与模式的变化，使企业采购成本和库存量得以降低、采购人员和供应商数量得以减少、资金流转速度得以加快。

电子商务采购是在电子商务环境下的采购模式，也就是网上采购。通过建立电子商务交易平台，发布采购信息或主动在网上寻找供应商、寻找产品，然后通过网上洽谈、比价、网上竞价实现网上订货，甚至网上支付货款，最后通过网下的物流过程进行货物的配送，完成整个交易过程。

电子商务采购为采购提供了一个全天候、全透明、超时空的采购环境，即 365 × 24 小时的采购环境。该方式实现了采购信息的公开化，扩大了采购市场的范围，缩短了供需距离，避免了人为因素的干扰，简化了采购流程，减少了采购时间，降低了采购成本，提高了采购效率，大大降低了库存，使采购交易双方易于形成战略伙伴关系。

总体来看，传统采购与现代采购的区别如下：

1）传统的采购管理思想中买卖双方的关系是相互对立的，现代采购管理思想中买卖双方是合作伙伴关系。

2）传统的采购管理思想认为供应商的数目越多越好，现代的采购管理思想认为越少越好。

3）传统的采购是定期交货，现代的采购是及时交货。

传统采购中先设计产品后质询价，现代采购是供应商参与商品设计。

4）传统采购管理中信息交换是定期的库存较大，现代采购管理的信息交换是及时的，信息较小。

◆知识拓展节点

# 第七节　酒店全员销售节日礼品的奖励办法

## 一、酒店节日礼品全员销售的概念

全员销售是一种以市场为中心，整合企业资源和手段的科学管理理念，指即指酒店所有员工对酒店礼品的品种、价格、渠道、促销和需求、成本、便利、服务等可控因素进行互相配合，最佳组合以满足顾客的各项需求。

简单地说，酒店节日礼品全员营销就是指酒店中的每一个与顾客直接接触的员工都应把自己看成是酒店节日礼品的推销员，在同顾客接触中，通过言谈举止，树立酒店形象，扩大酒店及酒店节日礼品知名度，使更多的顾客购买酒店礼品和服务。具体来说就是每一部门都有促销任务，营销部和各个一线部门对酒店节日礼品销售的整体业绩要求进行业绩细分化。

酒店全员营销，并非全体员工都出去销售礼品，而是通过科学的管理方法和过程，充分发挥每个员工的主观能动性，认真做好本职工作，给客人留下美好印象，让客人体会到管理上乘、价格合理、物超所值，从而从根本上扩大销售。

## 二、酒店节日礼品全员销售的作用

全员营销是在全面质量管理的前提保证下才能进行的一项工作，它涵盖于全企业的每一个部门，贯穿于每一道工作过程，它是全企业每一位员工都积极参与的一个系统工程，它主要是营造一种全体员工，即从总经理开始到每一位普通员工都积极参与，都来关心企业，关心营销的工作氛围。这对于酒店开展营销工作来说大有好处：

（1）酒店全员营销，要求员工树立“服务即推销，推销即服务”的思想，将酒店各部门的员工都纳入到酒店礼品的整个销售环节中。这样能够充分调动每位员工的积极性和突出能力，员工参与到酒店节日礼品的日常经营工作当中，打破固有的销售和综合脱节的弊端，将酒店人力资源优势发挥到极限，从而提升经营效率，更多地增加营业收入与市场占有率。

（2）每一位直接面对顾客的员工都是一位营销员，首先在人员数量上形成了优势，比过去单靠营销与楼面管理人员进行营销的状态相比，情况有了很大的变化。从人本观念看，人多了，接触的社会面就广，智谋、办法就多，必然会带来好的收益。而且，在全员销售这个平台上，可以从员工中发现适合做营销工作的人才，加以培养，增加后续力量。因此，迎宾员、订餐员、服务员、领班、部长、主管甚至是保安都能成为一位很好的营销员。

（3）全员销售可以直接提高酒店的品牌知名度与品牌价值。

（4）全员销售还促进全面优质管理的推行与应用，提高工作质量与先进管理水平。从而大大提高顾客的满意度；全员营销要加强公司的管理人员深入客户，了解员工，从而进一步增加公司上下一致的凝聚力。同时也会降低各部门的管理费用，在很大程度上提高酒店的赢利水平。

（5）全员营销强调的是持续和日常性工作，而不是某些人或某个部门在淡季和经营不景气时代突击任务，因此在酒店中会逐渐形成制度化，有利于企业今后的发展。

（6）全员营销最主要的意义还在与导入了一种全新的理念，是营销指导思想的一次更新，是营销具体工作的一次改革，不但给酒店带来了经济效益，也给社会提供营销人才，也为员工今后创业打下了良好的基础。

## 三、全员销售节日礼品的政策及具体内容

全员销售酒店礼品的政策通常包括团购政策和零售政策两大类。

### （一）团购政策

团购即团体购物，指酒店客户一次性购买较多产品或服务，以求得最优价格的一种购物方式。根据薄利多销的原理，酒店可以给出低于零售价格的团购折扣和单独购买得不到的优质服务。团购政策由酒店员工团购政策和客户政策组成。

#### 1. 酒店员工团购政策

酒店员工团购政策包括普通单品团购和礼盒团购。

（1）普通单品团购政策内容。

1）确定团购标准。比如单张订单报价 2000 元以上为团购标准。

2）制订销售折扣。比如报价 1 万元以上 9.1 折，1 万元以下 9.5 折；最低折扣以上部分归礼品销售人员个人奖励。

（2）礼盒团购政策内容。

1）团购标准：比如月饼销售，单张订单 20 盒或报价 4000 元以上。

2）团购政策：最低折扣 8.1 折，最低折扣以上部分归业务员个人奖励。具体操作见表 5－2。

表 5－2 礼盒团购折扣表

| 订单金额 | 最低折扣 | 备　注 |
| --- | --- | --- |
| 2000～5000 元 | 8.1 折 | 比如，某产品销售回款后另给销售人员 4 元/盒提成奖励 |
| 5001～10000 元 | 7.5 折 | |
| 10001～20000 元 | 7.4 折 | |
| 20001～30000 元 | 7.3 折 | |
| 30001～40000 元 | 7.2 折 | |

2. 客户政策

客户政策就是酒店对其客户发布的，能够使客户做大、做好、与酒店长期合作，或者在预付款、回款、结算方式等方面的奖励机制或手段。主要包括预下订单政策、结账周期政策、结账形式政策、提货形式政策。通过制订导向性政策，提高客户满意度和业务员的销售积极性；同时，此系列政策空间和最低折扣空间作为业务员综合考虑和客户谈判的空间，归业务员奖励。所有返利均按销售净额（报价－最低折扣＝销售净额）计算。

单品团购无各类客户政策返利。

下面以 2012 年中秋月饼礼盒销售为例，介绍有关客户政策。2012 年中秋节是 9 月 30 日。

1）预下订单政策。为了使大单团购能够尽量按计划进行采购或有序生产，酒店应制订预下订单返利政策，见表 5－3。

表 5－3 订单返利政策表

| 时间段<br>返利<br>金额 | 8 月 25 日（含）前 | 9 月 5 日（含）前 | 9 月 15 日（含）前 |
| --- | --- | --- | --- |
| 报价 10000 元以上团购 | 5% | 3% | 2% |

注：返利按逐笔订单销售净额计算，不计追加订单，按收到订单时间为准；如有客户后期补货可按团购政策执行，需按补货时间计算返利，条件是前后客户名称和发票均需要一致。

2）结账周期政策。为了降低酒店和业务员的风险，应制订如下结账周期政策，见表 5－4。

表 5－4　　结账周期政策表

| 时间段 | 9月10日（含）前 | 9月30日（含）前 | 10月30日（含）前 | 10月30日后 |
|---|---|---|---|---|
| 返　利 | 3% | 2% | 1% | 按日2‰收滞纳金 |

注：a. 返利金额以款项（包括各单位内行支票）交至配送财务的时间为准。
b. 10月30日以后结账无“预下订单返利”；所有返利需在全部回款后以现金形式返还，回款必须以订单折扣回款，不得私自以账扣形式仅以最低折扣回款，否则取消其全部奖励资格。
c. 对于各渠道团购新客户（无酒店消费记录，无购买节日产品记录的客户）原则上执行货到付款。
d. 此结账周期政策和月饼专项预付款政策同时享受不冲突。

3）结账形式政策。为了满足客户的多种结账形式，应制订以下导向的政策，见表 5－5。

表 5－5　　结账形式返利政策表

| 结账形式 | 政　策 | 备　注 |
|---|---|---|
| 现　金 | 返利1% | 鼓励 |
| 支　票 | 返利1% | 鼓励，支票客户需要和订单客户一致 |
| 签单挂账 | 无结账形式返利 | 不鼓励，由门店评审管理，10月30日前结账不算签单挂账 |
| 银行卡 | 无结账形式返利 | 不鼓励 |
| 餐饮预付款 | 统一按照零售政策进行处理。无结账形式返利 | 无各类团购客户返利政策。餐饮预付款不同于月饼专项预付款 |
| 酒店借记卡 | 统一按照零售政策进行处理。无结账形式返利 | 无各类团购客户返利政策 |

4）提货形式政策，见表 5－6。

表 5－6　　提货形式返利政策表

| 提货形式 | 政　策 | 备　注 |
|---|---|---|
| 定点提货 | 返利1% | 鼓励（属于酒店渠道内部定点提货卡） |
| 送　货 | 无提货形式返利 | 支持 |
| 无障碍提货 | 无提货形式返利 | 支持（属于酒店渠道内部无障碍卡） |

其他销售渠道如需使用酒店门店内部定点提货卡或无障碍卡需给门店支付提货产品销售净额1%服务费，归酒店所有。

## （二）零售政策

零售是酒店把节日礼品卖给个人消费者或社会团体消费者的交易活动。特点是：

每笔商品交易的数量比较少，交易次数频繁；零售活动不仅向最终消费者出售商品，同时也提供相关服务。

零售政策就是激励消费者个体购买酒店节日礼品的奖励机制或手段。主要包括酒店员工销售政策和促销政策。

**1. 酒店员工销售政策**

（1）零售礼盒品种及提成政策，见表5－7。

表5－7　零售礼盒品种及提成政策表

| 系　列 | 品　种 | 价格（元） | 单　位 | 销售提成（元） |
|---|---|---|---|---|
| 经　典 | ××× | 158 | 盒 | 10 |
| | ××× | 218 | 盒 | 15 |
| | ××× | 258 | 盒 | 20 |
| | ××× | 298 | 盒 | 22 |
| 时　尚 | ××× | 168 | 盒 | 11 |
| | ××× | 188 | 盒 | 12 |
| 养　生 | ××× | 188 | 盒 | 12 |
| | ××× | 369 | 盒 | 30 |
| 尊　贵 | ××× | 699 | 盒 | 50 |

（2）奖励办法：按盒计算奖励，每周兑现奖金一次。

**2. 零售促销政策**

（1）会员礼：客户持会员卡在酒店选购节日礼品享受优惠（属于特殊商品不积分返利），见表5－8。

表5－8　会员购买礼品优惠表

| 时间段 | 9月1日（含）前 | 9月15日（含）前 | 9月30日（含）前 |
|---|---|---|---|
| 优　惠 | 9.2折 | 9.5折 | 9.8折 |

（2）礼赠：客户在酒店选购“×××”节日礼品，酒店用礼券赠送客户：比如满500元赠送价值38元某产品1盒，依此类推。

## 四、全员销售节日礼品的工作过程

酒店全员销售节日礼品通常包括培训阶段、销售阶段和收尾阶段三部分。

## （一）第一阶段：培训阶段

在全员销售之前必须让每个员工知道自己该项工作怎么干。否则所有员工不清楚自己的本职工作，发展下去企业内部会打乱仗，更谈不上形成整体竞争力。

**1. 销售政策培训**

培训时间：节日前 2 个月

培训对象：各运营管理部经理、主管

**2. 运营方案及销售政策培训**

培训时间：节日前一个半月

培训对象：所有员工

培训方式：逐部门进行

**3. 培训效果抽查**

检查时间：所有员工培训完毕一周之内

抽查对象：所有员工（含管理人员）

抽查方式：现场提问、笔试

## （二）第二阶段：销售阶段

**1. 节日礼品销售时间节点及管理要求**

（1）销售时间：节日前 50 天至节日当天。

（2）展台、宣传品到位时间：节日前 50 天左右。

（3）礼盒最早提货时间：节前 40 天。

（4）管理细节要求：

1）无障碍卡和定点卡全部由酒店财务管理发放，配送公司只依据订单发货，统一有效期至节日当天。

2）节前 10 天，不再发放无障碍卡，无障碍卡只能在节前 5 日酒店指定的规定地点领取。

3）提货卡的有效期由酒店财务填写起始日期，起始日期最早为节前一个月，截止日期直接印刷在提货卡上。

4）销售人员销售礼品券（提货卡）时必须清楚告知客户定点提货卡的有效期和固定的提货地点，无障碍提货卡的提货地点和提货时间，请客人选择，严禁为了定点提货 1% 奖励而隐瞒两种提货卡的区别，如出现客户投诉未告知提货卡的区别，则取消本订单的 1% 定点提货奖励。

5）无障碍和定点提货卡的运作方式一卡对应一货，由酒店发卡并管理货物，如果发现私自销售、挪用无障碍卡货物集团将严肃处理（处罚所挪用货物总金额的双倍金额），门店必须控制好定点货物和无障碍货物的配送发货节奏，防止集中到货影响储存。

6）严禁任何渠道业务员低价冲货抢单，各渠道每日将本日业务员所联络客户单位、姓名、意向购买产品、意向折扣报给礼品运营管理部检索是否有不同业务员联络同一客户的现象，酒店支持报价高的业务员。对恶意低报价抢单的业务员要进行处罚，每发现一次，处以1000元罚款。

7）会员卡/酒店预付款：会员卡/酒店预付款购买节日礼品无论数量多少均执行零售政策（没有各类团购客户政策返利），且必须下单即时结算，不得推后结算。

8）办理会员卡/酒店预付款发票：销售的每笔款项，以购卡销售同一批次开具同一张发票；发票的抬头单位，需据实开为一致客户。对同一笔业务需开具不同种类的发票，也需抬头单位一致。

9）对于达到团购标准的零售必须下订单，订单必须注明“酒店零售政策”，执行零售销售政策。由于零售有赠品和会员优惠等变动费用项目，要求财务必须记录每笔零售业务以便礼品销售周期结束后计算费用和利润。

**2. 销售会议管理及过程管控**

为了及时了解节日礼品销售的信息，以便对礼品销售过程中出现的问题及时管控，礼品销售管理部每周组织召开一次信息沟通会，具体要求如下：

参会人员：各部门项目负责人

会议时间：每周固定时间（特殊情况另行通知）

会议内容：

（1）通报信息内容：

1）各部门销售进度以及任务完成情况（金额、比例）。

2）上周团购销售排行。

3）上周店内零售排行。

4）目前畅销的品种和需急推的品种。

5）目前礼品库存情况。

（2）各部门需汇报的内容：

1）汇报下周客户拜访计划和预测销售情况（品种、数量、金额）。

2）汇报各部门库存情况和计划要货量。

3）各部门销售过程中出现的问题及遇到的困难。

4）各部门销售过程中优秀人物事迹及案例。

**3. 组织协调工作**

（1）组织工作：组织各部门做好节日礼品销售的宣传以及培训工作，要求各部门每日例会上进行强化培训，达到100%全员知晓的效果；运营管理部运营项目经理将不定期跟踪抽查。组织相关人员定期召开会议，对礼品销售相关问题进行沟通和解决。

（2）协调工作：对可能出现的问题提前防范，避免因政策、客户、提货、库存、结账、退货等产生争议，如出现以上问题及时协调解决。

（3）信息沟通：为了保持节日礼品销售信息畅通，以便于及时和销售人员进行沟通，要求各部门上报和下达以下信息：

1）零售和团购信息：各部门项目负责人要及时上报以下信息，以便于运营部能够随时掌握各店的销售情况，及时对不畅销的品种进行促销或任务分配，见表5－9和表5－10。

**表5－9　　店内零售信息汇总表**

| 部　　门 | 姓　　名 | 零售品种 | 零售数量 | 零售金额 | 零售排行 |
|---|---|---|---|---|---|
| | | | | | |
| | | | | | |

**表5－10　　团购信息汇总表**

| 部　　门 | 姓　　名 | 团购品种 | 团购数量 | 团购金额 | 团购排行 |
|---|---|---|---|---|---|
| | | | | | |
| | | | | | |

要求：当天24点前上交各部门当天的销售信息汇总情况，逾期未交者，按照运营管理中的相关规定进行考核，并作为优秀项目负责人奖的评比依据。运营管理部每周通过OA将以上信息下发至各部门，要求各部门对于销售业绩突出的团队及个人提出表扬，以提高大家销售的积极性。

2）每日库存信息：各部门项目负责人要组织及时上报每日库存信息，便于对库存较多的货物及时调配和处理，见表5－11。

**表5－11　　库存货物调配处理表**

| 产品名称 | 库存数量 | 库存金额 |
|---|---|---|
| | | |
| | | |

要求：每日晚 24：00 前上报当日库存情况。

运营管理部对即将售完的产品和库存数量少的产品会每日不间断的进行通报，以保证后期礼品销售的顺利进行并减少产品的库存数量。

#### 4. 计划与控制

（1）计划。销售前期根据整体目标数量进行生产和任务分配，销售中后期对销售滞销产品及时推出促销政策，销售后期根据库存情况及时做出应对处理。

（2）控制。畅销产品存货不多时，为保证利润，及时对团购进行控制，全部转为零售销售，加大对同等价值或同系列滞销产品的销售。

#### 5. 激励政策

饭店员工本身也是种资源，员工有各种各样的社会关系，员工通过社会关系给饭店增加收入，这是好事，应该鼓励，应有适当的奖励制度，可以在成熟的时候分配适当的业绩到各个人员。因此，除了上面所涉及的销售提成之外，酒店还可对节日礼品销售工作中涌现出的为客户提供优质服务、被客户提出书面或口头表扬的、销售额突出的各类人员进行奖励和表彰，以更好地推动节日礼品销售工作。比如，设立销售标兵奖、新客户开发奖、销售新秀奖、最佳销售奖等。

### （三）第三阶段：收尾阶段

#### 1. 尾货处理

（1）节前 5 日后根据库存情况，如有零售转团购的需求，需要运营部批准后财务部备案方可执行。

（2）退货处理：整体销售目标未达成的部分定义为退货，退货按照出厂价从礼品销售渠道利润和产品部门返利两者按照6∶4的比例冲减退货。

#### 2. 总结工作

要求各部门项目负责人在节日礼品销售结束后 10 日内上报各店的礼品销售总结。

#### 3. 督促货款回收

（1）督促各部门业务员按照回款要求及时回款。

（2）及时向上级汇报回款情况。

#### 4. 奖金发放

（1）节日礼品销售结束后 2 个月内酒店财务和人力资源部核算完奖金提成明细，由运营管理部负责人审批给业务员发放各项销售政策奖金，前提是业务员收回个人名下的所有款项，某业务员有欠款不影响其他业务员奖金的发放。

（2）奖金不扣税金：属于业务员的最低折扣和订单折扣之间的业务员奖金不需要

扣除税金。

**5. 组织表彰**

（1）各部门项目负责人在礼品销售结束后10日内上报各店获奖员工的名单及优秀突出事迹和案例，运营部负责对各部门上报的获奖员工进行把关，是否符合获奖条件。

（2）运营部组织表彰大会，对各部门表现好的员工进行表彰，并给予现金奖励。

## 五、全员销售的注意事项

### （一）建立全员营销的意识

首要的就是要在酒店内部形成一个良好的认识，不要把销售看成只是业务人员的事情，而应该将酒店所有员工都纳入酒店的销售体系。例如，我们可以建立酒店内部的员工良性流动机制，鼓励员工实现岗位流动，把最合适的人放在最适合的岗位，不合适的人逐步淘汰出餐厅员工队伍，来充分发挥员工的优势，实现优胜劣汰。

同时，也可以经常组织各种与销售相关的内部活动或研讨会，真正地把整个酒店融为一个有机整体，鼓励大家多关注酒店礼品销售的业务开展进程，了解整个行业的情况和先进的模式，同时结合酒店实际情况进行探讨，从而为酒店节日礼品的销售会诊把脉。

### （二）合理规划部门和职责

在酒店内部的构架划分上，首先避免业务部和后勤部等明显的划分，应该逐渐整合成大部制。

将企划、售后服务等与销售联系紧密的部门逐渐编制到一起，统称营销部，统一接受营销总监或销售总经理领导，实现与销售业绩挂钩的考核模式，最大限度地提升相关部门的礼品销售积极性。同时，也可以创造性地使用特殊部门配置机制。

### （三）做好销售前的培训

各个部门要定期制订培训计划，对本部门员工进行行之有效的实战性和科学的理论性的培训。人力资源部要对营业部门的培训进行检查，并做出培训记录，以便给营业部门的培训做指导依据。

行政人事部也要在酒店日常的经营培训中，总结并逐步建立一套先进的培训体制和培训资料，以便使酒店员工的个体素质有所提高，为酒店整体企业文化的建设奠定基础，对酒店产品销售中所蕴涵的内在价值进行塑造。使得酒店各部门员工把部门之间合作精神与客户服务意识深植大脑。

酒店的全员营销是个动态的综合性的问题，绝不是一两个部门之间的问题，在酒店整体经营中形成一种共识，将全员营销的意识贯穿到酒店经营的方方面面，同时保证各个部门之间良性运转，赋予相对应的权限和奖励机制，以保证酒店的利润最大化，达到酒店长期的可持续发展。

### ◆复习题

1. 礼品销售处工作的程序与关键问题是什么？
2. 酒店礼品销售的作用与分类。
3. 节庆礼品的发展趋势是什么？
4. 酒店礼品的采购方法与渠道各有哪些？

### ◆实训题

如何针对大客户定做礼品方案？

教师观测点：礼品需求分析、竞争对手礼品、礼品性质、礼品类型、礼品赠送方式等。

### ◆拓展题

实地调研或电话采访实习酒店的礼品销售情况，并对其礼品销售现状进行简要评析。

### 阅读材料

## 某酒店在中秋礼品销售激励政策

### 一、销售标兵奖

（一）入围条件

1. 主动为客人进行月饼讲解和推销，对客人的询问礼貌回复；
2. 客户在购买月饼后为客户提供优质的售中和售后服务；
3. 解决客人购买月饼期间所出现的一系列产品质量、提货等问题；
4. 客户提出书面或口头表扬；
5. 形成书面服务案例的优先；
6. 个人销售业绩（按团购订单金额计算）在部门排名前两名者。

（二）备注

1. 过程中出现顾客投诉，取消评选资格；

2. 由部门项目负责人根据入围条件，提供本店获奖名单，运营管理部审核；

3. 参加评选人员范围：各渠道所有销售人员；

4. 奖励标准：1000 元/名；

5. 奖励名额：各部门 2 名。

## 二、新客户开发奖

（一）入围条件

1. 在月饼销售中开发至少两名新客户，客户为第一次购买节日产品，且每位客户购买金额在 5000 元（按照订单金额计算）以上；

2. 得到客人和同事的一致好评，有口头或书面表扬；

3. 形成书面案例的优先；

4. 根据开发客户的数量由高至低排列入围。

（二）备注

1. 发票名称与订单名称以及回款单位名称相符，客户档案详细真实；

2. 过程中如有顾客投诉，取消评选资格；

3. 如有虚假客户信息，取消评选资格；

4. 由部门项目负责人根据入围条件，提供本店获奖名单，运营管理部审核；

5. 参加评选人员范围：各店所有销售人员；

6. 奖励名额：每部门各 1 名；

7. 奖励金额：500 元/名。

## 三、销售新秀奖

（一）入围条件

1. 与去年同期相比销售金额增幅前 4 名，根据评比名额由高到低排列入围；

2. 销售排名在本店前五名；

3. 得到客人和同事的一致好评，有口头或书面表扬；

4. 形成书面案例的优先。

（二）备注

1. 由部门项目负责人根据入围条件，提供本店获奖名单，运营管理部审核；

2. 参加评选人员范围：所有销售人员；

3. 奖励标准：一次性奖励 500 元/名；

4. 奖励名额：每部门 2 名。

## 四、最佳零售奖

（一）入围条件

1. 积极主动学习产品知识、销售知识，每次考试和抽查成绩前十名，主动帮助同事学习有关知识，受到同事或领导好评的（占比 25%）；

2. 积极主动向顾客介绍、推销产品，语言符合规范，受到顾客表扬或领导、同事好评的（占比 25%）；

3. 周零售金额累计 1000 元以上（占比 50%）。

（二）备注

1. 由部门项目负责人根据入围条件，提供本店获奖名单，运营管理部审核；

2. 参加评选人员范围：各部门主管级以下（含主管级）所有员工；

3. 奖励名额：每个部门取综合排名第一名进行奖励；

4. 奖励金额：200 元/人 · 周 · 部门。

## 五、最佳销售进度奖

（一）入围条件

1. 部门每周销售金额完成比例高于 15%；

2. 根据销售完成比例，由高至低排列入围。

（二）备注

1. 由运营管理部根据下单金额数据评比；

2. 参与评选范围：各部门；

3. 奖励标准：1000 元/名 · 周；

4. 奖励名额：各部门每周销售完成比例最高的 1 名进行奖励；

5. 奖金分配：部门 30%，部门项目负责人 20%，其余 50% 由各部门项目负责人根据本周店内人员的付出比例给予奖励。

## 六、最佳销售团队奖

（一）入围条件

1. 超额完成销售目标和完成销售目标的部门；

2. 销售组织排名在前三名；

3. 符合以上两个条件方可参加评选。

（二）备注

1. 由运营管理部根据入围条件评选；

2. 参与评选范围：各部门；

3. 奖励标准：5000 元；

4. 奖励名额：销售完成比例最高，并且销售组织排名在前三名的部门。

## 七、最佳服务团队奖

（一）入围条件

1. 在月饼销售期间，积极主动为客人、同事提供提货服务，并且得到客人和兄弟部门的表扬；

2. 在整个月饼销售期间，为兄弟单位无障碍货物提货服务较多的部门。

（二）备注

1. 如出现顾客投诉，则取消评选资格；
2. 由运营管理部根据入围条件评选；
3. 奖励对象：各部门的摊点组；
4. 奖励标准：1000 元；
5. 奖励名额：2 名。

**[简要评析]**

酒店销售需要个人的努力，更依赖团队的付出。在酒店销售过程中，既要发现优秀的员人，又要培养杰出的团队。酒店全员销售激励政策旨在调动全员销售的积极性，发挥每个员工的销售潜力，使每个员工在不同的岗位以不同的形式进行销售，形成销售合力，进而形成酒店品牌。

## 附件一　酒店礼品市场调查问卷

1. 您的年龄段

A. 18 岁以下　B. 18～30 岁　C. 30～40 岁　D. 40 岁以上

2. 您的每月礼物消费水平

A. 50 元以下　B. 50～100 元　C. 100～200 元　D. 200 元以上

3. 您购买礼物最多的节日（多选）

A. 元旦　B. 春节　C. 情人节　D. 端午节　E. 母亲节　F. 中秋节

G. 圣诞节　H. 其他

4. 您挑选礼品的一般价位

A. 10～50 元　B. 50～100 元　C. 100～150 元　D. 150～200 元

E. 200 元以上

5. 您经常的送礼对象（多选）

A. 父母长辈　B. 朋友　C. 恋人或爱人　D. 生意伙伴　E. 其他

6. 您在挑选礼品时会看重礼品的包装或者附带的装饰品吗?

A. 画龙点睛　　B. 没有必要　　C. 无所谓

7. 您选择礼品的方式（多选）

A. 商场礼品店　　B. 上网寻找　　C. 其他方式

8. 您挑选礼品时比较看重哪些方面（多选）

A. 礼品的使用程度　　B. 礼品外观　　C. 礼品创意度　　D. 礼品的外在包装

E. 卖家服务　　F. 其他

9. 您希望购买礼品类别（多选）

A. 饰品　　B. 工艺品　　C. 玩具　　D. 生活用品　　E. 贺卡　　F. 食品

G. 书籍

10. 您希望卖家提供哪些服务（多选）

A. 礼品推荐　　B. 送礼技巧介绍　　C. 根据买家要求特殊定制礼品

D. 节假日促销活动　　E. N 天包退换

11. 您经常在有品牌认同感的店里选购礼品吗?

A. 只买有品牌认同感的礼品　　B. 经常　　C. 有时候

D. 很少考虑品牌　　E. 没有礼品品牌概念

12. 平时购买礼品受何种广告方式影响多一些（多选）

A. 宣传单　B. 电视媒体宣传　　C. 网络宣传　　D. 其他

13. 您更倾向于何种返利方式（多选）

A. 全场打折　　B. 满定额返等额抵用券　　C. 满定额减价××元

D. 会员专属优惠　　E. 其他

14. 您在选购礼品时常感到何种需要无法满足?

15. 您经常收到什么类型的礼品?

# 第六章　预订工作

## 学习要求

**必须掌握节点**

- 预订处的工作任务
- 预订处的岗位设置与职责
- 预订工作的程序与关键
- 预订咨询报价策略与技巧
- 电话预订基本规范
- 预订异常处理方案

**知识拓展节点**

- 团队沟通技巧

## 热身案例

### 不愉快的结账

日本某公司驻上海办事处工作人员一行两人住进厦门市某三星级商务酒店。由于他们事先已向该酒店销售部预订了房间，所以到总台登记入住时十分顺利，只需在登记表上签字交押金就算办理了入住手续。

入住两天倒也相安无事，然而不愉快的事情却在他们离店结账时发生了。

“预订时不是讲好房价是每晚330元吗？现在怎么变成580元了？”客人不解地向总台收银员问道。

收银员小宋耐心地解释说：“预订时讲的是330元，没错。但你入住的那一天刚好遇上全国煤炭订货会在厦门召开，客房紧张，全市酒店的房价普遍上调，所以现在是按上调后的房价结算的。”

由于日本公司驻上海办事处的职员是中国人，对国内酒店的运作方式还是了解的。他们认定，一旦预订时讲好多少价钱，入住后必然按此价钱结算，因此对收银员小宋的回答十分不满，并立即找到销售部，与当时接受预订的销售部林经理交涉此事。林经理也感到总台做法不妥，马上亲自到总台解释，希望总台立即更改。

可是总台的收银员小宋认为，她是凭客人入住当天签字认可的登记表上房价结算的，她并无过错，而且若要更改房价，她没有这个权力。

林经理问小宋："预订单上已写明房价330元，怎么登记表上变成了580元呢？"小宋说："客人抵店之前，我们已先按预订客户姓名等资料填好登记表，房价是按当天收费标准改过来了，而且客人当时签字时也无异议。"

客人则说："我们签字时没有去看登记表上的房价，因为我们历来认为房价肯定按预订时说好的计算，所以没有疑问地就签了字。这不是我们的错。"在一旁的该公司另一位职员插话道："按理说，你们酒店只能按预订时确认的房价收费，怎么突然变卦？你们究竟讲不讲诚信？"总台的气氛一时紧张起来。

林经理出于无奈，只好请大堂副理出面解决。然而大堂副理听完情况介绍后，对客人说道："反正你们回公司可以报销，也不在乎出多少钱，我看就这样算了。"客人原以为事情大概会有转机，没想到大堂副理是这么一种态度，不满的情绪徒然增长。其中一位客人抬高了声音："我们是你们的长期客户，要是按580元房价拿回去报销，公司还不怀疑我们拿了好处？"客人的话不无道理。林经理见此情形，又气又急，立即把大堂副理拉到一边，悄悄地说："请你马上叫总台更正，否则这个长期客户今后不住我们这里了，损失就更大。"谁知大堂副理却振振有词地说："客人自己已经在登记表上签字了，白纸黑字，并且当时资料也输入了电脑，怎么变？要变只有找总经理了。"两个人的脸色显然都不好看。

也许是这两位客人不想再为难林经理，也许是急于赶车上路，他们走过来拉住林经理的手说："算了，这次就把这个账结了，请你用电话向我们公司解释一下，下回不住你们酒店就是了。"林经理一时怔住，当他缓过神还想再讲什么时，客人中的一位已经匆匆回到总台结账去了。

（陈文生．酒店管理经典案例［M］．福州：福建人民出版社，2011）

**思考题**

该酒店的预订暴露了什么问题？

◆必须掌握节点

# 第一节 预订处的工作任务

## 一、制订预订处工作计划

（1）根据酒店年度销售计划，制订预订处工作计划。

（2）根据工作计划要求，明确预订处工作目标。

（3）分解工作计划，将工作计划落实到预订处每名员工身上。

## 二、为客户提供预订服务

（1）及时向客户提供各种信息，比如报价、服务项目的详细说明等。

（2）接受营销部签约客户的预订信息，填写“预订单”，落实各项预订服务。

（3）处理销售人员合同订单中的预订，与酒店其他部门进行沟通、协调，落实客户的各项预订服务。

## 三、其他工作任务

（1）完善预订处管理工作制度、工作规范以及工作程序。

（2）将营销部发出的督办表、更改单、备忘录分送至相关部门，监督、检查预订工作的准备情况。

（3）分析客户预订信息，并及时将分析结果提供给销售人员和公关人员，以便他们更好地开展销售工作。

（4）及时向酒店其他部门发布预订更改和取消的信息，避免酒店产生不必要的损失。

# 第二节 预订处的岗位设置与职责

## 一、酒店预订处的岗位设置图

酒店预订处的岗位设置见图 6－1。

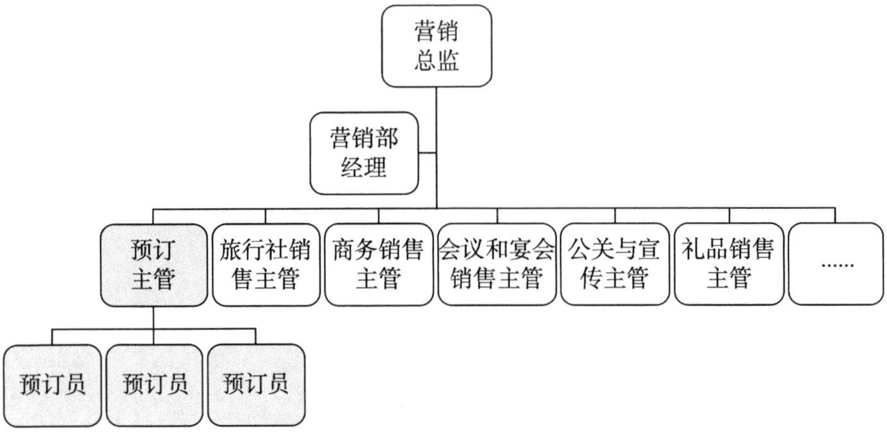


**图 6－1　酒店预订处的岗位设置图**

## 二、酒店预订处的岗位职责

### （一）预订主管岗位职责

预订主管的直属上级是营销部经理，下级为预订员。全面负责营销部门预订信息的发出和落实工作，以保证接待工作准确、圆满地完成。其所处的管理位置见图 6－2。

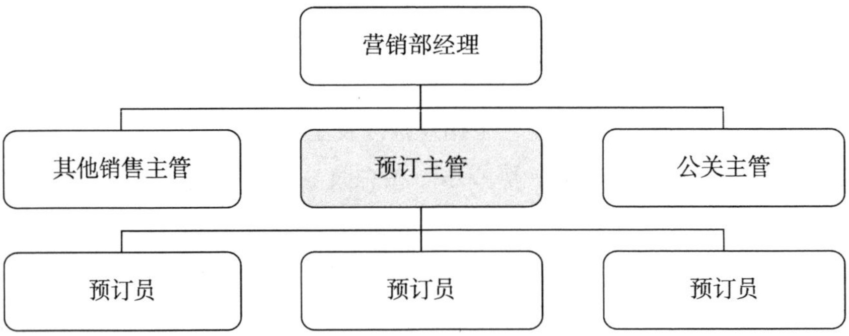


**图 6－2　酒店预订主管的位置图**

#### 1. 制订预订工作规范、计划

（1）分析酒店预订情况，根据市场要求制订酒店预订政策，负责对酒店内部各部门及外部客户做好酒店预订政策的解释工作。

（2）健全预订处管理制度，制订咨询、预订服务的工作规范及程序。

（3）明确预订处工作目标，制订预订处具体的工作计划。

**2. 组织开展预订服务**

（1）监督预订员日常预订接待工作，及时为下属提供指导和支持。

（2）监督预订员及时处理和发出预订信息，保证信息准确、到位。

（3）监督预订系统的工作情况，及时回复预订要求，对已确认的预订进行核实。

（4）接受相关询价，妥善处理客人的特殊需求。

（5）处理预订异常情况和客户投诉，重要情况及时上报。

**3. 督办预订准备工作**

（1）按规定及时检查各接待部门预订服务的准备情况。

（2）落实预订信息的取消、更改，监督接待部门的执行情况。

**4. 信息统计分析**

（1）根据实际情况更改已有预订并预测未来的预订情况。

（2）按时向有关部门提供酒店预订情况及有关预测资料。

（3）统计分析客户预订、消费情况，及时提供给销售人员和公关人员，协助营销部经理做好总结工作。

**5. 超额预订处理**

（1）检测客房预订情况，确认预订信息，及时发现超订情况。

（2）统计超额预订数据量，与客人进行沟通，并代订其他酒店客房。

（3）分析超额预订原因，制订改进措施，并提交营销部经理审核。

**6. 日常管理工作**

（1）监督、指导各类客房预订文件、资料的管理工作。

（2）负责组织下属人员进行预订业务培训并予以检查。

（3）负责对直接下属人员开展考核和选拔工作。

（4）完成上级交办的其他工作。

### （二）预订员岗位职责

预订员是预订主管的下级，主要将接受的预订发送至酒店各部门，并监督落实，保证预订及接待工作的准确、到位。其所处的位置见图 6－3。

**1. 接受客户咨询**

接听电话，解答客户咨询，若涉及需要签约的销售业务，将电话转接给相关销售人员（销售人员不在时，负责留言）。

**2. 处理预订信息**

（1）接受销售部签约客户、熟客、散客从各种渠道（现场、电话、网络）发来的

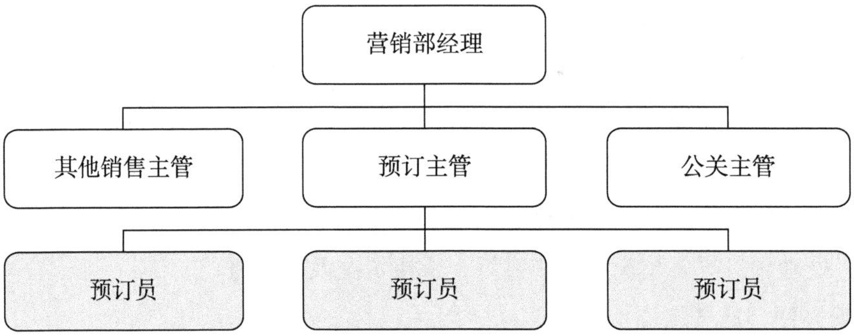


**图 6－3　酒店预订员的位置图**

预订信息，填写“预订单”，落实各项预订服务。

（2）处理销售人员合同订单中的会议、活动、宴会预订，与酒店各部门协调，落实客户的各项预订服务。

（3）将营销部发出的督办表、更改表、备忘录分送至各相关部门，监督、检查预订工作的准备情况。

**3. 资料整理**

整理预订处的客户资料、预订信息，并做到分类存档，统一保管。

**4. 其他工作**

（1）统计、整理各类信息并及时归档，按要求为营销工作提供信息。

（2）按月提交预订处团队、会议、宴会等预订信息统计报表。

## 第三节　预订工作的程序与关键

### 一、预订信息处理程序与关键问题

#### （一）预订信息处理程序

（1）收到销售人员或客户直接发来的预订信息。

（2）确认酒店接待能力。

（3）向客户发送预订确认函。

（4）收到客户回复。

（5）向酒店相关接待部门发送接待通知。

（6）协调接待准备工作。

（7）向客户提醒预订。

## （二）预订信息处理控制

（1）预订员应根据客人的情况，及时将预订信息分类、整理、汇总，并上报预订处主管。

（2）预订处主管随时了解客人的抵店时间，并提前一天复印“客房预订单”且分发给前台接待处，如有另外接到的预订，前台接待处应再打印一份当日预订情况表。

（3）接待员应在当班前仔细阅读当日预订记录，以便了解将抵店客人的姓名，尤其是重要客人的姓名。每名接待员都应检查、修正预订客人表，如有必要，应注明附加的信息。

（4）按顺序排列预订客人表，并单独打印客人的以下资料：

1）客人姓名、所在单位和介绍单位。

2）预订离店时间及特殊服务代码、预计抵店时间、航班信息等。

3）预订客房种类。

4）预交订金。

5）客房价格。

6）中老年人、青年人、儿童等。

7）是否确认。

8）是否到店。

（5）以上各项内容一般都使用缩写或特殊代码。预订客人表的最后一页是当天预计到店客人的总数及所需客房数。

## （三）关键问题

（1）接受销售人员（客户）发来的客户预订信息，与销售人员核对预订的时间、数量、规格、内容等信息。

（2）确认酒店接待能力时，需要从以下三个方面考虑：

1）了解酒店餐厅、客房、会议室的状态，确认能否满足客户的预订。

2）若酒店餐厅、客房、会议室能够满足客户的需求，应立即向客户发送预订确认函。

3）若酒店餐厅、客房、会议室不能满足客户的需求，应告知销售人员与客户协商。

（3）在接到客户预订回复后，根据客户的预订内容，向相关接待部门发送接待通知。

（4）确定各接待部门接待准备工作的落实情况，保证预订信息传达的及时、到位，保证接待准备工作的准确、高效。

（5）按酒店的规定，提前一天致电提醒客户，表示酒店已经准备就绪，静候客户的光临。

## 二、预订信息更改程序与关键问题

### （一）预订信息更改程序

（1）接受预订更改信息。

（2）确认更改具体事项。

（3）填写“变更通知单”。

（4）送至酒店相关部门。

（5）与各部门确认更改。

### （二）关键问题

（1）记录客户姓名、原预订日期、预约号码等信息，以便快速、准确查找原预订信息。

（2）确认原预订的详细资料无误后询问客户需要更改的事项，判断是否符合更改规定。

（3）接受预订更改后，根据更改事项填写“变更通知单”并送至相关部门。

（4）填写“变更通知单”时，要注明抄送单位，要求收到“变更通知单”的部门签收回复，以免漏送和重送。

（5）签收更改信息的部门在完成更改处理后，应及时告知预订处，确认完成预订更改。

## 三、超额预订处理程序与关键问题

### （一）超额预订处理程序

（1）收到预订信息。

（2）查询电脑预订系统。

(3) 确认超额预订。

(4) 填写“预订单”。

(5) 通知客户。

### (二) 关键问题

#### 1. 确认超额预订

预订员应查询酒店预订系统，若房价预订超额则不再接受客户的预订；若客户坚持要预订，应向客户解释，告知该期间该房型预订已满，并向客户介绍其他房型或建议客户调整住宿时间。

#### 2. 填写“预订单”

若客户坚持预订该房型，预订员应告知客户将被放入酒店的预订等候名单中，待该预订可以接受时，再通知客户。若客户同意，则按照散客预订程序填写预订单，并在预订单上标记为“等候预订”，留下客户的联系方式。

#### 3. 通知客户

若酒店入住情况发生变化，可以接受预订时，预订员要及时通知等候预订的客户；若酒店仍无法接受预订，则需要提前告知等候预订的客户，以便他们再作其他安排。

## 四、取消预订处理程序与关键问题

### (一) 取消预订处理程序

(1) 接受取消预订。

(2) 确认取消预订。

(3) 资料存档。

### (二) 取消预订关键问题

#### 1. 接受取消预订

接到客户或销售人员取消预订的信息后，预订员应询问取消人的姓名、到达的信息后，预订员应询问取消人的姓名、到达日期以及离店日期、取消预订的原因等信息。

#### 2. 确认取消预订

核实信息后，预订员填写“预订取消单”，并在原始订单上加盖取消公章。对于已付过定金的客户，要复印原始预订单和预订取消单，交前厅收银处，按协议退还定金或预付房费。

3. 存档

预订员将原始预订单与取消预订单存档，注明取消原因及时间。

## 五、预订信息归档程序与关键问题

### （一）预订信息归档程序

（1）留存日常工作文件。

（2）按规定分类文件。

（3）将文件按顺序编号后建立索引。

（4）文件归档、定期管理。

（5）复核文件的准确性、完整性。

（6）文件档案入柜保管。

（7）定期向档案室移交。

### （二）预订信息的关键问题

（1）将接收或发送的预订文件、日常工作搜集到的有关商业信息，留存或备份。

（2）将留存的文件、资料，按照规定分类（按用途分类、按性质分类、按重要程序分类），将分类后的信息按顺序编号并建立索引。

（3）文件归档、定期管理主要包括以下三项内容：

1）将编好号的文件、资料归档。

2）新资料归档时，记录要整齐、清楚。

3）定期清理过时和无用的资料。

（4）检查、核对档案时，要注意有关资料，特别是各种数据来源的准确性和完整性。

（5）所有档案都应放入专用的资料柜内，对于需要保密的档案，资料柜要上锁，在保管过程中注意防霉、防蛀。

（6）每月将所有档案进行整理，过时的和不涉及下月使用的档案装订成册后，移交档案室保管。

# 第四节　预订咨询报价策略与技巧

预订员在向客户提供预订咨询报价时，可以采用以下几种策略：

## 一、高低趋向报价

高低趋向报价是为讲究身份、地位的客户设计的报价策略，其运用时注意以下使用规则：

(1) 向客户报明酒店的最高房价，让客户了解酒店所提供客房的最高房价以及与其相配的环境和设施。

(2) 当客户对此不感兴趣时，再转向销售较低价格的客房。

(3) 在使用这种策略时，预订员要善于运用语言技巧说服客户，高价伴随着高级享受，诱使客户做出购买决策。

(4) 在运用这一报价策略时，预订员所报的高价应相对合理，不宜过高。

## 二、低高趋向报价

这种报价可用来吸引那些对价格做过比较的客户，这种报价策略有利于酒店提高竞争优势。

## 三、交叉排列报价

这是一种将酒店所有现行价格按一定排列顺序提供给客户的报价策略，即先报最低价格，再报最高价格，最后报中间价格，让客户有选择适中价格的机会。这样做酒店既坚持了明码标价的原则，又维护了商业道德，既方便客户在整个房价体系中自由选择，又增加了酒店出租高价客房，获得更多收益的机会。

## 四、选择性报价

采用此类报价策略要求预订员及时判断客户的支付能力，能客观地按照客户的兴趣和需要，选择适当的房价范围，一般报价不能超过两种以上，以避免客户犹豫不决。

## 五、利益引诱报价

这是一种对已预订了一般房间的客户采取给予一定附加利益的策略，使他们放弃原先预订的客房，转而预订较高档次的客房。

## 六、“三明治”报价

这是一种将价格置于所提供的服务项目中以减弱直观价格的分量从而增加客户购买可能性的报价策略。此类报价一般由预订员向客户口头描述报价，强调酒店所提供的服务项目符合客户的利益。

## 七、灵活报价

这是一种根据酒店现行价格及规定的价格浮动幅度向客户报出价格的一种策略。其中，价格浮动幅度一般是由酒店主管价格的部门根据酒店的实际情况规定的，要求预订员可在一定价格范围内适当浮动，灵活报价，满足客户的需求，使客房出租率和经济效益达到理想水平。

# 第五节　电话预订基本规范

与传统的营销手段相比，电话营销具有成本低、方便快捷的特点。因此，如何接好、利用好每一个咨询电话，对于酒店预订处来说，不容小视。

## 一、酒店电话预订工作的基本规范

酒店电话预订工作的基本规范见表 6－1。

**表 6－1　酒店电话预订基本规范**

| 顺　序 | 任　务 | 操作细则 |
|---|---|---|
| 1 | 接听电话 | 电话铃响三声以内接听电话 |
| 2 | 致问候语 | “早上/下午/晚上好！×××Hotel 预订中心，我是××，请问有什么可以帮到您” |
| 3 | 聆听来电者的请求 | A. 如果可以的话，设置电话转接服务 |
| | | B. 如有需要，对流程进行调整 |
| | | C. 开始预订流程 |

续 表

| 顺 序 | 任 务 | 操作细则 |
| --- | --- | --- |
| 4 | 根据咨询请求搜索酒店库存 | 确保获得了以下信息：入住日期？住几天？几个人？几个房间 |
| | | 如果酒店有房，重新确认入住和退房日期（并确认是星期几），然后继续看第5条 |
| | | 如果酒店没房，建议客人其他时间入住（预计入住日期前后有空房的时间） |
| | | 如果你确实没法安排，那么可以先把客人的需求信息记录下来，一旦有空房就与客人联系，或者向他推荐别的酒店（只在客人要求你推荐时才这么做） |
| | | 注：千万不要向客人推荐其他分销渠道（如：批发商和旅行社等） |
| 5 | 询问客人是否住过酒店 | “您之前住过我们酒店吗？”<br>如果没住过就看第6条，如果住过就看第9条 |
| 6 | 询问客人出差目的 | “您是来出差还是休闲游？”<br>如果是出差的话，询问来电者在哪家公司上班，然后看第7条。不过，当你在介绍酒店的同时，查找来电者的公司信息，将其预订信息与具体的公司相关联 |
| | | 如果是休闲游，请看第8条 |
| | | 注：询问此问题是为了进行个性化销售，满足来电者的需求 |
| 7 | 针对商务旅行者介绍酒店 | 介绍酒店的定位（真正的商务卖点） |
| | | 地理位置（附近的公交信息，离办公地点、餐厅和商务区的距离） |
| | | 设施（便利店、会议室、健身房、停车场和餐厅等） |
| | | 房间介绍（强调针对商旅客的特殊设施） |
| | | 请看第11条 |
| 8 | 针对休闲旅行者介绍酒店概述 | 介绍酒店的定位（真正的休闲卖点） |
| | | 地理位置（附近的公交信息和到各个景点的距离） |
| | | 设施（便利店、餐厅、健身房和停车场等） |
| | | 房间介绍（强调休闲设施） |
| | | 请看第11条 |

续 表

| 顺 序 | 任 务 | 操作细则 |
|---|---|---|
| 9 | 获取客人信息 | “您好，欢迎再次入住！可以告诉我您的姓名吗，以便查找您的相关信息。” |
| 10 | 查看客人的历史入住情况 | 在接下来的销售过程中，直接称呼客人的姓名（至少三次） |
| 11 | 介绍客房 | 再次确认客人的信息 |
| | | 浏览客人之前的酒店入住情况，并确认其地址和个人信息 |
| | | “我们现在有价格为××的××房。” |
| | | 注：在回应价格抵触情绪时，强调酒店的有限库存，并重申此房价是目前最优惠的价格。如果可以的话，指出库存有限的原因（引用具体的事件）。千万不要使用“更实惠”、“便宜”等词语。不要就价格向来电者表示歉意，因为你的价格很合理 |
| | | 强调此房价是目前最实惠的价格并且你不能确保此价格在将来会保持不变<br>如果接到更多的预订，那么房价可能要上调 |
| | | 如果客人仍然认为房价偏高，那么建议他在有更优惠房价的时间段入住 |
| | | 当你给客人这样一种“不要错失良机”的心理暗示时，更容易将电话咨询转化为预订 |
| 12 | 将电话咨询转化为预订 | 1. “请问您要确认此次预订吗？” |
| | | 2. “请问可以帮您确认这次预订吗？” |
| 13 | 处理订单 | 记录订单需要的所有信息，包括公司名（即使该公司之前与酒店没有联系） |
| | | 确认具体信息（包括客人的姓名、告知客人酒店的订单取消或变更条件、入住及退房时间、提前退房的费用和订单号） |
| 14 | 致结束语 | 询问客人什么其他事情可以帮到他 |
| | | 给客人发送预订确认函（附上本地必去的地方、交通信息和计程车服务信息等） |
| | | 感谢客人的来电，并表示期待他们（再次）入住 |

## 二、电话销售注意事项

（1）电话交谈时，亦请保持微笑。

（2）打电话时切勿吃东西、喝东西或吸烟。

（3）控制语速，勿太快、勿太慢。

（4）请记住，每十个电话销售中可能有一个到两个客户需要约定时间亲自登门拜访。

（5）在电话中你可以用以下五个提问来获取更多的信息：谁？在哪里？什么事？什么时间？怎么样？

（6）在结束电话销售时，请总结此次交谈的要点及接下来你的建议与行动，要点保持简单明了。

（7）如果你不知道如何回答客人的问题时，用肯定的答案还不如说你会核实后再回电给你的客人，并保证做到及时回电。

（8）要等客人挂上电话后，方可挂上电话。

# 第六节　预订异常处理方案

## 一、客房预订异常情况处理

（1）客房预订发生重复订房或客户要求增加预订客房的数量时，预订员要先与客房部沟通，了解酒店在预订时间的房态。

1）若有空房，考虑为客户换房或升级换房。

2）若房满，则在征求客户意见的前提下，代其预订附近其他同档次的酒店，同时向客户说明本酒店何时会有空房安排给客户，并征询客户是否需要接送，若有需要可酌情减免车费。

（2）若出现客户取消客房预订的情况时，预订员要先确认客户取消预订的时间。

1）若客户提前取消订房，未给酒店客房的出租造成损失，应立即填写“客房预订变更通知单”，并于第一时间通知相关接待部门经理取消预订。

2）若客户临时取消订房，给酒店造成经济损失，应立即填写“客房预订变更通知单”，并报告营销部经理。由营销部经理同接待部门经理协商，合理收取客户因取消预订而造成的损失费用。

## 二、包房、餐位预订异常情况处理

（1）在餐厅包房、餐位预订发生冲突或客户要求增加人数、餐位时，预订员要先与相关餐厅负责人沟通，确认该餐厅是否还有空闲的包房、餐位。

1）若有空闲的包房、餐位，在征求客户意见后为其重新办理包房、餐位预订手续。

2）若没有空闲的包房、餐位或不能满足客户的要求，向客户道歉后可推荐客户到其他餐厅或附近其他酒店的餐厅。

（2）若出现客户取消订餐的情况时，预订员要先确认客户取消订餐的时间。

1）若客户提前取消订餐，未给酒店造成经济损失，应立即填写“订餐预订变更通知单”，并于第一时间通知相关接待部门经理取消预订。

2）若客户临时取消订餐，给酒店造成经济损失，应立即填写“订餐预订变更通知单”，并报告营销部经理。由营销部经理同接待部门经理协商，合理收到客户取消预订而造成的损失费用。

## 三、会场预订异常情况处理

（1）若会场预订出现重复或冲突时，按“先到先得”的原则在内部予以协调，预订员应尽力说服后预订会场的客户更换场地。

（2）若出现客户取消会场预订的情况时，预订员要先确认客户取消会场预订的时间。

1）若客户临时取消订场，未给酒店造成经济损失，应立即填写“会场预订变更通知单”，并于第一时间通知相关接待部门经理取消预订。

2）若客户临时取消订场，给酒店造成经济损失，应立即填写“会场预订变更通知单”，并报告营销部经理。由营销部经理同接待部门经理协商，合理收取客户因取消预订而造成的损失费用。

## 四、订车异常情况处理

（1）在预订有冲突的情况下，与车队队长沟通，在有其他车辆可代替的情况下，给客户换车。

（2）在没有其他车辆可代替的情况下，由车队代为客户租车，若对外租车价格与酒店出租车辆给客户的价格有差价，则由造成预订冲突的人员承担差价。

### 五、重大异常事件处理

若事件性质比较严重，客户不接受协调时，应立即报告营销部经理或相关权限领导，请示总经理后，再作处理。

◆知识拓展节点

## 第七节　团队沟通技巧

对于酒店营销团队而言，沟通能使酒店员工与员工之间、管理者与员工之间的配合更加默契。此外，沟通的方式和手段决定了团队工作的效率和执行力是否良好。

### 一、保持畅通的沟通渠道

顺畅的沟通渠道，有利于酒店员工直言不讳的表达出自己的想法，同时也便于酒店管理者及时做出决断。有资料表明，团队中70%的问题（如工作效率低、执行力差、领导力欠缺、员工离职等）是由于沟通不畅引起的。建立畅通的沟通渠道对酒店团队运营有着积极的影响。

#### （一）建立良好的沟通机制

要保证沟通渠道畅通，首先要建立沟通机制，通常沟通机制包括沟通时间、地点、方式等。管理者能够及时地听到团队成员的声音，而员工也能了解管理者的决策或团队的运营信息。一般常用的沟通机制有以下几种。

**1. 早晚会**

早晚会制度是早会制度和晚会制度的结合。“早会”的重点在于安排当日的工作计划；“晚会”的重点是发现当日的问题，并提出改进计划。

早晚会是信息传递的有效途径，它能更快、更好地把各项要求及时传达和落实到基层。

### 2. 沟通日

选定每月或每周中的一天作为沟通日。在沟通日里，员工可以畅所欲言，而管理者也要走到员工身边倾听他们的想法。

### 3. BBS 论坛

酒店可以在 OA（办公自动化）系统上开设 BBS（电子公告板）论坛，员工可以在 BBS 论坛上发布信息、议题，也可以 BBS 上匿名发表任何意见（攻击性言论除外），对酒店的经营、管理等提出建议，也可以 BBS 上对酒店管理的不足之处进行善意的批评。

### 4. E-mail（电子邮件）

酒店应提供畅通的电子邮件沟通系统，当面对面的交流不适合时，员工可以直接给主管领导发送邮件，以迅速反映问题或解决工作中的疑惑。电子邮件应简洁明了，并只发给真正需要联系的人员。

### 5. 意见箱

专门设立意见箱。为了避免意见箱的设置流于形式，可安排专人负责整理，并转交相关负责人。

## （二）以良好心态与员工沟通

造成沟通渠道不畅的一个重要原因，就是管理者在与员工沟通时会产生一种天然的优越感，使得沟通双方不能平等对话。据美国加利福尼亚州立大学研究发现，这种不平等的沟通，使来自领导层的信息中仅有 20%～25% 能被员工知晓并正确理解。管理者应注意以下几点。

（1）放下领导的架子。管理者平易近人或把员工当朋友，不仅能得到更多的住处，还可使自己的观点被员工接受。

（2）不要对员工表现出不耐烦。控制好自己的情绪，抱着对事不对人的心态沟通。

（3）不要对员工颐指气使。这只会让员工欲言又止，或顶撞管理者。

（4）不要将话题的主角转移到自己身上。

（5）正确对待员工的建议。不要对员工的意见不屑一顾。不用自己思考就能解决问题，改善问题，何乐而不为呢？

（6）不要习惯性地下结论。说不定员工有更好的建议，况且自己的结论不一定正确。

（7）在采取新措施时要征求员工的意见。有时，强硬的态度只能换来员工的抵触情绪。

（8）对待员工要一视同仁。当员工感到不公时，就会开始撒谎。

### （三）随时随地沟通

沟通不是目的，而是手段。因此，酒店管理者应该随时随地地与员工沟通，不局限于固定的沟通模式中。

（1）管理者要离开舒适的办公室，到现场视察。

（2）充分采用现代化的沟通手段，发挥最佳时间效能。

（3）想象多种沟通方式，让沟通变的有趣起来。

（4）与员工沟通要时刻保持主动，鼓励员工反映问题，发表意见，在沟通过程中理解员工。

## 二、了解汇报的方式

选择正确、合适的汇报方式有利于信息的准确传播。一般来说，汇报分为口头汇报、书面汇报、E-mail 汇报和电话汇报等几种方式。不同的汇报方式适用于特定的不同情况，对此不应予以混淆。

### （一）口头汇报

口头汇报具有迅速、便捷的优势，适用于情况紧急、但必须管理者认可才能继续行动的情况，主要有以下两种情形：一些简单问题的汇报。因为问题简单，不必要花太多的笔墨，只要三言两语即可说明整个情况；一些突发问题的汇报。由于情况比较紧急，来不及采取书面形式，又需要马上向管理者说明。

向管理者进行口头汇报，需要语言精练，内容全面。口头汇报一般包括以下四项内容：

（1）事情的总体情况和具体细节。

（2）汇报者本人对情况的认识与看法。

（3）汇报者的计划工作方案。

（4）最终要达成的目标。

做口头汇报时，应注意以下几点：

（1）开门见山，直奔主题。

（2）先汇报结果。

（3）客观公正，实事求是。

（4）采用活泼的语言。

### （二）书面汇报

书面汇报更严谨、规范、正式，而且可作留存之用。但是，书面汇报时效性较差。遇到以下四种情况时，通常须进行书面汇报：工作中发生了无章可循的新情况，需要管理者明确指示才能处理；由于特殊情况而难以执行显性规定，需要管理者重新指示才能继续处理；出现意见上的严重分歧、无法统一，需要管理者裁决才能继续工作；事态严重，需要管理者加以审核批准，才能防止工作失误。

### （三）E-mail 汇报和电话汇报

使用 E-mail 汇报时，管理者即使不在酒店，也能随时掌握酒店的业务动态。适于采用 E-mail 汇报的情形有以下两种：管理者平时喜欢用 E-mail 与员工沟通；交流过程比较长，但十分重要的事情，可以先用 E-mail 说明沟通要点。

E-mail 汇报虽然非常便利，但它无法取代当面交流的直接性与书面汇报的确定性。因此，应将 E-mail 汇报这一便利方法与口头汇报、书面汇报结合起来，全方位地与管理者进行沟通。

适用于某些必须办理的临时性重要事务，向管理者进行请示或反映进行电话汇报后，还有必要在适当的时机，再以口头汇报或书面汇报形式加以补充说明。

## 三、及时、准确地下达指令

管理者在下达指令时，一定要保证指令内容的明确性和完整性，切忌使用模棱两可的词句。管理者在向员工传达指令时，经常会遇到这样的问题：员工不能完全准确地理解指令的信息，员工在接受任务后，不是思考如何创造性地完成任务，而是花费大量时间揣摩管理者的意图。管理者在指令传达过程中应做到及时、准确。对此，管理者必须做到以下几点：

### （一）理清自己的意图

管理者明白自己的意图，是准确下达指令的先决条件。如果管理者本人都没有弄清楚自己的意图，自然无法向员工准确说明指令中的要点。因此，管理者首先要认真思考各项工作的要点，做到心中有数，整理好思路再向员工下达指令。管理者可以先询问自己以下几个问题。

- 我现在是否具备给员工传达指令的条件？

- 我应该怎样开始传达指令？
- 执行指令的过程中会发生哪些可预见的问题？
- 员工可能提出什么样的要求？
- 我可以在哪些方面给予他们指导和帮助？
- 员工的能力是否与任务书的要求相匹配？
- 执行结果会怎样？

这样，便可以使自己对指令有清晰、完整的认识，在头脑中形成严谨的脉络，才能做到合理调度、把握全局。

**1. 清晰传达指令**

下达指令时，管理者要考虑员工的理解力。若下达的指令不够明确、具体，就会导致员工不理解管理者的意图，必然会延误工作。

有的管理者在指示员工时，常使用一些含糊的用语："要尽快把手这项工作完成"。"尽快"是多快？也许管理者的意思是"三天内完成"，而员工认为"一个星期内完工"便是"尽快"了。如此"语焉不详"很容易导致管理者与员工之间产生不必要的误会：管理者觉得员工不够努力，而员工认为管理者没有交代清楚，怨不得自己。所以切勿用模棱两可的词句命令员工。

下达指令时，必须抓住问题的要点，向员工讲明：什么是员工要做的，要达到什么样的目的。

**2. 确认指令的传达效果**

为了确保员工准确地理解指令，管理者在传达后还需要确认其是否已经真正领会。但很多时候，一些管理者会问一句："我刚才说的这些细节，大家都明白了吗？"此时，员工往往表现一致，纷纷点头表示理解。这是非常不可靠的。因为，很多员工会"揣着糊涂装明白"。那么，怎样传达指令才有效呢？

（1）关照员工心情。

虽然让员工重复指令是理解指令的好办法。但如果管理者使用得不正确，结果会适得其反。

在一次例会上，王经理与他的团队一起分析客户资料，并给每一个人布置了详细的任务。为了让员工更好地理解任务内容，在会议即将结束时，他说："我觉得大家总是不理解我的想法，你们都来复述一下我刚才说了什么。"结果大家都很气愤，觉得王经理是在怀疑他们的智商。

管理者让员工重复指令时，一定要注意表达的语气和方式，不要让员工产生不悦的情绪。

布置完一项工作后，可以这样让员工复述：“小张，我有没有遗漏什么，或者说了什么不当的情况，你有什么意见。”

管理者如果抱着信任、尊重、平等、虚心的态度传达指令，员工自然容易接受，指令也会得到更好的执行。

（2）用5W2H法发问。

经典的“5W2H分析法”在这里同样适用。

- Who：任务涉及的人员有谁？
- Why：为什么要执行这个任务？目的、用意是什么？
- What：任务涉及的具体对象是什么？任务内容是什么？
- When：任务何时开始？何时结束？
- Where：执行任务的场所、地点在哪里？
- How：如何完成任务？需要用到何种手段、手法？
- How Many：任务的工作量有多少？

向员工提问包含上述七个要素的问题，目的在于让员工明白该任务从何处入手，涉及的人员，求助的对象，项目的目标，预期的成果等。只要员工能够准确回答这些问题，就可以确认员工确实领会了任务。

提问时不仅仅局限于“是什么”、“为什么”、“怎么样”、“怎么办”这几个简单的字眼，管理者可以根据实际情况，灵活地组织提问语言。

## （二）实现有效的倾听

心理学研究表明，人的内心深处，都有一种渴望得到别人尊重的愿望。擅长倾听的管理者，会把倾听作为打开话题的钥匙。当员工明白谈话对象是一个倾听者，而不是一个等待作出判断的管理者时，他们会毫不隐瞒地给出建议，分享情感。这样，管理者与员工之间便能创造性地解决问题，而不是互相推诿、指责。但倾听不是被动地接受，而是一种主动行为。倾听不是机械地“竖起耳朵”，还要在听的过程中思考，并在适当的时机提问、解释。只有这样，沟通才能一步步深入下去。

### 1. 表现出专心的态度

倾听与“听见”不同，倾听反映了管理者对员工的态度。如果管理者在倾听时心不在焉，表面上似乎正在听，实际心里正考虑着与谈话内容无关的其他事，员工会觉得管理者根本不在乎他们，从而员工也会不在乎管理者说的话。如此一来，便形成了沟通的恶性循环。

一位平时业绩不太好的业务员，与一位潜在客户进行了有效期签单在望时，他兴奋地回到酒店，希望与他的经理汇报、分享这个好消息。但经理正忙于其他工作，并没有停下手中的工作认真地听业务员的倾诉。该业务员觉得自己被泼了一盆冷水——满心欢喜却遇到一副冷面孔。其实，经理是位很敬业的好领导，但由于他总是很忙，很少与员工分享业务上的好消息，导致员工认为自己的工作得不到肯定，员工从而失去了工作的动力。

与员工交谈时，应集中精力，尽量防止其他事物的干扰，专心致志地关注员工，聆听员工讲话的内容。

（1）培养耐心。

如果员工刚刚张开嘴巴，管理者就以皱眉来回应，期待这次谈话尽快结束，或者心不在焉，这都会影响倾听的效果，导致员工没有兴趣继续说下去。

（2）排除偏见。

如果管理者对员工有偏见，也会影响信息的准确获得。因此，管理者应将对员工个人的关注，转移到对员工传递的信息上。

（3）专心地听。

倾听时管理者必须专心。

- 让倾听成为自己内心的真正期待，而不是装模作样、没有诚意地倾听。
- 适时用“嗯”、“对”等回应，不随意打断员工的话来发表自己的看法。
- 细心倾听员工言辞的全部内容，并认真揣摩其中深意，不能心不在焉地只听大概意思。
- 聚精会神地倾听，不要三心二意、眼神飘忽不定。

**2. 用肢体语言传递认同**

“美拉宾法则”指出，人与人在面对面沟通时，7%的信息来源于沟通者使用的言辞，38%的信息来自谈话的声调、速度和抑扬顿挫，55%的信息则要靠外表和肢体语言。由此可看出肢体语言在沟通中的重要性。

管理者倾听时，不妨借肢体语言来传递信息，以获得员工的认同。具体有以下四个方法。

（1）向前倾斜。

很多人有这样的体验：跟自己熟悉的人交流时，彼此之间靠得很近；而在跟自己不熟识的人讲话时，彼此之间的距离就会隔得比较远。因此，员工讲话时，管理者可以适当缩短彼此间的距离，并将身体稍微向前倾斜。这是友好的动作表现，意味着倾听者对所谈论的话题很感兴趣。

（2）模仿员工的动作。

沟通心理学中有这样一条论断：要想知道自己对别人是否具有吸引力，只需看别人是否有意无意地模仿自己的动作。因此，想要表现出对员工言谈的专注，管理者不妨尝试模仿员工的动作，模仿动作应限于四肢和表情。

（3）将头偏向一边。

倾听时将头偏向一边，并不是压住厌倦的表现，反而能够向员工表明管理者对正在谈的话题很感兴趣，正在集中精力全神贯注地聆听员工发言。将头偏向一边的同时，还应有其他动作配合，如做沉思状，单手托下巴等。

（4）眼神交流。

作为倾听方的管理者，如果在员工讲话时眼神游离、东张西望，会让员工感到不踏实；如果管理者死死地盯着员工的眼睛，更是不礼貌的表现，会让员工感觉到不舒服。那么，管理者的目光应投向何方呢？

- 目光的最佳区域范围是：以两眼为上面的界限、以唇部为下顶点所形成的倒三角区域。
- 与对方眼神对接，能够传递友好的信息，但注视时间不要超过3秒钟，也不要一瞥了事。

肢体语言能够传递积极的信号，但也能传递消极的信号。管理者在倾听时切忌出现以下动作。

- 前后摇晃。管理者身体前后摇晃时员工会认为管理者已经非常不耐烦或很焦虑，因此应尽量避免。
- 背靠在椅子上。这种坐姿蕴含了优越感和不在乎，很容易被员工解读成是不屑和傲慢的态度。
- 将头高高扬起。这是太自信、傲气逼人的表现，会让员工感到恐惧，从而影响员工表达意见。

### （三）耐心地倾听

沟通从倾听开始。管理者在倾听时最基本的是听员工把话说完，应了解员工要表达的全部信息后，再作判断。

美国著名主持人林克莱特曾采访过一位小男孩，林克莱特问：“小朋友，长大以后你想做什么？”

小男孩认真地回答：“我长大了要开飞机，当飞机的驾驶员！”

林克莱特点头夸赞道：“真不错！那么我问问你，假如有一天，你的飞机飞到太平洋上空时，所有引擎都熄灭了，飞机没法正常驾驶，你会怎么办呢？”

小男孩低下头想了想，特别严肃地说道：“我会让飞机上的乘客绑好安全带，然后我背着降落伞跳下去!”

话一出口，现场观众一片哗然，观众们纷纷指责小男孩“自作聪明”，小男孩当即流下泪来。于是，林克莱特继续问道：“你为什么要这样做呢?”

小男孩回答道：“我要抓紧时间去取燃料，回来把飞机修好，解救飞机上的乘客!”

管理者在倾听员工说话时，不乏案例中的这种情况。员工在汇报时，管理者中途打断，发表自己的看法。员工会认为，既然管理者已经发表意见了，自己再说下去已没有意义，这在某种程度上影响了员工汇报的积极性和准确性。为此，管理者要避免中途打断员工说话的行为。但这并不意味着，管理者在倾听过程中，一言不发，这又走入了另一个极端。

在沟通过程中，如果一味地让员工说，员工可能会因得不到反馈而失去自信心同时，管理者也可能会遗漏一些信息。因此，管理者应在沟通中还应给予员工必要的反馈。

### (四) 引导员工积极交流

管理者应善于引导员工多交流，以便让员工自由地表达自己的观点。

**1. 主动与员工沟通**

一般情况下，员工可能会不愿主动与管理者沟通，这很大程度上是因为层级的原因。此外，还有一些员工是因为缺少交流的勇气或害怕受到批评。

美国民意调查公司曾对200家企业的员工进行了关于沟通方面的意见调查。调查结果表明，有23%~43%的员工希望能加强企业内部向上的沟通；也有不少员工对所在企业的双向沟通形式，给予了较低的评价。对于这样的结果，调查者总结说：“管理者在员工需要时，反倒与员工离得远了。”

对于这种情况，管理者应积极地采取改变措施。

(1) 主动与员工打招呼。

大多数员工都渴望被认可、被尊重，想知道管理者对自己的看法，也想向管理者倾诉自己的想法，但会慑于管理者的威严而不敢开口。此时，管理者应主动抓住不期而遇的机会，积极与员工沟通。

(2) 走出办公室与员工对话。

在严肃的环境中员工往往难以说出内心的真正想法。管理者要想获得更多的信息，就要走出办公室。

心理学研究表明，组织层级中自上而下的沟通比较快捷，也比较容易，但自下而上的沟通，则较为缓慢和困难。也就是说，员工通常不会主动与管理者沟通。因此，管理者不妨走出办公室，主动与员工对话。

2. 用双方都能领会的话语沟通

沟通的目的就是让对方明白自己所讲的内容，让信息得以有效地传达和接收。然而，每个人的身份、知识水平以及语言使用习惯都是不同的。有些管理者与员工讲话时故意卖弄专业名词或过分使用修饰语，可能导致员工担心会被质疑能力及水平而不懂装懂，无形中阻碍了双方的有效沟通。

简单、易懂的语言易于被员工接受，过分的修饰反倒会影响沟通的效果。管理者在与员工对话时要充分考虑员工的年龄、性别、职位、学历、经验等，尽可能采用适宜的话语，让对方理解，保证沟通顺畅。

3. 提高信息的可信度

管理者在引导员工进行交流时要提高所传递信息的可信度，以获得员工的信任和积极回馈。很多员工在与上司交流时，之所以不主动或有抵触情绪，在一定程度上是因为管理者提供的信息缺少可信度。

这种情况对沟通来说是致命的，员工不相信管理者所说的话，意味着员工已经不信任管理者。此时，无论管理者如何与员工沟通，都不可能得到员工积极、有效的回应。为此，管理者应努力提高信息的可信度，建立信任关系。管理者提高信息的可信度不妨从以下几个方面从手。

（1）管理者在讲话和传递信息的时候，表述内容至少要有 80% 的可信度。

（2）管理者的信息必须是真实客观的。

（3）管理者要言出即行，要权威有效，不会朝令夕改或言行不一。

（4）管理者不要总是“画饼”，要实事求是。

## 四、实现有效反馈

在团队沟通中，管理者的及时反馈非常重要，却很容易被管理者忽视。例如，员工发表意见，为了使员工发表意见的积极性不受挫伤，管理者需要对员工提出的意见作出反馈，无论员工所提的意见正确与否。

### （一）反馈要及时

管理者要对员工的话语及工作表现及时进行反馈，让员工在第一时间了解自己的表现能够极大地鼓舞他们的信心。

松下幸之助去一家餐厅去吃饭，所点的牛排他只吃掉了一半。他让助手把主厨请到他眼前，面带愧疚地对他说："牛排真的很不错，不过我只能吃一半，这并非你的厨艺所致，只是我已80岁了，胃口真是不如从前，希望你不要介意。我很担心当你看到只吃了一半的牛排被送回厨房时会难过，所以就想当面和你说，你烧的牛排真的很棒，谢谢了！"

松下先生的平易近人和体贴细致令主厨感动不已。

"经营之神"松下幸之助对于主厨的厨艺给予了表扬，让主厨感到自己的劳动成果得到了他人的重视，管理者在日常工作中，要及时与员工沟通，对员工的意见、工作给予必要的反馈，增加他们的认同感、满足感。

### （二）反馈要明确、具体

反馈也是一种表达。向员工反馈时，应明确、具体地说明自己的观点，笼统、抽象的反馈会使员工感到不知所措。

以营销经理对人力资源部的工作的反馈为例，错误的反馈："任经理，你们就不能给我们招些合适的人才吗？"

这种表述不具体，只表达了不满、抱怨等情绪，无助于问题的解决，而且容易伤和气。

正确的反馈表达应该是这样的："这一周我们面试了33个人，通过了9个人，其中有4个人嫌薪酬低，3个人认为这份工作对他们的职业发展没有太大益处，另外2个人还要再考虑考虑。"

这种反馈说明了问题的具体情况，因而可以围绕问题发生的原因进行分析讨论。

### （三）反馈方式要恰当

员工提出的建议中，有些是正确的、有价值的，有些虽然听似有理，但实际上是错误的。作为管理者，无论员工的意见是否合理，都应予以反馈。

**1. 肯定正确的建议**

对于正确的、有价值的建议，管理者不仅要在口头上接受，在工作中采纳，还要对建议的员工予以表扬甚至奖励。管理者可以这样感谢员工：

（1）"多亏了你的提议，我们才争取了这个大订单。"

（2）"你的建议帮了酒店的大忙！"

（3）"你的提案正在实施当中，十分感谢！"

这样会让员工觉得管理者重视自己的建议，继而会更积极地提建议。

**2. 合理对待错误意见**

对那些没有可取之处的或者错误的意见，管理者不能置之不理，或当头泼冷水，而应采取恰当的方法予以回答。

(1)“你的建议我已经了解，但是，有些地方还需再斟酌，因此目前还无法采用。但还是感谢你，今后如有别的意见，希望你继续多多提供。”

(2)“以目前的形式，恐怕不是适当的时机，请你再考虑下。”

(3)“尽管你的提议没有被采纳，却给我带来了灵感。”

如果管理者这么客气，尽管员工的建议未被采纳，员工心里也会觉得很舒坦。同时，员工会愿意检讨自己的疏忽之处，继而提出更完善的构想。

另外，随时记录沟通的关键，并做好备忘，可以帮助管理者养成及时反馈的好习惯。

**◆复习题**

1. 预订处的岗位设置与职责各是什么?
2. 预订工作的程序与关键问题是什么?
3. 预订咨询报价策略与技巧有哪些?
4. 简述电话预订的基本规范。
5. 酒店预订异常一般有哪几种情况? 如何处理?

**◆实训题**

以两人为一小组，自行设计宴会或会议预订服务场景，并做示范表演。表演中一位是酒店营销部预订专员，一位是酒店的客人。

教师观测点：能按照预订程序正确接待宴会或会议预订；能根据不同的客户采用正确的报价策略；能按照预订信息更改程序正确处理客户预订信息更改；服务语言规范、有礼、得体。

**◆拓展题**

实地或电话采访实习酒店的预订主管，请其介绍该酒店的预订工作流程和业绩，并进行简单的评析。

## 阅读材料

### 移动互联网助力在线旅游酒店预订

到北京开会的王小姐刚刚走出T3航站楼，打开手机时间显示23点。航班再一次晚点，让她很着急，因为现在早已过了跟酒店协商的最晚抵达时间。

排队等出租车期间，王小姐犹豫着去哪儿住，总得给自己和出租车司机一个方向。她打开了 iPhone 4 上面的客户端，搜寻着合适的酒店。期间，她发现了一项新功能——“夜销”，上面有不少当晚的特价房，位置不错，价格也优惠。抱着尝试的心态，王小姐选了一家位于安定门附近的四合院酒店，输入姓名和手机号码后，顺利提交订单。很快，她便得到了反馈，已经成功预订。王小姐高兴地跳上出租车，奔向自己的新目标安定门“北京院子酒店”。

抵达酒店迫近午夜，王小姐有些后悔，因为来之前没有给这家酒店打电话，一张“夜销”订单是否管用她也不确定。但当前台询问姓名的那一刻，她放心了，对方告诉她在40分钟前已经确认了她的房间，273元的价格跟“夜销”订单上面的标注一模一样。

事实上，像王小姐一样用手机订“夜销”酒店的消费者不少，他们当中有的是男女恋人晚上寻觅私人空间，有的是在公司加班至深夜的工作狂希望找个休息地，有的是玩累了的年轻人想就近睡上一觉，还有像王小姐一样到外地出差的人。

“爱玩的都市年轻人、商旅客、加班族是‘夜销’的目标人群”，去哪儿网酒店业务高级总监王京介绍说，去哪儿网的“夜销”酒店可以让消费者在18：00以后便能以超低价格订到酒店当晚的剩余客房，北京、上海、广州、深圳、成都、杭州、西安7个城市的上百家酒店已经参进驻去哪儿网“夜销”专场。

“夜销”酒店伴随着去哪儿网客户端同时覆盖了 Android 和 iPhone 手机平台。去哪儿网无线产品总监杨昌乐表示，用户只要下载最新版的去哪儿网 Android 或 iPhone 手机客户端便能享用“夜销”，每日18：00至次日6：00，准时供应。

考虑到用户所处的实际环境比较复杂，比如像王小姐在机场排队等出租车，手机支付并不方便，去哪儿网“夜销”酒店用手机下订单前台支付方式替代手机支付，为着急住酒店的用户节省了大量时间。

基于移动互联网的应用已经开始改变生活，在随时变化的环境下，人们更希望有一种工具可以帮助他们完成互联网上的各种功能体验。对因为飞机晚点而找到“夜销”的王小姐而言，订酒店已经不是那么让人操心的事，因为手机可以随时随地完成，过程更简单也更有趣。

（摘录整理于红网）

[简要评析]

随着科技的日新月异，酒店预订的形式也变得多种多样。酒店传统的预订方式与新兴互联网尤其是移动互联网的联姻，在方便消费者的同时，将使传统酒店的预订方式得到快速升级，极大地提升酒店整体营销效果。

# 第七章　公关与宣传

## 学习要求

**必须掌握节点**

- 公关与宣传处的工作任务
- 公关与宣传处的岗位设置与职责
- 市场调研的工作程序与关键
- 大型活动的组织程序与关键
- 赞助活动的操作程序与关键
- 新闻发布会组织程序与关键

**知识拓展节点**

- 酒店广告宣传与公关工作

## 热身案例

### 它让美国总统做了“广告推销员”

20世纪50年代的一天，在美国首都华盛顿，呈现出一派节日的欢乐气氛。街道上竖立着巨型彩色标语牌：“欢迎您，尊贵的法国客人!”“美法友谊长存。”报亭上悬挂着一长列美法两国的小国旗，花花绿绿、很好看。在广告牌上画着鲜艳夺目的美国鹰和法国鸡干杯的宣传画和“总统华诞日贵宾来临”以及“美国人醉了!”等大标语。

马路上，各种车辆通向白宫。白宫周围已是人山人海。人们笑容满面，挥动着法国小国旗，期待着贵宾的出现。在美国总统艾森豪威尔的寿辰日，光临华府的法国特使是谁呢？不是政府官员，不是社会名流，却是两桶法国白兰地酒。

原来，这是法国公关专家精心策划的一次商业公关活动。

虽然白兰地当时在法国国内已享有盛誉，十分畅销。但是如何将白兰地打入美国市场？法商特意聘请了公关专家。经过调查研究，决定搞一次大型的公关活动，以新颖的方式，热烈的场面来大造舆论，开辟白兰地进入美国市场的道路。于是，他们决定在美国总统艾森豪威尔 61 岁寿辰这一天，作为献给总统的贺礼，用专机将两桶窖藏长达 67 年的白兰地酒运往美国，这两位“公关使者”将满载法国人的情意踏入白宫。

美国公众在总统寿辰一个月前就分别从不同的传播媒体上获得了上述信息。一时间大家都热切地讨论法国的白兰地。千百万人都盼着这两桶名贵的白兰地酒光临。当这两桶仪态不凡的美酒出场时，整个人群沸腾了。在白宫花园举行的隆重的赠送仪式上，两名盛装的英俊青年抬着这两桶酒正步行进，进入白宫。美国总统亲自前来，微笑着接受了这份令人心醉的礼物。

久负盛名的法国白兰地作为美国总统的寿辰贺礼成为友谊的象征，将法国人和美国人的心紧紧相连。这两桶酒身价倍增，在美国人心中，把能品尝到白兰地视为无上荣耀。

从此，法国白兰地就昂首阔步地迈进美国市场，宴席和家庭餐桌上几乎少不了它的身影。

法国白兰地在美国的成功归功于这次广告活动做得好，广告的切入点选择十分巧妙。以情动人，以情感人，以感情投资为基础。让两桶白兰地扮演友好使者的历史性角色的同时，巧妙地缩短了白兰地酒与美国公众的心理差距。在这场公关广告活动中，美国总统无形中做了一次白兰地酒的“推销员”。当美国公众看到总统高举白兰地款待各国贵宾的时候，他们会作何感想？

（汪力．如何开家赚钱的餐馆［M］．北京：北京工业大学出版社，2009）

**思考题**

法国白兰地是如何成功打进美国市场的？对你有何启发？

**◆必须掌握节点**

## 第一节　公关与宣传处的工作任务

### 一、制订酒店的公关工作计划并负责实施

（1）根据酒店年度销售计划和市场营销策略，制订年度公关活动计划、广告宣传计划和市场调研计划。

（2）分解年度公关活动计划、广告宣传计划和市场调研计划，并将分解后的计划落实到公关处每名员工身上。

（3）公关处员工根据分解计划，合理安排自己的工作任务，保证按时完成。

## 二、进行酒店市场调研

（1）根据年度市场调研计划，编写酒店市场调研实施方案，并按照方案进行市场调研。

（2）分析市场调研资料，并编写酒店市场调研报告。

## 三、开展酒店公关活动

（1）根据酒店公关活动计划，策划酒店公关活动，并编写公关活动策划书。

（2）实施酒店公关活动策划，以提高酒店的知名度和美誉度。

（3）处理酒店公关事件，树立良好的酒店形象。

## 四、进行酒店广告宣传

（1）根据酒店广告宣传计划，制订酒店各类广告宣传策划方案。

（2）根据广告宣传策划方案，实施广告宣传。

## 五、公共关系的建立与维护

（1）与各大新闻媒体以及相关个人保持经常性联系，建立良好的社会关系。

（2）代表酒店参与政府、行业、主管部门等单位组织的活动。

## 六、其他工作

（1）协助其他部门做好重要客户的接待工作。

（2）完善酒店的公关工作制度、规范和程序。

# 第二节 公关与宣传处的岗位设置与职责

## 一、酒店公关处的岗位设置图

酒店公关处的岗位设置见图7－1。

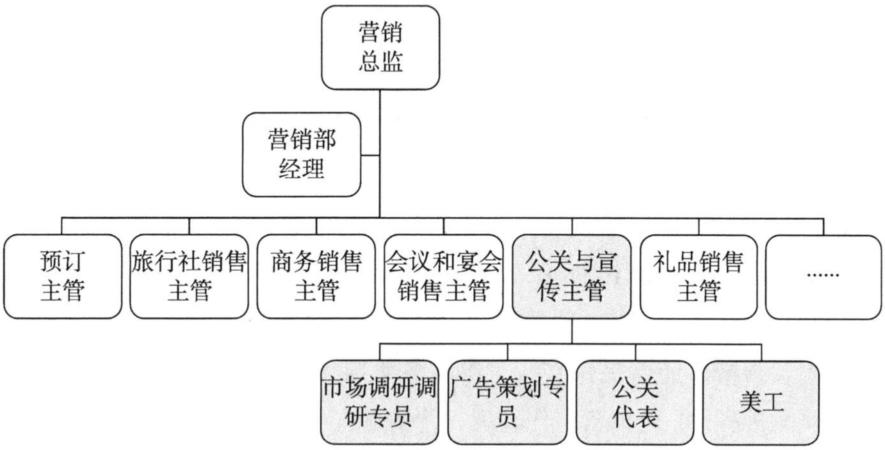


**图7－1 酒店公关处的岗位设置图**

## 二、酒店公关处的岗位职责

### （一）公关主管岗位职责

公关主管属于酒店营销部经理的下级，负责公关专员、广告策划专员、市场调研专员等员工的管理。其职责主要是根据营销部经理的工作安排，负责组织酒店的市场分析、广告宣传、公关活动，宣传酒店的品牌，打造酒店的良好形象，协助其他部门做好接待工作。其所处的管理位置见图7－2。

**1. 制订酒店公关制度和工作计划**

按照酒店年度市场营销策略，编制年度公关活动计划、广告宣传计划，并根据需要制订市场调研计划。完善公关处各项管理制度及工作程序，并监督其落实和执行情况。

**2. 组织酒店市场调研**

根据市场调研计划和实际情况，制订详细的调研实施方案。根据酒店市场拓展需要和具体调研方案，组织开展市场信息以及客户资料的调查、收集工作，在对信息资

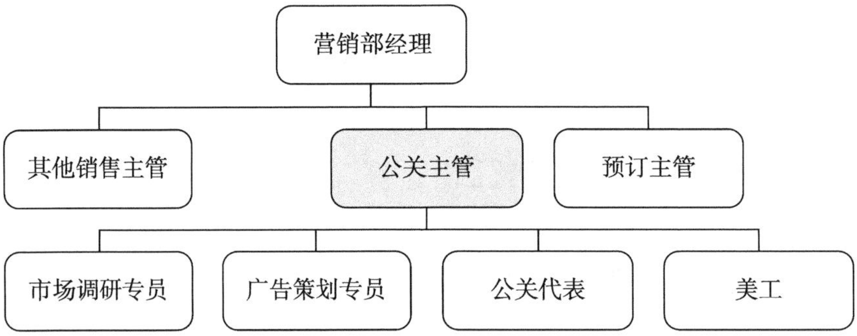


**图 7－2　酒店公关主管的位置图**

料的整理分析的基础上，做好市场分析和市场预测工作，为公关、销售活动的开展提供依据。

**3. 组织开展酒店公关活动**

根据酒店年度公关活动计划，组织开展酒店促销、庆典、赞助、捐赠等公关活动，并协调各项活动的开展，确保活动的顺利开展和活动目标的达成。拓展和维护酒店的各类社会关系，为酒店经营提供支持。参与各类媒体、贵宾、政要客户的接待工作，参与处理各类危机事件，并向营销部经理、营销总监及时汇报。

**4. 落实酒店广告宣传工作**

落实并监督广告的执行计划计划，全面负责广告策划、平面制作与媒体投放等工作。监督广告实施的质量，对广告投放效果进行调查与监测。根据广告投放效果的监测数据，定期进行广告投放分析，并撰写广告效果分析报告。

**5. 协助其他部门接待重要客户**

协助营销部经理做好媒体、社团等重要客户的接待工作，并进行报道。组织跟进重要客户的接待工作，保证接待工作顺利进行。

## （二）市场调研专员的岗位职责

市场调研专员是公关主管的下级，主要开展信息收集和市场分析工作，为酒店营销工作计划的制订、实施提供数据和资料。其所处的位置见图 7－3。

**1. 收集酒店行业信息**

关注、了解酒店行业发展信息和主要竞争的动向，收集有关的动态信息。

**2. 执行调研任务**

根据公关主管的调研任务安排，按调研方案进行市场调研，负责收集情报、资料，统计数据和信息。根据公关主管的安排，对酒店公关类活动、各类广告宣传等效果进

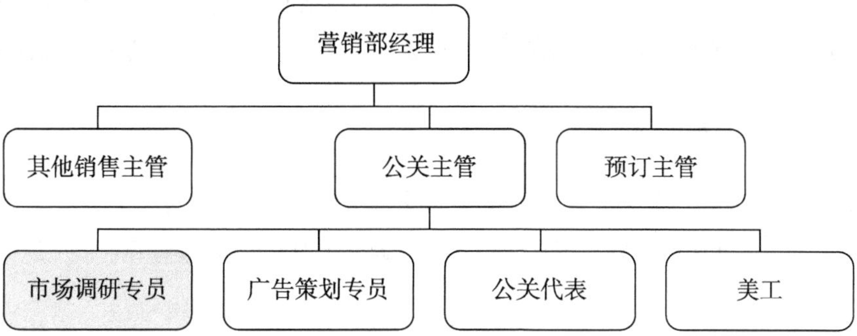


图 7－3 酒店市场调研专员的位置图

行调查和结果评估。整理、分析所收集的信息资料，按时提交市场调研报告，为市场营销决策提供合理化建议。

**3. 提供信息支持**

补充、完善酒店营销信息系统，为营销产各项决策和其他部门开展业务提供信息决策支持。

## （三）广告策划专员岗位职责

广告策划专员是公关主管的下级，主要负责酒店广告宣传的策划工作，配合酒店的销售及公关活动。其所处的位置见图 7－4。

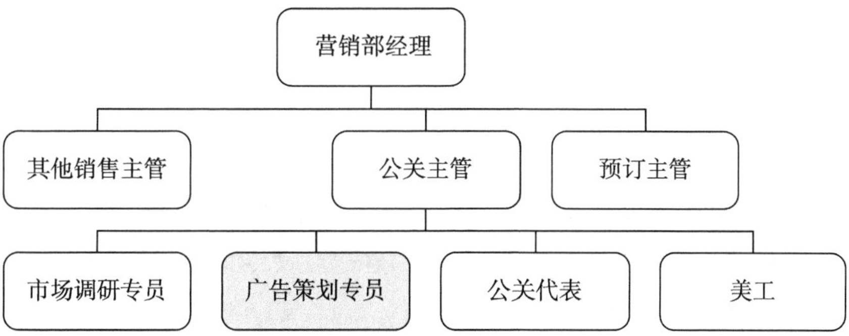


图 7－4 酒店广告策划专员的位置图

**1. 撰写广告方案**

根据市场调研结果，协助公关主管完成酒店各类广告创意工作。根据广告创意，细化广告内容与形式，完成广告方案的编写。

**2. 广告制作与发布管理**

对于需要外部专业制作单位制作的宣传品，负责联系制作单位，将合作单位名单、收费标准报公关主管审核。联系广告制作公司，完成广告的制作，并监督制作过程。根据广告媒体投放预算，选择合适的发布媒体，并与媒体做好广告发布的沟通事宜。

### （四）公关代表的岗位职责

公关代表是公关主管的下级，主要负责公关活动的具体执行工作，并根据酒店来访参观客户和贵宾的接待需求，落实公关接待事宜。其所处的位置见图7－5。

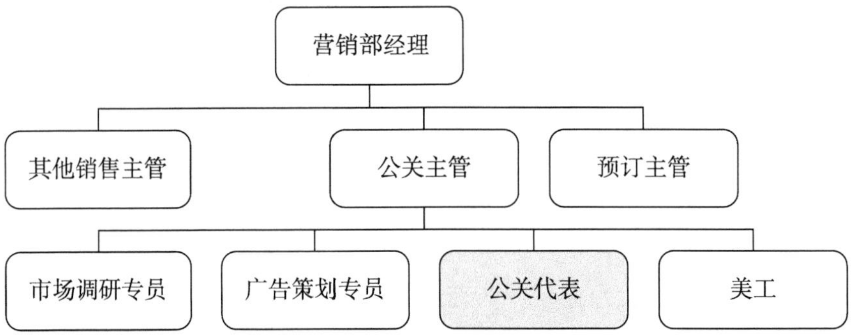


**图7－5　酒店公关代表的位置图**

#### 1. 接待参观客户及酒店贵宾

负责接待来访参观客户，向客户介绍酒店情况，以增进公众对酒店的认识。根据贵宾的接待级别，具体落实国内外贵宾的接待工作。

#### 2. 执行公关活动

协助公关主管完成公关活动方案的策划与拟订工作。协助公关主管与各部门协调，具体落实各项公关活动的准备与活动过程中的具体执行事宜。

#### 3. 完成公关处日常文书工作

负责酒店公关处日常文件及资料的抄写、打印、复印，以及公关软文的撰写工作。负责接收、发送公关处来往公文及信件，收集客户对宣传资料的意见和建议，及时向公关主管提出建议。

#### 4. 客户资料分析与管理

负责收集客户的信息资料，进行整理，及时归档。定期对客户的资料进行分析，为酒店公关活动方案的策划与活动的实施提出合理的公关建议。

### （五）美工岗位职责

美工岗位属于公关主管的下级，主要负责酒店形象展示、环境美化、广告宣传等所需要宣传品的美工设计、外联制作以及酒店环境的陈列布置工作。其所处的位置见图7－6。

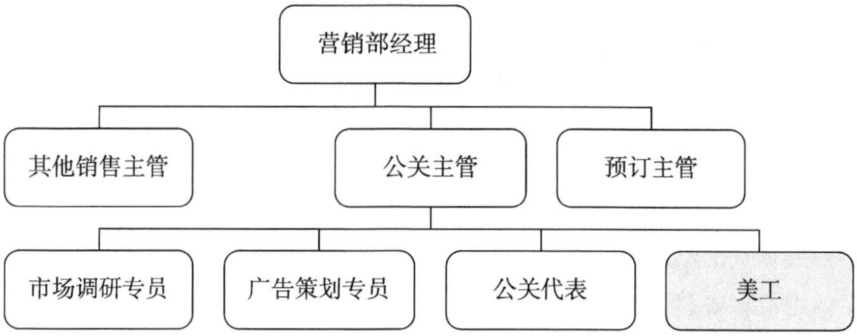


**图7－6 酒店公关部美工岗位的位置图**

### 1. 美工设计与广告宣传品的简单制作

负责酒店横幅、广告牌、指示牌、招贴、工艺美术品的设计。负责酒店服务指南、酒店简介、酒店画册、菜谱、请柬、明信片、纪念品、圣诞卡、信封信纸、广告等的设计，并监督印刷质量。自行制作可独立完成的广告宣传品，确保宣传品符合酒店及相关部门的要求。

### 2. 环境陈列布置

在公关主管的指导和安排下，负责完成传统节日、纪念活动、庆典或会场的布置美化工作。

### 3. 活动摄影与照片冲印

负责酒店内举办的所有活动的摄影工作，选择有利于宣传酒店形象的照片交外部单位冲印。将冲印后的照片交公关主管，以便作为新闻资料予以发表或在酒店内部刊物上登载。

### 4. 保管美工器具及宣传品

保管好美工器具、电脑等办公设备，所有器具、设备应保持洁净和安全。妥善安置和保管所有用过或展出过的广告宣传品。

# 第三节 市场调研的工作程序与关键

## 一、市场调研的工作目标

（1）为营销策略、公关计划的制订提供参考。

（2）掌握市场（行业、竞争对手）动态。

## 二、市场调研的工作程序

（1）确定调研主题。

（2）制订调研计划。

（3）开展调查活动。

（4）整理分析资料。

（5）撰写调研报告。

（6）存档。

## 三、市场调研工作的关键问题

（1）公关主管确定调研主题的依据主要有以下三个方面：

1）根据酒店日常营业状况，分析存在的问题。

2）掌握酒店业经营变化的新形势和动向。

3）市场调研主题应与酒店经营有密切关系。

（2）调研计划的内容主要包括调研题目、目的、参加人员、方式、步骤、时间、费用等，还要做好调研费用预算和调查问卷的设计等工作。

（3）公关主管具体开展调研活动时，主要工作包括以下几点：

1）制订调研时间进度表，进行人员分工和必要的培训。

2）按计划开展调研信息搜集、分析。

3）调研人员要注意调研方法的使用，按要求做好调研记录。

4）按时汇报调研结果，提交工作报告。

（4）调研报告在内容方面的要求包括项目齐全、资料有据、分析得当、提出建议。

# 第四节　大型活动的组织程序与关键

## 一、组织大型活动的工作目标

（1）宣传酒店品牌。

（2）维护公共关系。

## 二、大型活动组织的工作程序

（1）策划活动内容。

（2）制订实施方案。

（3）活动参与人员分工。

（4）准备活动物资。

（5）邀请宾客参加。

（6）活动正式开展。

（7）总结活动经验。

（8）备用方案。

（9）存档。

## 三、大型活动组织的关键问题

（1）公关主管策划活动时，主要工作事项包括以下三点：

1）确定活动主题、形式、规模等内容。

2）做好总费用预算。

3）了解参加人员情况，环境布置所需饰品供应情况及价格等。

（2）给所有参加活动的人员进行分工，以及进行必要的培训和动员。

（3）公关主管需要组织相关人员或亲自准备活动所必需的装备、器材、陈列品、宣传品，并在规定的时限内监督完成设备、器材的安装和调试工作。

（4）正式开展活动时，公关主管需要侧重做好以下三个方面的工作：

1）成立专门的接待、签到处。

2）做好防火、防盗和交通疏导、环境保持工作。

3）保持与活动参加人员的良好沟通，积极征求活动参与人员对活动的意见。

# 第五节　赞助活动的操作程序与关键

## 一、赞助活动的工作目标

（1）争取媒体的报道宣传。

（2）扩大酒店品牌的知名度。

（3）为酒店树立良好的公众形象。

## 二、赞助活动操作程序与关键问题

（1）选择赞助对象。

（2）预测活动效果。

（3）拟订活动可行性方案。

（4）报相关领导审核审批。

（5）联系赞助对象。

（6）邀请媒体。

（7）酒店代表出席活动。

（8）跟踪活动效果。

## 三、赞助活动的关键问题

（1）酒店可以赞助的活动包括文化活动、教育事业、残疾人事业等，实际工作中需要根据酒店的经营需要和社会影响程度确定。

（2）根据赞助活动内容、赞助形式、所需费用、活动影响等，公关主管要对赞助活动的效果进行预测，并拟订赞助活动的可行性方案，报营销部经理审核后报总经理审批。

（3）公关主管在组织做好赞助对象联系工作之前，要落实好具体时间、地点、赞助方式、会场或场地布置事宜以及赞助活动参加人员等。

（4）提前联系并邀请新闻媒体和记者，发放赞助资料、宣传材料，并具体核实参与人员。

（5）安排酒店领导讲话与记者提问等活动环节，举行正式赞助资金或实物的交接仪式，完成赞助活动。

（6）赞助活动结束后，公关主管要及时安排市场调研专员、公关代表做好媒体报道的跟踪工作。

1）监测参与活动的新闻媒体是否发出与赞助活动有关的新闻稿。

2）评价稿件内容是否符合酒店的赞助目标。

3）收集所有与本次赞助活动相关的新闻稿，并加以整理归档。

# 第六节　新闻发布会组织程序与关键

## 一、新闻发布会的工作目标

（1）将酒店重大举措、政策对外发布。

（2）提高酒店的社会关注度。

## 二、新闻发布会的组织程序

（1）拟订发布会实施方案。

（2）邀请记者、参会宾客。

（3）准备新闻发言稿等其他所需的资料。

（4）接待准备、布置发布会现场。

（5）按议程召开新闻发布会。

（6）送离参会宾客。

## 三、新闻发布会的关键问题

（1）公关主管在拟订新闻发布会实施方案时，主要侧重于考虑以下内容：

1）新闻发布会的议题、举办地点和时间。

2）主持人与新闻发言人的人选。

3）新闻发布会的主要议程。

4）确定新闻发布会的费用预算。

（2）公关主管拟订媒体、记者名单，安排公关人员运用电话或邀请函邀请，并确定参加发布会的人员及人数。

（3）公关主管通知前厅部、餐饮部、保安部等相关单位做好与会媒体及宾客的接待准备安排公关人员、美工等工作人员落实会场布置工作。

（4）按议程召开新闻发布会，公关主管及相关人员应做好大会的组织、协调工作，具体包括以下两点：

1）向到场的记者派发新闻稿。

2）协助主持人掌握会议议程，安排酒店领导接受记者采访等。

（5）发布会结束后，公关人员应做好礼品发放、接送车辆安排等工作，必要时可协助宴会厅相关人员安排记者招待会。

◆知识拓展节点

## 第七节　酒店广告宣传与公关工作

### 案例讨论

#### 西安餐饮业的广告大战

西安是一座中外闻名的历史名城，也是享誉海内外的美食之都。“同盛祥”、“老孙家”的羊肉泡馍，“德发长”的饺子宴，都是流传了千百年的餐饮品。然而，许多年来，西安的餐饮业一直遵循“酒香不怕巷子深”的古训，默默无闻地以传统方式在苦苦经营。西安人的广告意识是在洋快餐、外来客的强力宣传的挤压下迸发出来的。而真正火起来，则是在尝到甜头以后。时至今日，西安餐饮业的广告无论是在投入、创意、制作等各方面都已颇具规模，形成一道靓丽的风景线。总结起来，其广告有以下几大特点：

（1）密度大，频率高。开始只是新店开业做，有新产品做，后来发展到什么时候都做，形式多样，选用的媒体众多，报纸、电视、电台、车站、机场、街头，到处都是餐饮广告。

（2）投入多，规模大。西安饮食集团有限公司的几大饭店近几年在广告投入上都比较多，西安饭庄、老孙家饭庄1997年的广告费都在100万元以上，五一饭店的广告宣传费也在60万元以上。西安饭庄在《西安晚报》《陕西日报》《三秦都市报》上同时开展振兴秦菜、陕菜大讨论，在陕西引起了强烈反响。西安华林美食城总经理王喜庆以经营现代餐饮起家，更是十分注重广告，他在广告上的投入更多，并支持多家报刊办了美食专栏。

（3）创意新颖，特色鲜明。在西安，凡中档以上的餐饮业几乎没有一家不做广告的，而且创意新颖，很有特色。尤其是一些新开张的规模较大的饭店、酒家开业时，聘请广告专家进行策划，在《西安日报》《西安晚报》《陕西日报》等传媒上一做就是一大版，一做就是好几天。由于广告的吸引和导向，西安近些年来形成了看广告吃饭，拿着广告找餐馆的奇特现象。

(4) 文化味浓。这与西安是千年古都、世界著名的历史文化名城有关。在西安吃饭，实际上是吃历史、吃文化。近年来，西安传统餐饮、地方名吃颇有市场，也与文化味极浓有关系。

(5) 注重社会效益。比如西安民生火锅城曾经做的一幅“让西安火起来”的公益广告，曾在西安、陕西甚至全国掀起一股不小的热浪，一时间，“让西安火起来”的口号响彻三秦大地。西安餐饮界的一些有识之士在参与西安社会文化的发展上，也有很多大手笔，大动作，令全社会瞩目。酒店、餐饮业做广告，不仅增加了企业收入，更使企业知名度大大提高。西安饭庄、老孙家饭庄、同盛祥饭庄、华林美食城等餐饮企业如今在西安、陕西至西北几乎无人不知，在全国也有一定的知名度。

(摘录整理于新浪网)

**思考题**

西安是如何借助广告宣传活动而成为餐饮名城的？其广告宣传具有什么特点？

## 一、营销广告媒体计划

### (一) 酒店广告的意义

在酒店产品日益标准化的今天，相似性作为标准化的衍生物，已经使个性几乎如同远古的恐龙一样走向灭绝。很多人的感觉是世界上只有五种酒店：一星—五星。甚至一位酒店客房的设计师曾说，从海南岛到黑龙江，他只住过一间客房。那么，如何凸显酒店的特色，如何使消费者选择适合自己的酒店，如何使酒店与消费者在“第一次亲密接触”之前能够有良好的沟通，从而使酒店的需求曲线上移，就是酒店广告所要完成的任务。

**1. 广告对消费者的意义**

首先，广告是帮助消费者获得信息、减少风险的有效途径。由于接受服务的感受滞后于认知，消费者的购买行为充满了对产品功能和心理上、经济上的风险。避免风险的途径有三种，分别是：降低对产品或服务的要求；经常购买同类产品或服务；获得广泛的信息。三种途径中，只有第三种是不以牺牲消费者的利益为代价。因此，广告中关于酒店及其产品、服务和品牌的信息有助于消费者做最优的选择和决策。其次，广告是消费者学习消费经验的途径。经验无疑是消费者最好的决策因素。经验曲线告诉我们：单位产品的价格随消费数量的增加而减少。即经验的获得可以提高产品的性能价格比。但是经验的积累需要付出巨大的时间和精力，甚至以不愉快的记忆为代价。对事先没有经验可借鉴的消费者而言，广告可以提供给他们经验而获得帮助。

**2. 广告对酒店的意义**

酒店广告是通过购买某种传播媒介的时间、空间或版面来向目标消费者或公众进行宣传或促销的一种手段。酒店广告对酒店的意义体现在以下方面：为酒店或酒店集团及产品树立形象，刺激潜在的消费者产生购买的动机和行为。在影响购买决策方面，消费者的知觉具有十分强大的威力。正如营销专家 Pizam 和 Mansfield 所认为的，当营销进入较高层次或产品具有较大的同质性时，市场营销并非产品之战，而是知觉之战。酒店市场正是如此，所以我们说，广告是酒店企业校正知觉，引导知觉的一项有利工具。

### （二）制订酒店广告策略的方法

**1. 确定目标市场**

目标市场即最有希望的消费者组合群体。目标市场的明确既可以避免影响力的浪费，也可以使广告有其针对性。没有目标市场的广告无异于“盲人骑瞎马”。酒店的目标市场应具备以下特点：既是对酒店产品有兴趣、有支付能力消费者，也是酒店能力所及的消费者群。例如英国汤姆森组织的阳光饭店和公寓产品的目标是满足中档市场的需求，它的顾客是那些较为传统的、想到海外度假的家庭或夫妇，而不是前卫的、寻求冒险的度假者，也不是对度假价格不敏感的社会高阶层。因而后两者就都不是它的目标市场。酒店应该尽可能明确地确定目标市场，对目标顾客做详尽的分析，以更好地利用这些信息所代表的机会，以便使顾客更加满意，最终增加销售额。常见的确定细分的服务市场有：商务细分市场、享乐细分市场、人口统计细分市场、消费者细分市场、社会阶层细分市场等。

**2. 树立具有竞争力的市场定位**

一个酒店应该确定：以什么样的方式，为什么人，提供什么样的服务。只有这样，它才具有竞争优势，有可能被人记住。在众多的酒店广告千篇一律的情况下，与众不同的市场定位使得宣传酒店特色的广告更有必要。例如宁波金丰宾馆通过深入的市场调查分析，确定了“商务、旅游、休闲”的企业宗旨，提出“设施、价位、服务”的服务宗旨，找准市场定位，突出特色服务，取得了良好的社会效益和经济效益。

**3. 科学制订广告方案**

（1）明确广告的目的。

广告目标是指在一个特定时期内，对于某个特定的目标受众所要完成的特定的传播任务和所要达到的沟通程度。广告目标一般可分为通知、说服和提醒三大类。通常，企业要确定广告目标，需要经过详细的市场调查，包括市场机会分析、消费者心理和行为分析、产品和服务分析。

（2）做好广告预算。

确定了广告目标后，酒店可以着手制订广告预算。常用的酒店广告的预算方式有：

1）量力支出法：酒店根据自己的实际情况，确定达成每笔预期的销售所能承受的支出；估计销售数量，再将二者相乘即形成预算。

2）按需支出法：选择目标市场，估计它所拥有的潜在消费者数量；预计广告可能带来的货币收益；确定能影响市场的媒体；估计需要传递的信息次数；根据实现沟通目标所需要的金额估算计划成本，形成预算。

3）按比例支出法：从酒店预期的年度总收入中拨出一定比例的资金用于广告，形成预算。这笔钱分为两部分：形象或定位广告、促销支持及直接的广告活动。这种方式中用到的百分比可以依据行业的平均数来决定。大型酒店从总收入中拨出用于广告的经费比例较高，因为酒店可以由许多家酒店分担，像洲际酒店、喜来登酒店、希尔顿酒店集团、凯悦酒店集团都是如此。单个酒店做出大笔的广告预算是不合理的，尽管他们可能更需要多宣传以便公众了解。为解决这一问题，许多单个酒店组成一个营销群体，联合做广告。

（3）传送真实可信、打动人心的信息。

广告需要突出的竞争优势，可以是别人没有的价格、产品或服务，也可以是从酒店所特有的氛围，以此满足消费者希望获得的理性的、感觉的、社会的、自我满足的回报。如告知消费者："您将入住的是一家四星级标准的商务酒店（理性的）；您将感受到家的温暖（感觉的）；我们为您提供最好的绿色服务（社会的）；作为正在为事业而拼搏的人，您值得拥有（自我满足）"。"广告信息优先于广告设计"，反映的就是这个道理。

（4）选择适当媒体。

广告只有在被消费者看到、听到并对其心理发生影响时，才能发挥作用。在选择媒体时最为关注的，就是广告如何尽可能地被人们所看见和听见。

### （三）营销广告的媒体计划

当今广告媒体形式各异，各有特性，反应功能也不尽相同，所以为使广告信息能以最少的投入，达到最佳的传播效果而制订合理的、科学的广告媒体计划就成为宾馆酒店有关媒体工作人员一项非常重要的任务。在制订媒体计划中，应当注意以下因素：

**1. 广告媒体成本**

制作媒体计划，最先要考虑媒体成本。媒体成本是广告成本的一部分。广告成本是广告发布者运用一定的媒体，在一定的范围内传递经济信息时所付出的费用，也就是广告费，它包括媒体成本费用和广告作品设计制作费用等。同一类型的广告媒体成本费用由于广告的时间或版面大小及位置不同，有不同的收费标准。广告媒体成本费用是按照受众的数量而设定的。选择何种媒体做广告取决于广告预算。预算多，可采用多种媒体组合，拉长广告时间，或选择覆盖面大、影响大的广告媒体如电视等。预算少，则可选择一两种媒体组合运用，集中发布。在考虑媒体成本时，不但要考虑受众数量因素，还要想到媒体受众的总体消费水平及购买力情况，以取得较好的广告经济效益。

**2. 广告的商品特征**

广告的商品特点有两方面：即在广告商品中，不同的商品在销售上均有一定的区域性和一定的时间性。假如某商品的销售范围限定在本地区，那么通常就选择本地区的广告媒体。假如某商品在全国范围内销售，那就选择覆盖全国的媒体，比如中央电视台，面向全国发行的报纸刊物等大众传播媒体。从时间性上看，不同的商品在使用和销售上的时间是不同的，有的商品季节性非常强，就要求运用时效性很强的媒体传播信息，例如广播、电视、报纸等。

另外，广告商品在性能上是各不相同的。假如商品是性能简单的日用品，最好的媒体是视听媒体，它能在短时间内使受众了解商品。假如是性能复杂、价格昂贵的商品，则应选用印刷媒体，如报纸、杂志等，可以详细介绍商品的性能、特点、使用方式等，从而收到良好的效果。

**3. 营销广告目标**

做每一种广告，均有自己特定的目标要求。这个目标要求是由广告者的经营策略和经营活动决定的，所以制订媒体计划必须按照广告目标的要求来确定。如某宾馆新开业，需要在社会上打出知名度。广告目标是短期内迅速扩大它的影响，于是就应该安排时效性强，接触面广的地区性报纸、电视、广播等组成媒体组合，结合该宾馆近期各项营销推广活动计划，有针对性、高密度地发布广告。

**4. 广告受众的特点**

在选择广告媒体时，还要考虑广告受众的生活习惯。人们常常是按照个人的职业、兴趣爱好、文化程度等不同来选择传播媒体的。这种对媒体的接触习惯、对广告媒体的选择影响非常大。如宾馆酒店住宿营销广告可选用旅游杂志或报纸旅游专版，商住两用的营销广告可选用广播广告或电视广告。

5. 广告媒体的选择

面对众多的广告媒体，怎样选择最好的媒体来达到预期目标，这就要在做媒体计划时，首先分析媒体的传播性能特点，以找出它与所要宣传的商品的吻合之处。各种广告媒体的传播范围，发行数量各不相同，在某种程度上影响广告效果。比如中央电视台与地区电视台，其传播到的人数截然不同，效果显然也就不一样。

在媒体计划制订过程中，媒体组合是非常重要的一步，它已成为媒体计划中的主框架。所谓媒体组合就是根据市场情况、广告心理、广告预算、媒体特性，在同一时期运用各种媒体发布内容基本相同的广告，使受众接触广告的机会增加，加强和强化对该广告商品及其宾馆酒店的记忆。如果要将各种媒体进行最佳组合达到预期效果，那就必须确认公关广告实施计划和广告目标、媒体目标。进行媒体组合的工作人员必须要非常清楚各媒体的特点和媒体组合中的概念，了解在计划的时间里，各媒体是否有空位可用。这些工作完成后再按照广告目标、媒体目标、计算出各媒体的视听率、到达率、有效到达率等数据，找出最适合媒体目标的组合方案。各媒体之间还必须能够相互配合、相互提示和补充，以达到广告主题的统一性。例如以电视广告来生动直观地展现宾馆酒店的品牌服务的优良，以报纸广告详尽介绍康乐设施的特性，以 POP 广告再次吸引消费者的注意，唤起消费者的记忆。利用这些不向媒体的不同特性，使消费者全面了解广告商品，从而达到了单一媒体不容易达到的效果。

## 二、各类广告媒体的营销特点

### （一）电视营销广告

电视是一种将语言、音响、文字、形象、动作、表情等刺激通过视觉和听觉渠道来完成传递信息，以达到预期目的的先进的广告媒体。它具有综合性的传播功能，它不仅可以配上现场实物表演，详细介绍产品的各种性能特性，还可利用多种的艺术表现手法，来增强表现力和吸引力，从而最大限度地诱导观众按广告意图行事。所以，电视广告是当今最受青睐的媒体形式。

1. 电视媒体广告的优点

（1）覆盖面广，收视率高。

由于电视的普及加之电视台发出的信号可以将各种信号发送到电波覆盖区域之内的各个角落，所以它的传播范围极广，目前观看电视节目已成为人们文化生活的重要组成部分。电视观众日渐增多，使电视广告具有很高的收视率。

（2）视听兼备，感染力强。

电视是一种视听兼备的媒体，它有连续活动的画面，能够逼真地、突出地从各个方面展示广告商品的个性和组织行为的动态，观众如亲临其境，有助于加深视听印象，增加兴趣。

（3）传播迅速，时效性强。

电视广告有很强的即时性。各种信息通过电视台迅速传播，让公众立即知晓，并且可以使受众无论在全国何地，在同一时间知晓某信息，具有不可比拟的时间上的一致性。

**2. 电视媒体广告的缺点**

（1）时间短，消失快。

电视广告时间一般有5秒、8秒、10秒、30秒、60秒等，多数广告用30秒时间播出，一般在一分钟以内。电视广告在很短时间内，连续播出多种画面，闪动很快，瞬间即逝，不易记忆。

（2）制作复杂，成本高。

电视广告作品是艺术创作。制作时，需要先写广告脚本，编导画面情节，配音乐和解说词，有的广告还要选择演员，制作过程复杂，致使成本费用较高，电视广告目前是所有广告媒体中成本最高的。

（3）信息简单，保存性差。

因为广告时间大多在60秒以下，甚至几秒，不可能对宾馆酒店的服务特点、企业的运作状况作详尽介绍，让观众对商品的选择受影响，而且电视广告一闪而过，不便于广告受众保存。

（4）选择性差，被动收视。

同电台广播广告相同，观众除非不看，否则就得接受，从而导致广告收视率实际下降而造成广告浪费。

尽管电视媒体有不少的局限性，但作为广告的主要媒体之一，现已成为很多企业从事公关广告活动的首选，因为它能直接与当地把企业的动态形象传播给观众。

电视是一种极具亲近力的媒体，利用电视进行营销广告宣传，能使人们乐于接受它的形象，留下美好记忆。如在很多电视台特别是一些省台卫星频道，总是不断地播送本省旅游景点或其他有关风土人情的节目。当地的宾馆酒店的广告只要抓住机会，随着一同播出，人们就会将美丽的风景与这个宾馆酒店联系在一起留在记忆中。又如春节来临，许多宾馆酒店借助电视向观众拜年。这里并不是在做商品广告，因而让人感到舒心亲切，同样也拉近了宾馆酒店与消费者的距离。

## （二）广播营销广告

广播，包括有线广播和无线广播，是通过发射电磁波传递语言、音乐来做广告。广播广告较之其他广告媒体同样有自己的特点。

**1. 广播媒体广告的优点**

（1）传播速度快。

广播电台利用电波传播声音，能做到同步传收，不受时间和空间的限制。听者可以边工作边收听，使广播广告受众随时能接收信息，收听率高而广告效果比较好。

（2）传播范围广。

广播覆盖面广，无论城市乡村，空中地下，只要是在广播发射功率范围内，都可以收听到广播内容。其区域之广、接触宣传对象之多，超越其他广告媒体。

（3）制作成本低。

很多地区性的广播电台广告费用都是很低的，用很少的钱就可以立即插播一则广告信息。虽然全国性的广播电台广告费相对较高。但较之于其他媒体形式，广播广告只进行录音制作，过程较为简便，使成本较低而信息传达迅速。

（4）听觉效果佳。

电台广播广告可以充分运用语言及音乐、音响的特点，来吸引受众的注意和兴趣，给人们一种真实感和亲切感，从而提高广告的效果。

（5）灵活性强。

广播媒体能作全天服务，比之报刊更能适应变化的需要，能够比较主动地有选择地接近广告对象。比如一则旅游景点天气预报的广播节目，就吸引了众多宾馆酒店播发广告，并且随时可应听众的需求进行内容、形式的变更。

**2. 广播媒体广告的缺点**

（1）保存性差。

广播的声音一旦播出之后就会消失，如果受众没有听到或听清广告的具体内容，便无法寻找和补救，广告也就无法发挥作用。

（2）直观性差。

用声音来对产品的性能及包装特性加以描述，听众无法树立该产品的具体特征和形象，所以对广告形象无法留下深刻印象而忽视对该产品的注意力。

（3）选择性差。

广播节目是直线式排列，听众没有选择权，只能收听正在播出的节目，不像杂志、报纸可以自由选择版面内容进行阅读，而被动接受信息常常使受者产生反感。

（4）城乡差异。

城市中因电视等媒体的普及，所以收听对象相对比农村减少许多，广告效果也相对减弱。

## （三）报纸营销广告

报纸，作为广告众多媒体中的主要工具，在日常生活中，是非常具有影响力的。同时，它作为一种新闻宣传媒介，具有传播性、保存件、教育性、广泛性、综合性及权威性的特点。这些特点，决定了它在营销广告媒体中的优势地位。

**1. 报纸媒体的优点**

报纸是以刊登新闻为主，定期、连续地向公众发行的印刷媒体，具有阅读上的可选择性及重要性，是人们获取信息的一个重要来源，从广告的角度来看，它在各大媒体中较明显的优势，也具有自身的优点。

（1）宣传面广。

无论是在全国范围内还是某一特定区域，报纸都具有发行量大、覆盖面宽、读者广泛稳定的优势。并且，报纸还能相互传阅，使读者群最低可达到报纸发行额的两倍，从而使宣传范围更加广泛。

（2）传播较快。

我国报纸按发行日期分日报、晚报、周报等，以日报为主。但不管何种报纸，其制作时间短、刊播及时，有时一般性广告稿开印前几小时送达即可保证准时印出。并且，我国目前实行多渠道发行，无论何种发行方法，都十分迅速。地方性日报当天与读者见面，全国性重要报纸以及部分地方性报纸还设有传真版和分印刷点，所以都能及时传播广告信息。

（3）简便灵活。

报纸可以根据传播内容设计版面大小，也可按广告者的意愿和要求进行有计划的广告活动。既能集中发布，也能均衡发布；既能发布单则广告，也能发布系列广告；既能发专版，也能发专栏；广告版面可大可小，内容可简可繁；表达形式可以图文并茂，也可以运用叙述、议论等文字体裁。广告者还可以随时按照具体的市场反映对广告内容、次数进行增加或删减，以达到理想宣传效果。

（4）保存性好。

报纸是印刷品，不像广播、电视播过就会消失。读者可以不受时间约束、随时阅读和反复阅读。对于有保存价值的广告，还可以随时剪辑存查，起到长久的利用作用。这是广播、电视类广告媒体无法相比的优点。

（5）费用低廉。

相对其他媒体，报纸价格较低而销量大，这就非常有助于广告信息的传播；同时报纸广告费相对来说也比较低，它是以占有版面大小和位置来计费的，所以企业可以按照广告预算来灵活选择版面和位置以及投放次数。

（6）信息量大。

报纸的信息容量大，简单几行字，甚至几句话就可以清楚地说明问题，所以一份报纸上常常容纳了几十条，甚至更多的信息。报纸是印刷品，反复读几次便可记忆，使信息传播较为准确。

（7）权威性强。

通常来说，报纸的社会信用是比较高的，尤其是有影响的报纸，在读者中享有较高的威信。广告能够借助媒体本身的信誉扩大广告效果，增加读者对广告内容的信任。当然决不能利用报纸的权威性来做虚假的广告宣传。

**2. 报纸广告的缺点**

报纸这种广告媒体形式也同样具有自身难于克服的局限性，所以广告主在进行媒体选择时也不能忽视其局限性。

（1）时效性短。

主要指日报而言。一船报纸在读者阅读完毕之后便失去了其保存价值而被随便处理掉。一般人看报，主要是看当日的新闻，隔日报纸通常很少有人翻阅。日报与杂志或周报相比，也就显得生命短暂了。为此必须要注意使报纸广告尽量多发挥当日效果，有计划地实施连续性或间断性发布策略并与其他广告媒体结合，才会取得较大效果。

（2）印刷质量较差。

报纸广告主要通过文字与图片形式来传递信息。我国的报纸以文字为主，设计比较简单，黑白印刷为主，所以报纸广告常常缺乏动态感、立体感和色泽感。图片形式传递广告信息时，效果比文字差。所以广告主在选用报纸为传播媒体时，尽可能地选择印刷质量上乘的报纸，并尽量使构图简洁明快、疏密有致以克服印刷上的困难，达到良好的效果。

（3）注意度差。

报纸内容具有综合性，主要以刊发新闻为主，广告通常不可能占有突出位置，所以读者在翻阅报纸时首先注意阅读的是具有吸引力的重要新闻或自己关心的材料，经常忽略广告，尤其在同一版面刊登许多广告，相互之间既无联系又相互干扰的情况下更是如此。同时报纸内容包罗万象，这会使读者分散注意力，使广告内容被忽视。

(4) 无法完全适应广告者的需求。

报纸是大众化传播媒体，以传播新闻、知识、指导宣传为主，不能让广告喧宾夺主，而广告者则希望广告越显眼越好，于是报纸广告就无法使广告者获得满意的效果。

这些是一般报纸的共同性特点，但每份不同的报纸还有自身的特点，如全国发行的报纸发行范围非常广，覆盖全国每个角落。例如《人民日报》具有相当高的权威性，能使公众产生信赖感；而地方性报纸能及时反映当地发生的新闻，例如《中国日报》英文版缩短了与国外读者的心理差距。因此选择什么样的报纸作为营销广告传播媒体，需要在确定广告媒体前，进行认真仔细的分析。

在进行报纸公关广告时还需要注意的是，必须在广告宣传中渗透情感因素。因为宾馆酒店广告与一般广告一个很大的不同之处就在于，一般广告的主要目的就是为了推销商品服务的，它要促进购买、提高销售量，直接诱导人们的购买欲望；但宾馆酒店广告则主要是引起人们的关注力和信赖感以及合作精神，所以也就需要借助情感的传导作用来影响社会公众。例如广东太阳神集团在报纸上所做的太阳神营养液的广告，它的广告词中充满感情地写道："八年的创业与发展，离不开您八年的支持，更离不开广大消费者八年的信赖""对您，我们心存感激"。不多的文字，立刻被消费者所接受，也缩短了企业与用户之间的情感距离，在心理上相容，在精神上共鸣，达到动之以情的目的。

### (四) 杂志营销广告

杂志是同样重要的印刷宣传品，是以满足读者某方面的知识兴趣为主的专业性和综合性的读物，门类众多。随着国民素质的逐渐提高，杂志也已成为当今重要的广告媒体。在进行公关广告时，杂志常常也是能产生较好形象效果的一种广告方式。

**1. 杂志媒体广告的优点**

(1) 专业性强，有针对性。

与报纸、电视、广播等其他大众媒体不一样，杂志大多是专业的，有特定的读者群。如《旅游》《今日中国》《中国黄页》等。因而在杂志上开展广告活动可以使之深入到某专业或某一行业，按照这一专业性、引导性强的特点，进行广告策划时，就要根据自己的需要，有的放矢地选择不同的专业杂志，使广告效果事半功倍，如选择《北京商务》为广告媒体进行宾馆酒店的形象宣传等。

(2) 阅读有效时间长。

杂志内容丰富，信息容量大，读者用要分多次才能读完，需要多次接触该杂志，甚至保存下来，日后重读。所以，杂志的传阅率也较高。由于杂志要半个月（半月刊)、一个月（月刊)、一个季度（季刊）才出一期，它在读者手中保留时间长。广告经常性与读者接触，使读者也就有充分时间对其内容仔细研究加深印象。

（3）印刷质量较高。

杂志因其具一定的保存性，所以选用的纸质较好，可以图文并茂，且印刷精致，不论绘画、照片、图案都能较真实地反映商品形象，展示企业风貌。杂志广告一般集中在一定书页上，如封面、封底、封二、封三及插页等，常常是采用彩色插页，没有其他内容掺杂，这样广告就能在读者心日中占有突出的位置，留下深刻印象。

（4）突出醒目，引人注意。

杂志广告大都独占一页，醒目、突出、整洁，不像报纸广告那样小面积地划分版面。杂志版面整齐统一，信息干扰少，能吸引读者的注意力。

（5）适应广告对象的理解力。

杂志的订阅者，通常对该杂志有所偏爱，尤其是订阅专业性杂志的读者，通常都具有该专业的知识。对广告的内容，比较容易理解，也易于接受。

**2. 杂志媒体广告的缺点**

（1）周期长，时效性差。

杂志是定期刊物，有半月刊、月刊和季刊等，因为设计排版时间长，所以出版周期也较长。一般的周刊也通常需要提前几个月预订广告版面，这就使一些时效性强的公关广告无法发挥作用，如为提高企业的知名度而举行庆典活动、新闻发布会活动等，要是在杂志上做广告的话，可能当杂志出版后，有关信息对读者早已是明日黄花，效果甚微。

（2）接触对象单一。

与报纸相同，杂志也是大众传播媒体形式，但因为杂志专业性强，有特定的读者对象，使覆盖范围受到限制，无法将特定的广告信息传递给部分特定部分公众，比如需要了解某地所有二星级宾馆信息，一级杂志就难于接受。

（3）发行量小，成本偏高。

因为发行量的限制，致使广告成本偏高，杂志上刊载广告信息需要付出较高的广告制作费用和刊载费用，所以限定了利用杂志做广告的广告客户数量。同时，杂志因篇幅页数有限，不可能把大部分篇幅作为广告载体，加上发行范围狭窄，广告主会感到为此付出大量广告费用得不偿失，得不到预期的广告效果或广告目标。

（4）杂志多且性质相近，选择较难。

因为国家文化教育事业的发展，目前同类性质杂志数量较多，如女性类杂志有《中国妇女》《妇女》《女性》《女友》等，使广告选择极难取舍，而时常造成浪费。

确定选择杂志为传播媒体进行广告宣传，关键在于尽量避开杂志的局限性，而利用杂志发行面向全国有一定权威性、彩页美观、信息容量大、时间长等特点来推销宾馆酒店的形象。通过不露销售痕迹的企业形象宣传介绍，从意识深处增加受众对企业的信任感，从而建立起企业与社会公众的良好关系。所以，杂志刊登广告的类型较多的是采用观念广告、信誉广告、服务广告、创意广告、纪事广告等。以这些广告形式，向社会展示自身整体形象。

### （五）POP 广告

POP 广告是英语 Point of Purchase 的缩写，即购物点广告，又称现场广告。只要是在购物场所内外所作的各式各样的广告均为 POP 广告。POP 广告作在商品的销售现场，直接与消费者见面，具有最直接、最有效的宣传作用。

**1. POP 广告的类型**

（1）柜台广告。能引起消费者的注意。

（2）悬挂广告。是从顶棚、梁柱上垂吊下来的展示物品：如品牌、饰物、彩条、旗帜等，只要高度适中，形成各种动态，就能引起注意和装饰销售点的作用。

（3）墙面广告。是利用墙面张贴海报、招贴等方法介绍企业，宣传商品和美化墙面。

（4）地面广告。是利用店内外的地面空间，放置商品陈列架、展示台、旋转台等。

（5）动态广告。是一些立体上下运动的广告物，如热气球吊着飘带，上书企业或商品名称等。

（6）货架广告。是利用货架的边框设置的广告。

（7）光源广告。在广告作品内放置各种灯光，使广告商品更加清晰、明亮、精美。

（8）包装广告。包装商品的内外包装、包括包装物上的企业名称、经营特色等。

（9）橱窗广告。包括放置在橱窗内的一切广告物与装饰物。

（10）招牌广告。包括各种形态的招牌、旗帜、框子、彩带等。

**2. POP 营销广告的主要功能**

POP 广告是进行公关宣传的一种十分直接有效的广告形式。由于广告宣传总得借助于一定的地点、场所，而 POP 广告就是在某一特定的现场以生动、形象、直观、频繁的广告行为直接同广告受众见面，具有最直接、最有效的宣传作用。特定场所的条幅、旗帜、气球、印刷品、包装、时装模特、电视屏幕随时随地使旁观者成为广告受众，接受 POP 广告信息，从而起到报纸、杂志、广播、电视四大媒体所无法比拟的作用。对 POP 广告来说，其主要作用还是在于美化企业，树立企业形象，迅速给公众留下深刻印象，使广告受众立即采取行动。

**3. POP 广告的应用**

比如在旅游风景点，众多宾馆酒店都设有广告牌。其宾馆为了突出自己，让自己的服务员穿上少数民族服装，在车站向游客发放小册子，宣传自己宾馆不仅住宿可满足游客各种层次的需求，还有少数民族风味饮食。结果大多数游客都去了该宾馆住宿就餐。

## (六) 店外广告

所谓店外广告，是指那些远离营业场所，竖立在路侧的大招牌和巨大的展示标志。这类路侧招牌展示标志已经成为店外广告的主体。但以提供膳宿服务的企业而言，还有其他方面值得考虑和运用。路侧招牌、屋顶上的标志、门口的遮檐、车厢广告卡及橱窗展示等都是重要的店外广告，而其重要性的程度或顺序，就要由本店所在的地点与营业类别而决定。大量使用店外广告的一个最重要的因素是因为乘汽车旅行的人在不断增加。

**1. 路边招牌**

路边招牌的一般形式有三种：海报式的大幅广告、油漆的展示品，还有电动的招牌。

(1) 海报广告牌 (Poster billboards)：可以构成大宗的店外广告。它们标准的设计是木制的框架结构，上面张贴大幅石版印刷的图文并茂的海报式广告。这类广告板的外观到处都一样。它们大都是绿色的框子，框子是白色镶边，整个版面都是石版印刷的广告词。最近这种广告都已改用铝框。

利用海报牌招揽生意称之为“展示招揽”。它是将许多广告牌运用于某一项特定的宣传活动，这类海报广告牌通常都是租用的，店外广告公司将所有适合于展示招揽的需要并且可利用的地点列出一张表来以供租用人参考。但是购买这种广告空间的人往往不能选到他的海报牌所需要的最佳地点，广告公司仅能告诉他哪一个地点比较符合他的需求而已，海报展示空间的出租费用，大都是以按月收取。

(2) 画的展示 (Painted displays)：这种广告并不像店外广告完全图画的海报那样具有特殊地位。但对宾馆酒店而言，画的展示广告有其特定的作用，因为它们一次买下即可，而不是临时租用。至于招牌的制作则根据广告商或是店外广告公司提供的特殊设计而由广告画家画出来的，有的画在大块广告板上，有的直接画在墙上。

公示广告牌就是一块金属板，四边镶以装潢讲究的框子。这种广告牌可以永久使用，但其版面或者广告词则可定期改变。利用粉刷的墙壁做广告牌，广告词也就直接附着于建筑物本身了。这类展示牌的大小几乎没有尺寸的限制。也不像海报广告牌，购买广告的人可以任其需要而选择地点。每块展示牌的价格各有不同，一般根据装置的位置，容易被人看到的程度，尺寸的大小，交通流量，以及其他任何特别结构等情况而定。

在所有的广告展示牌中，最大而又最具效果的是流线型广告牌。这是一大块现代化设计的板，上面可以制作各种独特的广告。

屋顶广告展示，这是闹市区或商业区常见的，大小虽然各有不同，但一定要相当接近于标准体积。因为这类广告招牌的大小受到市政当局的有关规章的限制。

公路或铁路上的广告牌，都是面向往来车辆频繁的公路或铁路干线。广告牌的大小不一定。

画的广告牌，纵使是广告内容或版面完全没改变，每年也得重画两三次。如果广告内容或版面有所改变，则需要油漆加工，以求达到增加新内容的目的。画的广告牌的空间都是按期收费，大约是一年分为两期或三期。

非电动的广告画可在各种颜色上使用特殊的反光剂，以求广告内容在夜里也有效果。文字部分的笔画可用最鲜艳的色彩，而使广告词格外醒目。

（3）电动广告：形式上往往倾向于巨大，壮观而又豪华的格局，一般来说，它并不适用于宾馆或汽车宾馆，因为费用太大了，那是所有的店外广告中最昂贵的一种。

广告牌上最常用的灯光照明是悬空的聚光灯，挂在招牌顶上，灯光由上而下，照射出招牌正面的全部广告内容。但用霓虹灯制作的字体所构成的广告，已经成了电动广告招牌中最具效果的一种。

**2. 店外广告招牌应具有的特色**

（1）地点（location）：选择客流量最大的地点，使看到广告的人能够达到最大限量。

（2）可见度（visibility）：招牌的正面绝不能受到任何遮挡。

（3）简洁（brief）：广告词的内容应当浓缩成一个要点，使用的文字越少越好。要知道那些你希望他们能看看你的广告的过往客商，大都是以 80 千米/时或更快的速度经过你的广告招牌。

（4）设计简明（simplicity）：理由同上，广告题材要简短，版面设计要简明，这样才能使整个插图、设计及内容，行人一眼即可尽收眼底。如果设计能够做到简明，广告牌内容的收视率就很高。如果设计复杂，也许就没有什么人愿意看它一眼。

（5）色彩（color）：店外广告招牌绝大部分都是彩色的。当然，色彩越鲜艳越好。可能时应在招牌上加一幅大型而色彩艳丽的插图。宾馆酒店企业界对于同业所用的广告招牌每年都有一次评选，得奖人大都是广告牌绘图具有特色，而广告题材的文字，如在十个字以内得奖的把握就会大很多。

（6）灯光照明（illumination）：一般情况下，白天的客运车辆频繁，但在晚间6点至10点这一段时间，路上的行人还是相当的多。为了晚间的招揽，广告招牌的照明设施也必须有特色。为了获得广告的最大效果，广告版面的设计、美工以及广告题材必须反复推敲、十分讲究，才可收到令人满意的效果。

**3. 房屋上的广告牌或标志**

宾馆或餐厅建筑物上的广告牌或标志，在广告词的使用量上受到限制。但为了确切指明本店及本店的服务，那些广告词就必须反复斟酌，力求做到一语惊人。

房屋上的广告牌第一个需要考虑的因素就是可见度。正确决定任何广告牌的可见度的唯一办法是从建筑物附近的每一角度由远而近地走向建筑物试作观看。

建筑物上的广告牌一定要有照明设备，而且电动广告牌较为理想。霓虹灯做的广告牌，色彩鲜明，文字清晰可读，其效果是非常理想的。

房屋上的架构式广告牌，就是用具体的模型或者立体的标志表示本店的店号，效果很好。但广告一定要用特殊光亮的聚光灯照明。否则的话，这一类的模型广告牌在白天效果很好，但到了夜间就不能和那些电动的霓虹灯广告牌相比了。

如果店面正好是在街道的转角，屋上就得用双面的广告牌，这样才可以让走近街角的人，无论从哪个方向来都可以看到广告牌。

在当今信息时代，建筑物上的广告牌已经成为最重要的广告媒体之一。它可为你的营销助一臂之力，它可促使客户投宿本店，可以引起社会公众对本店的关注。大楼的顶层平面是对空广告最具威力的地方，每个人都会或者需要空中旅行，但有几个人在飞临他们目的地域上空时，能确认出多少宾馆呢？所以在顶楼的平台上把自己的店号，用巨大的字体漆写上去，会收到意想不到的招揽效果。

正如所有的广告一样，建筑物上的广告牌应当使其和本店的格调相一致。如果店内的装潢是德国巴伐利亚式的，店外招牌上的字体就得非常现代化。一般而言，装潢现代化的宾馆，不适宜用老式的英文字体招牌。

表明店号的广告牌只要写上一个全名的店号就可以了。其他辅助性的广告牌则用简缩的店号。和本店联营的有关企业当然也可加上去，但这类广告牌若是用上好几个，令人看起会有五花八门的纷乱之感。

**4. 门前的遮檐与橱窗展示**

（1）门前遮檐。

门前的遮檐在意义上及其所能提供的广告招揽，和建筑物上的广告招牌并不相同。虽然遮檐也可写上自己的店号，但它也可能成为一些额外的广告源头。遮檐在很短的距离以内方可看到，所以上面的店号应当尽可能地引人注目。

遮檐广告所起的招揽作用，仅限于接近本店的路人，能够看到遮檐上广告词的人，就是人行道上的行人、街道上的汽车驾驶者，以及乘用公共交通工具经过本店门口的乘客，所以遮檐广告一定要在左、右、前三个方向大做文章。

遮檐上的广告题材当然要标明店号，但也可以包括直接推销广告，例如餐厅、酒吧、晚会俱乐部、咖啡厅、特别的娱乐节日及音乐演奏等。通用的广告词则为欢迎光临，或对于在本店召开的某种会议的出席代表致敬。遮檐上的广告空间应越能适合于广告词的改变越好。

遮檐上的广告一定要予以电气化，也就是说必须要有很光亮的照明设施。

每一家宾馆酒店都应有某种形式的用于广告的遮檐，纵使它原来就有遮雨或遮日蓬的设施。凡是可以向经过本店的人做广告的机会都不能放过。你的其他方面的广告也许会把一个可能的客户引到你的门口，但那绝不表示他一定会走进门来。而遮檐广告可能是引他进来的一个最后的“钓饵”。

（2）橱窗展示。

最为人格化的店外广告就是橱窗展示。它具有特殊的、其他任何形式的广告都无法替代的优点，因为它能显示出三维空间，也就是说它是立体的。有些最新式的店外广告具有一种类似第三度空间的性质，但它们在这方面还是不能和橱窗展示相提并论。至于遮檐，固然是人行道上的一个很理想的“钓饵”，它的作用正如在其他所有的广告上加了最强有力的一句推销词，因而帮助了一次推销的圆满结束。但是，橱窗展示的效果甚至比这个还要好。就整体情形而看，众多宾馆酒店并未重视这种广告，它们似乎忽视了这一个强有力的推销资源。在机场设立这类展示橱窗的宾馆酒店也是相当的少。敞开窗户，让过路的人看到里面的餐厅也是一种很好的广告，尤其是如果能够从窗口看到里面正在进行的烹调活动或就餐的情形，效果会更好。

### （七）互联网广告

互联网的兴起为酒店的广告宣传打开了新的通道。酒店可以通过 web 服务器和客户浏览，在互联网上发布各种信息。消费者可以借助检索工具迅速找到所需要的酒店信息。

常用的互联网广告形式有：旗帜广告（Banner）、图标广告（Logo）、文字链接（Text）、电子邮件广告（Mailing list）、使用新闻组（Newsgroup）、网上问卷调查（Questionnaire）等。网络广告本身是一种很有潜力的广告载体，它具有传统媒体广告所无法比拟的优势：

（1）交互性：它可以使消费者随心所欲地选择自己感兴趣的广告信息，而且传播快速，发布和接收基本同步。

（2）全球性：互联网的全球性使互联网上发布的广告也是全球性的。

（3）针对性：可以分析网站访问者的喜好，以精确定位投放广告。

（4）精确性：互联网广告的发布次数和效果均可以采用技术手段精确统计。

## 三、酒店公共关系管理

### （一）酒店公共关系概念

公共关系就是社会组织及其成员为了塑造组织形象，获得内外公众的信任和支持，利用传播沟通手段，与其相关公众建立和维持良好的社会关系。

公共关系由社会组织（主体）—传播（手段）—公众三大要素组成，是在三大主体之间所建立的社会网络。

### （二）酒店公共关系的组成

酒店公共关系是指某一酒店作为主体社会组织，与它的内部员工以及社会上各个相关的社会公众之间所建立和存在的复杂社会关系。

酒店经营者必须通过本身的企业形象，企业行为、传播企业信息等方式与饭店内外如此众多的公众建立一种互助互利、融洽协作而且长远而稳固的社会关系，以促进饭店当前和今后营销活动。这是饭店的公共关系的任务。

酒店经营者（包括经理，专职公关人员和全体员工）应该主动地、自觉地并有计划地去建立和维持这种公共关系，并且要想尽办法创造性地去进行公关活动，而不是被动地、自发地形成的、很可能是一种负面的有害的社会关系，它会阻碍酒店的发展。

### （三）大市场营销观念

市场营销学的发展，形成一种最新的市场营销观念，它就是继产品营销观念，推销观念和市场营销观念之后所出现的大市场营销观念。

大市场营销观念是为了让自己的产品进入阻碍重重而难以进入的目标市场。除了采用原有的产品策略，价格策略，营销渠道策略促销策略的4P策略之外，还要加上权力（Power）和公共关系（Public relations）两种新的策略，才能成功。

这就构成新的6P的营销策略组合。

具体地说是，为了进入大市场，经营者必须运用各种公共手段，和当地的权力部门和有影响的社会公众建立良好关系，取得他们的支持和帮助，才能成功。

20世纪80年代，日本彩电之能够进入珠三角市场，美国沃尔玛、法国家乐福进入深圳，假日酒店、凯悦酒店之进入北京，都是通过公共活动取得了当地权力部门的支持而获得成功的典范。

### (四) 酒店公关机构的设置拓展

公共关系工作是一项长期的，经常性的。有计划的工作，为了使这个工作更有计划，更经常化和职能化，有必要设立专门的职能部门从事这项工作。

酒店决策者应当有计划选用一部具有专业知识和专业能力的人才。成立酒店的公关机构。一般来讲，中小型酒店的公关处的机构设置可在前面第二节的基础上，根据酒店规模大小，可适当拓展。

**1. 酒店公关机构组织拓展形式**

(1) 中小型的酒店的公共关系部规模较小，专职较少。工作内容不多，通常都在当地进行工作。见图7－7。

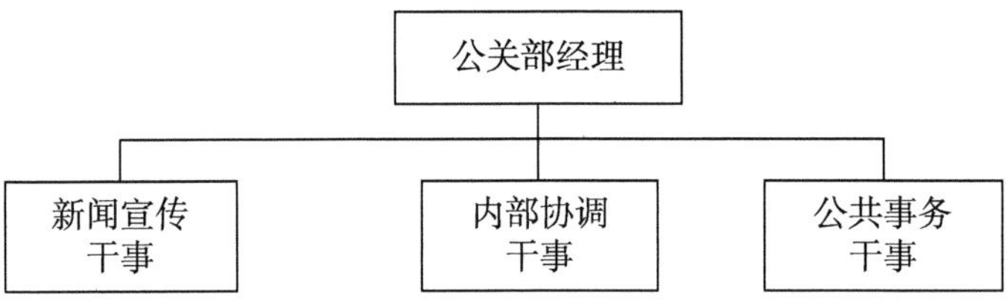


**图7－7 中小型酒店公关部的拓展型**

(2) 大型酒店和酒店联号集团，机构规模庞大。在世界各国部分设同名（联号）饭店，所以他们的公共关系部门，员工较多。有各方面的管理专家，分工明细，工作量大。见图7－8。

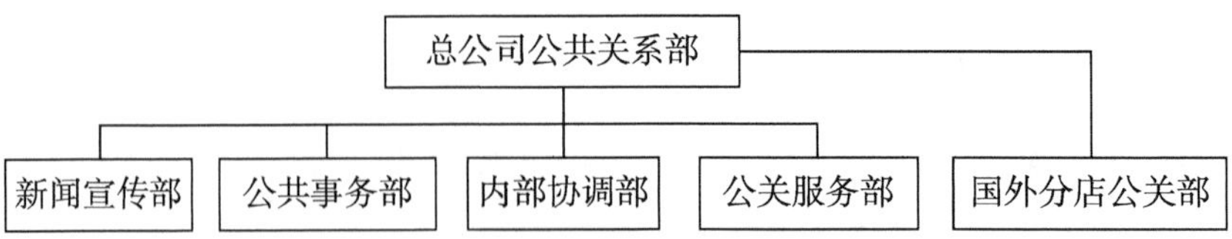


**图7－8 大型酒店（集团）公关部的拓展型**

**2. 酒店公关人员的应有素质**

(1) 性格和品德。

公关人员应该是外向性的、热情、开朗、有幽默感、有较强的自控能力，心理承受力较强。公关人员应具有良好的品德，真诚、正派，讲信用。他们代表企业和社会各方进行联络，他们的品德是企业形象的一部分。

（2）知识和经验。

作为一名专业的优秀的饭店公关人员，要胜任工作不但要精通公共关系的理论和实务，还应掌握一些相关学科，如市场营销学，社会心理学，工商行政管理学以及礼仪知识。

（3）基本能力。

公关工作的复杂性和广泛性，一个优秀的公关人员必须具备多面的技能，如：

1）组织策划能力。公关人员要经常组织各种公关活动，如举行记者招待会，纪念庆典，筹划展销会，制订活动计划，接待贵宾和记者等。

2）调查分析能力。酒店经营者应该不断地了解市场动态和顾客的意向，作为营销决策的依据，这种工作必然要通过公关人员的调查分析来进行的。每个公关人员必须具备这种能力。

3）语言和文字表达能力。口齿伶俐，能言善辩是公关人员的必备才能。宣传企业形象，推广产品，与中间商谈判，与各界人士洽谈都需要良好口才。整理信息，起草文件，书写公关文件都需要一定的文字组织能力。

4）交际沟通能力。酒店公关人员经常要各类社会公众打交道，广交朋友，为酒店建立起广泛而良好社会关系网。公关人员要善于打动对方，劝说对方，能够把双方利益结合在一起，进行感情联络，发展关系。

5）风度和仪表。风度是行为举止，态度，谈吐给对方的综合印象，仪表则是公关人员的精神面貌的外观，是给予对方的第一印象，而且非常深刻。公关人员的风度仪表也是企业形象的组成部分。

**3. 酒店公关部的工作内容**

（1）公关部的日常工作。

这些工作是公关部门每天都要进行的工作，其目的是随时和各个社会公众保持联系，双向交流各种信息。例如：

1）随时收集酒店内外公众的意见。

2）与各新闻媒体的记者保持联系。

3）与相关企业、政府有关部门互通信息。

4）接受公众的咨询和投诉，合理加以处理。

5）处理突发公关事件。

（2）公关部的定期工作。

根据公关部门的工作计划，预定要某个日期，某段时期内完成的工作，是阶段性的工作。如组织记者招待会。编辑出版面向顾客和同行的外部刊物和面向内部员工的内部刊物。编写印刷各种资料，季度报告，工作总结。参加酒店的管理会议，汇报工作、提出建议。

（3）公关部门的专门活动。

为了某个特定目的和专项主题而集中资源举行的专题性活动，如：

在酒店内部组织各类展览、演出和庆典活动；

举办吸引顾客、改善关系对外专项周、专项月系列活动，设计店徽，工作服，标志，纪念品，吉祥物和广告系列，代表酒店参加社会公益活动。

### （五）培育和提高全体员工的公共关系意识

公共关系意识就是公共关系观念，指的是组织的每个成员意识到公共关系工作对组织的生存和发展的重要意义，认识到自己在公关工作中应尽的职责，从而自觉地参与企业的公关工作。对于一个酒店来说，它的公共关系意识，包括下列内容：

**1. 酒店形象意识**

全体员工都能普遍地认识到，酒店的形象和声誉是无形财富，而自己的言行举止，服务态度都是构成企业形象的组成部分。要高度珍视酒店的形象和声誉，自觉地为提高酒店的知名度和美誉度而努力。

**2. 宾客意识**

全体员工都要普遍树立“宾客至上，服务第一”的观念，使酒店的一切行为都以客人的利益和要求为导向，信念是“企业要为消费者所有，为消费者所治，为消费者所享”。

**3. 沟通意识**

通过与社会公众的信息沟通而争取公众的理解和支持，让公众了解自己的情况和诚意，也让自己了解公众的实际看法和特殊要求。通过传播和沟通，可以化解误会、摩擦和对立，而成为朋友，互相支持。

**4. 合作意识**

酒店内部管理者之间要合作，上下级之间要合作，大家只要通过合作，就能实现目标。酒店与外部公众也必须密切合作才能成功。

每个员工都应具有强烈合作的愿望，善于合作，乐于合作，在合作中得到利益，这就是合作意识。

**5. 社会责任意识**

员工们应该把追求饭店利益和社会效益统一作为自己的价值观，重视企业发展的动态平衡。

### （六）酒店全员公关管理

（1）全员公关管理是指酒店管理当局通过各种有效途径，增强全体员工的公共关系意识，促使全体员工共同关注和参与公关工作，共同建立良好的企业形象和良性的社会联系。

（2）全员公关管理的方法与措施。

1）提高全体员工的公共关系意识，使饭店员工“人人做公关，人人是公关”。

在饭店各项规章制度中明确规定每个部门，每个岗位应完成的公共职责，并定为考核项目之一，如果每个岗位每个员工都明确并且都完成了应负的公关职能。那么，饭店的整个公关工作一定会取得明显的成果。

2）抓好第一线员工的服务质量。

第一线服务员工是直接面对顾客和社会的前沿阵地，他们的服务质量是企业形象的第一层面，直接影响顾客的感受。一线的服务质量是饭店内外部位的接合点，也是公共关系的起点。

3）积极开展培训工作，提高员工的素质。

饭店员工的服务技能和个人素质，包括服务态度，礼仪举止，接待技巧等，是他们参与公关管理，显示饭店服务质量的必要条件。这些方面并不是生来就有，必须经过饭店有计划的培训才能形成，使饭店员工具备了公关意识，分担了公共工作中自己应负的职责，经过培训，获得了较好的服务技能，也养成了热情的服务态度，这就形成了饭店全员公关管理的良好状态。

### （七）酒店公关活动的步骤

酒店的公共关系是一个信息沟通的活动过程。有效的酒店公关活动能加强酒店的竞争优势，创造出酒店良好的市场形象，有利于营销活动顺利进行，还能吸引优秀的人员加入到酒店工作和服务工作中去。一般来说，酒店公共关系管理包括以下七个步骤：

**1. 确定酒店的公众对象**

即找出酒店主要的宣传对象，是酒店的潜在客人，还是酒店投资者？是酒店员工，还是酒店的销售渠道成员？酒店的公众对象包括许多类型。酒店必须首先确定其公共关系的主要公众对象是内部公众还是外部公众，是哪一种类型的公众，该类型的公众在酒店消费中有何特点等。

**2. 确定是否与酒店主要公众渠道存在交流问题**

这是酒店公共关系活动的第二步骤。这时酒店必须确定是否与酒店主要公众之间存在着需要交流的问题，如主要公众对酒店产品是否了解，公众对酒店服务是否满意，有什么意见等。假如酒店与确定的公众之间不存在交流上的问题，那么，酒店公关人员应重新回到第一步，即确定别的宣传对象。假如公关人员认为酒店与确定公众存在着一定的交流问题，那么就可进行管理的下一步工作。与酒店主要公众对存在的问题进行交流是酒店公共关系的主要目标。

**3. 确定交流的目的**

一般来说，酒店与公众之间可能存在的交流问题有三种，即认识上的问题、感觉上的问题和行动上的问题。通常，酒店公共关系因较适用于解决认识性问题和感觉性问题而常常围绕着这两类问题而展开。酒店公共关系活动的主要任务是建立酒店良好的酒店形象和声誉，而开展酒店公共关系的目的则有两个：一是利用公共关系活动来解决公众的认识问题，酒店与公众之间所存在信息交流问题，以便提高酒店在公众中的知名度，同时使公众对酒店产生忠诚感并为酒店做良好的口头宣传创造酒店良好的形象和声誉；二是利用公共关系活动来避免或克服不良后果的发生。公共关系的目的是酒店公共关系人员在对酒店的主要公众的需求情况了解和对酒店公共关系活动需求明确了的基础上确定的。

**4. 确定公关交流的内容**

酒店公关经理可根据不同的交流问题来确定相应的宣传内容。即根据酒店与主要公众存在的问题及酒店公共关系交流的目的要求，确定向公众传播哪些信息，以便于通过这些信息的传播，沟通酒店与公众的联系。

**5. 确定公关交流的方式**

这是酒店公共关系活动过程中很重要的一个步骤。假如公关经理找不出合适的方法，那么酒店与公众之间的交流问题就只能用酒店的其他营销工具去解决，如酒店人员推销和广告宣传等。假如公关经理认为通过酒店公关活动有办法解决酒店与公众之间的交流问题，那么就可以进行公关计划的制订。酒店必须根据其公共关系的目的和交流内容，根据酒店主要公众的行为特点等，适当地进行选择：如果宣传酒店的产品特征与优势，说明酒店产品的风格，则应该选择大众传播媒介；如果要宣传酒店的经营宗旨和对社会的贡献，则可采用赞助公益活动的方式，要是采用了大众传播媒介，就会有做广告的倾向，反而被顾客误解而不购买，作用就大不相同了。

**6. 公关活动计划的制订及实施**

公共关系活动是一种涉及面很广而又较长期的战略活动过程，要集中使用酒店的人力、物力和财力，有时要花费很多的费用，因而就需要制订一套完整的公共关系活动计划，并建立相应的组织和管理制度，选拔高素质的公关人才，以确保酒店公共关系活动的正常开展。酒店任何一种公关活动都必须有相应的公关计划来指导，否则，酒店公关活动往往是盲目的进行，结果也难以评估和检查。

**7. 评估公关活动的实绩**

这是酒店公共关系管理的最后一步工作。有人说酒店公共关系的结果是不可衡量的，因此，酒店公共关系活动没有实用价值。公共关系活动的实绩往往不易衡量，但这并不等于说酒店就无法考核其实绩了。事实上，酒店公关活动只要有计划、有组织地进行，那么公关活动的效果是可以衡量的，而且衡量公关活动效果的方式也有很多。酒店常采用下面的方法来衡量：

（1）酒店常采用剪报方式统计酒店在新闻传媒中的显露次数，即统计各类报刊杂志、电台和电视台介绍宣传酒店的次数，以便衡量各种新闻传媒的作用和影响。

（2）公关经理可以用预计的公众数目与实际受影响的公众数目进行比较，以此推断出酒店公共关系的效果。酒店通过公共关系活动宣传某一特殊事件，如果来参加这一特殊事件的人数增加，营业额增加，则说明其公共关系活动奏效了。

（3）根据宣传对象的理解和态度的变化来衡量。这需要用抽样调查的方法，对宣传前后公众对本酒店的了解情况和态度进行比较。

（4）根据职工对酒店的态度变化来衡量。公关经理可通过对员工的士气、酒店的收入等来衡量公共关系的效果。通过调查，如果发现员工的工作热情大有提高，员工的集体荣誉感增强，则说明酒店内部公关活动是成功的。

## （八）酒店公共关系的职能

公共关系是一门“内求团结，外求发展”的现代经营管理科学。对于酒店这一特定行业来说，公共关系的职能大致包括以下四个方面的内容：塑造形象、沟通信息、协调关系、处理矛盾。

**1. 塑造形象**

现代市场竞争已经从产品竞争，价格竞争发展到品牌的竞争，文化品位的竞争和企业形象的竞争。因而塑造本企业形象成为企业公关部门的首要职能。包括酒店企业形象、酒店管理形象、员工形象、产品和服务形象、酒店实力形象等。

**2. 沟通信息**

企业信息是来自企业内部和外部的对企业具有一定价值和用途的消息、新闻、数据、资讯、意见等。企业一方面来自内部的产品说明，价格营销策略，活动日程等信息通过各种渠道传递给各方面社会公众，另一方面又不断收集，总结来自外部的意见，如媒体报导、政府指令等。公共关系活动的本质就是通过双向沟通，有效地达成组织与公众之间的信息交流。通过各类信息的分析处理，调整企业决策和企业行为，确保饭店经营的正确性和科学性，保证饭店在强手如林的竞争中立于不败之地。主要包括产品形象信息和企业形象信息。

**3. 协调关系**

现代公共关系认为公众是酒店公共关系的客体，是公关工作的主要对象。因此，协调组织与相关公众的关系，为组织创造和谐、良好的环境就成为公共关系的一项最基本的职能。主要包括酒店内部公共关系（如员工关系、股东关系）、酒店外部公共关系（如顾客关系、社区关系、政府关系等）。

**4. 处理投诉和突发事件**

投诉和突发事件是在酒店的经营过程中不可避免出现的问题。无论是酒店的管理者还是服务人员都要掌握这方面的相关情况，提高处理能力，强化危机意识。作为酒店的公关人员，这更是重要的专业技能和知识。

一般来讲，投诉的处理的步骤主要包括：认真倾听、真诚道歉、解决问题、跟踪调查、再次道歉、记录在案等步骤。

突发事件的处理程序主要包括：及时组织救援、成立专门机构、媒体公关引导等。

## （九）酒店公关实务

**1. 谈判**

人们为了改变相互关系，解决争议，取得意见一致而交换观点，磋商协议，最后达成一致的活动过程，就是谈判。包括一般性谈判、业务性谈判和突发性事件的谈判。谈判的一般程序分为以下几个步骤：

（1）导入阶段。

双方相互问好，闲谈一些时事、天气。表示双方诚恳，认真合作的态度，营造轻松、愉快的气氛。

（2）概述阶段。

双方将自己可以公开的情况和打算阐述清楚，表示自己的诚意和态度，给对方留下良好的第一印象。

（3）明示阶段。

此时，双方已逐步把自己的主要意图明示对方，这样一来双方意图已经分明。

（4）交锋阶段。

双方在此阶段中陈述自己的要求和理由，列举事实，说服对方尽快接受自己的意见，有时，自己做出适当的让步，换得对方在另一面的让步，使双方的意图的差距逐渐接近，达成一致。

（5）妥协阶段。

双方经过多方考虑，反复衡量，以自己的退让换得了对方的补偿，双方都感到基本满意。

（6）签约阶段。

最后双方握手言和，在协议书上签字。

**2. 讲演**

所有以口头语言的形式，向对方或者听众表述自己的思想意图，以求说服和打动对方，得到对方的赞同和支持，这都是广义的演讲，这是传播信息，开展公关工作的重要内容。一次正规的，有计划的演讲，必须对要讲的内容做好三个层次的安排，即开头、主体和结尾。

**3. 公共专题活动**

公关专题活动，是企业为了树立自己的形象，扩大社会影响而举办的专题活动，以吸引公众的注意，媒体的关注，赢得社会公众的理解和支持。如记者招待会或新闻发布会、展览会、社会赞助活动、销售活动等公关活动。

### ◆复习题

1. 如何科学地制订酒店营销广告的媒体计划？
2. 报纸广告和电话广告相比具有哪些优缺点？
3. 互联网酒店营销广告的优劣势分析。
4. 企业的公共关系职能有哪几个方面？
5. 酒店公关工作的具体程序分哪几步？

### ◆实训题

1. 请你运用本章公共关系的知识，为本市某酒店策划一次大型公关活动或为其提供一份大型公关活动策划书。

教师观测点：公关活动的类型、目的、步骤、预算等。

2. 请为南方某滨海旅游城市的一个即将开业的度假酒店制订一个较为完整的媒体广告计划。

教师观测点：广告宣传目标、媒体选择、宣传重点、投放时间、广告预算等。

◆拓展题

请你为学校附近某酒店设计一句广告词，要求简明易懂，易于传播，并富有创意。

## 阅读材料

### 长沙华悦大酒店的广告策划

长沙的经济随着中国加入世贸组织而加速发展。人民的生活水平随着改革开放的逐步深入与市场经济的发展而迅速提高，日常生活中的各种消费也日益增大。如何使华悦在长沙树立精品、建立长期的客户群是华悦所必须考虑和实施的。华悦大酒店作为湖南酒店行业的一颗新星，要在湖南酒店行业脱颖而出，形成大品牌的酒店就必须对酒店做较强势的宣传，推出精品，树立品牌形象。现将酒店宣传设计分为三个间段，以形成循序渐进的宣传攻势，逐步提高华悦的知名度、影响力，使华悦成为真正意义上的“长沙大酒店的精品”。

**一、开业前期**

开业前期即导入期的主要任务是引导消费者认识华悦、了解华悦并进行试消费，在全省发起高密集、的广告宣传攻势，以下是宣传的几种形式。

1. 电视方面

以全市主流媒体的强档时间或强档栏目为主，这样既达到宣传效果，相对卫星播出媒体费用要低得多而且符合华悦大酒店目前针对湖南市场的销售方向。从电视台收视率，和潜在的目标消费群的分布与习惯及广告效果等因素来考虑，建议从以下媒体选择投放。如湖南影视频道，建议选择“三集连播片场”的插播一段15秒的华悦大酒店形象片；湖南女性频道的“心动二五八”、“都市红颜”、“女市长论坛”、“城市与女人”等栏目。

2. 报纸方面

选择销量较大有一定信誉和知名度的媒体，以下媒体就能更广、更强地实现华悦的宣传目的。如《长沙晚报》，版面选择：A2半版，套彩/套红；《潇湘晨报》，新闻报道方式，《三湘都市报》，新闻报道方式。

3. 电台方面

湖南人民广播电台交通频道，每天十次滚动播出以上媒体播出和刊登尽力使用酒店消费对抵的方式，以便减少酒店新开业的资金压力。

**二、开业中期**

开业中期即成长期，在高密度的广告宣传攻势后辅之以专业的标新立异的营销策略和促销途径。可将重点放在开业中期，主要是要让大家彻底认识华悦、记住华悦最后走进华悦。以下列出的七种形式可供参考选用。

（1）征文活动：与《潇湘晨报》或《长沙晚报》合作联办主题为“酒的文化”“酒的故事”或“吃的文化”“吃的故事”征文活动，融亲情、爱情、友情于一体，借以弘扬华悦的文化品位，扩大华悦的社会影响力和社会美誉度。

（2）公益活动：在长沙市的重要路口的警亭处设立“华悦便民服务站”放一些外出急需的东西，如水、伞、打气筒等。

（3）赠送精美小礼物：印制精美的小礼物，如：钢笔、钥匙扣、领夹等广告用品赠送给消费的宾客。

（4）华悦式宣传活动：设立“华悦形式的宣传活动月”定位华悦的文化风格。在烈士公园和植物园举办“华悦式宣传活动”。

（5）活动赞助：适当赞助一些有社会影响的活动或有意义有档次的电视节目。如“湖南名人本色”“政法报道”“21点”等。

（6）开办健身活动：与媒体合作利用酒店设备开展健美比赛。

（7）华悦杯品酒比赛：选用一些白酒或葡萄酒用于比赛，比赛要求是必须分辨出这些酒的品牌或年份，可设立大奖。也可与电视台、报社或酒厂合作。

### 三、开业后期

开业即巩固期以后是一个长期的工作虽然前面的工作有一定的铺垫，但必须有计划地进行宣传以便散客的了解和预防一时的火热而造成后来的冷场。后期需要做的是继续加大营销力度，强化品牌形象，使华悦在长沙市场获得较高的市场份额，确立自己在长沙的主导地位。主要采取延续性的周期性的宣传方式，如在重大节假日策划较有新意的促销活动，制作有特色的广告片并有计划地播出。

（摘录整理于职业餐饮网）

### [简要评析]

营业推广，广告要先行。广告可以是硬性的，也可以是软性的。长沙华悦酒店未雨绸缪，广告策划完整有序，层层推进，事实证明，华悦的成功与其广告的铺垫不无关系。

# 参考文献


[1] 李雯．酒店营销部精细化管理与服务规范［M］．2 版．北京：人民邮电出版社，2011.

[2] 王琴．旅游市场营销实务［M］．北京：化学工业出版社，2010.

[3] 王德静，贺湘辉．旅游营销学［M］．北京：北京交通大学出版社，2009.

[4] 陈云川，张洪纲．饭店市场营销［M］．北京：机械工业出版社，2009.

[5] 杨顺勇．会展营销［M］．北京：化学工业出版，2009.

[6] 肖伟民．网络营销［M］．北京：电子工业出版社，2009.

[7] 杨益新．旅游市场营销学［M］．北京：清华大学出版社，北京交通大学出版社，2008.

[8] 马勇，刘名俭．旅游市场营销管理［M］．哈尔滨：东北财经大学出版社，2008.

[9] 韩勇，丛庆．旅游市场营销学［M］．北京：北京大学出版社，2006.

[10] 周帆．旅游营销方案与公文实战范本［M］．长沙：湖南科学技术出版社，2006.

[11] 宿春礼．星级酒店营销手册［M］．北京：光明日报出版社，2006.

[12] http：//www. canyin168. com. 职业餐饮网．

[13] http：//bbs. chinahotel. com. 中国酒店论坛．

[14] http：//www. c800. com. 服务与营销论坛．

[15] http//www. emtk. com. cn. 中国营销传播网．

[16] http：//www. china. travel. 中国旅游网．

[17] http：//www. cmmo. com. cn. 第一营销网．